당근과 자율

나라 살림꾼 키우기의 키워드를 찾아서

당근과 자율
나라 살림꾼 키우기의 키워드를 찾아서

2019년 9월 1일 초판 인쇄
2019년 9월 5일 초판 발행

지은이 | 이도형
교정교열 | 정난진
펴낸이 | 이찬규
펴낸곳 | 북코리아
등록번호 | 제03-01240호
주소 | 13209 경기도 성남시 중원구 사기막골로 45번길 14
우림2차 A동 1007호
전화 | 02-704-7840
팩스 | 02-704-7848
이메일 | sunhaksa@korea.com
홈페이지 | www.북코리아.kr
ISBN | 978-89-6324-670-3 (93350)

값 19,000원

당근과 자율

나라 살림꾼 키우기의 키워드를 찾아서

이도형 지음

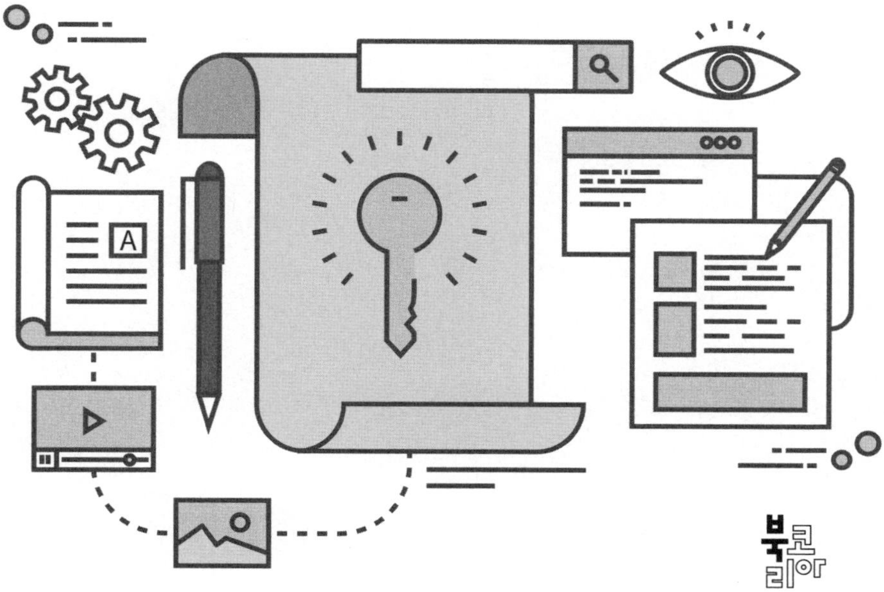

북코리아

책을 시작하며

몇 년 전 세월호 참사와 메르스 사태로 인해 무책임한 정부의 민낯이 드러나고 관피아의 적폐까지 겹치자, 온 사회가 분노하고 극심한 비통에 빠졌던 적이 있었습니다. 최근에는 최저임금과 임대료 급상승에 따른 자영업자의 줄도산과 고용 악화, 섣부른 신도시 예정지역 발표로 인한 지역갈등 조장 등 정부의 무능이 빚어낸 사건들이 다시금 나라를 휘청거리게 합니다.

젊은이들은 시장 진입을 쉽게 허락하지 않는 사회를 원망하며 '헬조선', '지옥불반도', '수저계급론'을 울부짖습니다. 급속도로 기울어진 운동장이 되어가는 사회 양극화의 현실 속에서 과연 국가란 무엇인가 새삼 자문하게 됩니다.

캠퍼스에서 청년들과 호흡하며 행정학을 가르쳐 그들을 공무원이라는 직업세계로 인도해야 할 필자의 입장에서는 자연히 '공무원'이라는 직업에 대해 생각해보는 시간이 길어집니다. 공무원에게 나라 살림의 임무를 제대로 맡기기 위해 그들을 어떻게 뽑고 관리하는 것이 올바른지에 대해서도 고민하게 됩니다.

시민의 뜻을 받들어 나라 살림에 온 마음을 다하는 그런 의미 충만한 직업으로서의 공직 이미지는 이미 크게 쇠한 것이 사실입니다. 직업적 공공성보다는 그저 근무 조건이 좋고 신분보장이 확실해 고용불안 시대에도 잘리지 않는 유일한 직업으로만 공무원의 직업세계가 인식되는 답답한 현실입니다.

2013년 경제활동인구 조사결과를 근거로 직업능력개발원이 산출한 취업준비생 96만 명 중 공시족은 31만 6천 명이나 됩니다. 이들 중 대부분이 9급 공무원시험을 준비해 '구준생'이라는 말도 있습니다. 구준생들이 노량진 고시학원에 모여 대거 공무원시험을 준비하기에 '노량도'라는 신조어도 회자됩니다.

공직시험 준비의 뜨거운 열기에 비해 공시족들이 공무원이 되고자 하는 이유가 자꾸 직업 안정성 쪽으로만 치우치는 것 같아 걱정입니다. 여러 설문조사에 의하면, 공무원이 되려는 동기로 신분보장을 꼽는 응답자가 제일 많다고 합니다. 그만큼 우리 사회의 고용시장이 불안하다는 이야기입니다. 그렇지만 안정된 직업을 얻겠다는 세속적 입직동기 때문에 공무에 대한 열정(aspiration)이나 공공봉사동기 등 공직이라는 직업에 응당 내재해야 할 직업적 공공성이 크게 약해지는 것을 더 이상 묵과할 수는 없습니다.

많은 공무원분들이 묵묵히 자리를 지키며 자신의 직무를 수행하고 있습니다. 하지만 세월호 사건과 메르스 사태로 정부의 무능과 무책임한 민낯이 드러나고 관피아의 적폐까지 겹치자, 한국 공직사회를 향한 사회의 질타는 무척 따갑습니다. "세상에서 멀어지는 갈라파고스 관료들", "갈 곳 잃은 한국 관료사회", "세종시에서 쏟아지는 3류 정책… 이제 바꿔야 한다", "가라앉는 관료사회" 등 중앙 일간지들의 숱한 특집기획 기사가 이를 대변합니다.

공무원이라는 직업의 최대 장점인 공무원연금과 신분보장에 대한 사회여론도 긍정적이지만은 않습니다. 공무원이 나라 살림꾼으로서의 제 역할을 못 하는데, 재직 중의 신분보장과 은퇴 후의 노후보장을 당연시할 수 없다는 냉정한 사회 분위기입니다.

대내외적으로 큰 난관에 부딪힌 채 경사 급한 비탈길에 아슬아슬하게 서 있는 현 공직사회를 제대로 된 일터로 회복시키기 위해서는, 제도 몇 개 뜯어고치고 장관 몇 명 교체하는 땜질식 해법으로는 어림도 없습니다. 뭔가 근본적 해법을 찾는 치유적 개혁이 긴요합니다.

이럴 때는 “Back to the basic!” 다시 근본으로 돌아가 공무원이라는 직업이 왜 생겼는지 그 직업이 생성된 이유부터 반추해 들어가며 나라 살림꾼으로서 공무원 직업의 공공성을 다시금 상기해내야 합니다. 또 직업적 공공성을 실천에 옮기는 데 유용한 처방적 논의를 재차 시도해보는 작업이 필요합니다.

위의 문제의식들을 이론적으로 논의하고 현실에서 그 체계적 해결책을 찾아보자는 취지에서 새 책을 한 권 준비했습니다. 일전에도 《정부의 전략적 인적자원관리: 디지로그 공무원 만들기》라는 제목의 인사행정 책을 출간한 적이 있습니다. 돌이켜보니 그때는 ‘디지로그’라는 환상적인 개념에 다소 현혹되고, 조직의 성과 창출에 초점을 맞춘 전략적 인적자원관리라는 서구적 인사 패러다임에 치우쳐 공직의 직업적 공공성에 대한 충실한 논의가 좀 모자랐던 것 같습니다. 새 책에서는 가급적 이전 책의 틀을 유지하되 기존의 역할 이론, 전략적 인적자원관리론에다가 공공봉사동기 이론, 자기결정성 이론, 공직가치와 적극적 공직윤리론을 책의 새로운 핵심논리로 추가함으로써 나라 살림꾼으로서 공무원 직업의 공공성에 대한 논의를 체계화해보았습니다.

평등경영론을 주창한 미라이공업의 야마다 아키오 사장은 "사람은 동물이 아니므로 당근과 채찍을 이용해 조정할 필요가 없다. 모두 같은 사람으로 믿고 그들에게 회사를 맡기면 누구나 다 과장 역을 잘한다"라고 말합니다. 그런 점에서 새 책에서는 직장 상사가 하위자들 위에 군림하며 자신의 잣대로 인력관리의 향방을 재단하는 타율적 인력관리에서도 좀 더 벗어나고자 했습니다. 그리고 공무원이 자기결정성에 의거해 스스로 자기 일에 자율과 책임으로 임하는 그런 자율관리 인사철학의 새로운 지향점을 살펴보았습니다.

물론 당근-채찍 이론은 현실적으로 쓰임새가 많은 실용적 인사관리 이론입니다. 실제로 싱가포르는 초미니 국가 규모와 열악한 사회 환경에도 불구하고, 강한 정치적 리더십 아래 성과급과 엄정한 부패척결을 앞세운 정부 인력관리제도에 힘입어 크게 성장한 나라입니다. 이 책에서도 당근-채찍 이론에 의거한 인사제도들의 현실적 쓰임새를 두루 살펴보았습니다. 하지만 돈 몇 푼 더 주어 일을 더 하게 하고 강력한 공직 사정기구를 두어 부패균을 박멸하는 것만 갖고는 정부 인력관리의 궁극의 길로 갈 수 없습니다.

당근-채찍 이론은 금전적 보상과 처벌 회피라는 외재적 보상 동기에 치중해 사람을 어르고 달래는 타율적 인력관리의 함정에 빠질 개연성이 있습니다. 돈 몇 푼 더 주어 사람을 원하는 방향으로 움직이게 하겠다는 당근 이론의 타율성에는 강한 경계의 눈빛을 보내야 합니다. 자율관리 인사철학을 지향하는 마당에 채찍질을 운운하는 것은 시대적 가치에도 맞지 않습니다. 이런 점에서 유학에서 말하는 '지인(知人)' 개념을 재음미해볼 필요가 있습니다.

근대 유럽의 지식인 아이작 보시우스(I. Vossius)는 17세기의 중국과 조선을 철학자들이 다스린 정치 선진국으로 보았다고 합니다. 비록 수직적 인간관계이기는 하지만, 치자와 피치자 간의 질서 있는 관계 정립을 위해 무엇이 사람이 가야 할 올바른 길〔人路〕인가를 고민하며 수기안인(修己安人)의 방법을 절차탁마해온 선비들이 관인(官人)이 되어 군주를 정당하게 견제하며 안민(安民)을 기획했던 점을 높이 평가한 것입니다. 실제로 조선조 전기만 해도 이런 관계적 인간관에 의거해 자신의 역할 공간을 제대로 이해한 공적 자아들이 관직에 진출했고, 그에 힘입어 정치와 행정의 공공성이 일면 확보될 수 있었습니다.

지금도 마찬가지입니다. 수기안인이 잘되어 있는 준비된 공적 자아들을 찾아내어 공직에 끌어들이면, 그들은 시민과의 기본적 관계성 위에서 자기 직업의 존재 이유를 되새기며 무엇이 공익을 위한 길인지를 고민할 것입니다. 또 그 고뇌의 결과를 몸으로 옮기는 정명(正名) 사상, 즉 공무원다운 공무원 되기를 자율적으로 실천할 것입니다. 그런 점에서 공직에 필히 요구되는 마음가짐과 기초 역량, 즉 공적 자아로서의 자질과 나라 살림의 철학적 근본을 마음속에 내면화한 사람을 잘 골라내어 적재적소에 배치하면, 채용 이후의 복잡다단한 인사제도의 굴레에서 해방될 수 있습니다. 바른 사람을 알아보고 발굴해 잘 쓰면, 그들의 자율관리에 힘입어 제대로 된 나라 살림이 가능해집니다.

결국 정부 인력관리의 출발점이자 핵심은 '지인(知人)'입니다. 공직에 필요한 사람이 어떤 사람인지, 수많은 공직 지망자 중에서 옥(玉)과 석(石)을 어떻게 가려낼지 그 기준에 대해 철저하게 고민하는 지인의 과정이 잘 운영되면, 진정한 공적 자아들이 더 많이 공직에 들어와 자율과 책임하에 자신을 절차탁마하며 멋진 나라 살림꾼으로 커나갈 수 있습니다.

하지만 무자비하게 도입된 신자유주의 인사제도들, 특히 성과급, 연봉제, 강제퇴출제가 공직사회의 심적 동요와 개혁 피로감을 유발하며 정부와 공무원 간의 심리적 계약을 깰 소지가 있습니다. 공무원이 자율과 책임하에 묵묵히 공무에 몰입하면 정부도 그에 상응하는 보살핌과 후원을 해준다는 호혜적 약속과 지각된 믿음이 있어야 합니다. 하지만 공정하지 못한 성과지표를 무리하게 적용한 성과급제와 그에 근거를 둔 강제퇴출제는 이런 믿음과 호혜적 약속을 깰 우려가 큽니다. 정부의 심리적 계약위반은 공무원의 조직몰입 저하와 조직시민행동 후퇴 등 적극적 공직윤리의 구현을 어렵게 할 수 있습니다.

공무원들이 심리적 계약위반을 하지 않고 적극적 공직윤리를 구현하게 해야 합니다. 그러려면 내재적 보상 동기에 기반을 둔 자율관리의 제도화와 주인의식을 심어주는 리더십 스타일이 요구됩니다. 또 공무에 몰입했을 때 노후가 확실히 보장된다는 호혜적 약속물로서 공무원연금의 제도적 신뢰를 확보하는 쪽으로 정부 인력관리 논의가 진화해야 합니다.

이 책에서는 현 공직사회를 둘러싼 저간의 우려를 씻어내기 위해 다시 근본으로 돌아가 공무원 직업의 공공성을 재음미해보고, 나라 살림꾼을 제대로 키워내는 데 유용한 실사구시의 처방책을 마련해보고자 했습니다. 특히 당근-채찍 전략의 장점은 살리되 그것에 내재된 타율적 인력관리의 개연성을 경계하면서, 자율관리 인사철학을 제도화하기 위해 자율관리 이론과 심리적 계약 이론의 특장을 살려주는 제도적 방책들을 살펴보았습니다.

정부 인력관리라는 필드를 같이하므로 이전 책과는 집터를 공유합니다. 하지만 공무원 직업의 공공성 강화와 자율관리라는 새로운 건축철학 아래, 관련된 이론적 논의를 폭넓게 하며 새로운 주춧돌을 두텁게

놓았습니다. 집터를 넓혀 방도 새로 늘리고, 기둥도 튼튼한 놈으로 많이 세워 집의 골조를 튼실하게 했습니다. 층수도 높여 나라 살림꾼을 제대로 키우기 위한 시야를 멀리까지 확보하려 했습니다. 글의 표현도 좀 더 부드럽게 함으로써 통유리 창을 통해 햇살이 들게 하고, 늘어난 창문을 통해 통풍과 소통도 잘되도록 시도해보았습니다. 출간을 허락해주신 북코리아의 이찬규 사장님과 편집을 맡아주신 김수진 과장님께 고마움을 전합니다. 책의 발전을 위해 독자 여러분의 격려 어린 조언을 기대해봅니다.

2019년 한여름에

이도형

CONTENTS

CONTENTS

CONTENTS

Part V

나라 살림꾼의 기를 살려주고 고충에 귀 기울이기 275

CONTENTS

Part I

나라 살림꾼,
어떻게 키워낼 것인가

1

듬직한 나라 살림꾼이 필요하다

1) 공무원이 변수: 공무원은 시민을 스마일맨으로 만들 것인가, 인상파가 되게 할 것인가

우리는 지금 고물가 시대를 살고 있다. 일례로 한국인이 가장 많이 모여 사는 서울이라는 도시는 세계에서 일곱 번째로 물가가 비싼 곳이다. 그러다 보니 먹고살기 위해 꼭 해야 하는 일상적 소비행위마저 자칫 '분노 소비'가 되기 쉽다. 가뜩이나 집값이 천정부지로 뛰어오르는 마당에 생활 물가마저 너무 비싸 식자재나 옷 등 생필품을 사거나 자동차 기름을 넣다 보면 자기도 모르게 분노하게 된다. 고착화된 분노 소비의 구조를 혼자 힘으로 단칼에 깨부수기는 어렵다. 그럴수록 무분별한 소비가 되지 않도록 소비행위에 신중에 신중을 기해야 하고, 살림살이가 야무지도록 매사를 다져야 한다.

대충 먼저 쓰고 보자는 무분별한 소비행위는 거지가 되어 길에 나앉게 되는 지름길이다. 돈의 용처를 헤아리면서 아껴 쓰는 것만이 큰돈을 벌지 못해도 꿋꿋하게 자기 삶을 펼쳐나갈 수 있는 최상의 방책이다. 그래서 가족 구성원 모두 집안 살림살이에 신경을 써야 한다. 특히 가정의 내각 총리인 엄마들의 살림살이에 대한 철학과 스킬이 필요하다.

부모가 집안 살림의 책임자라면, 공무원은 나라 살림의 책임자이다. 나라가 나아가야 할 방향을 잘 잡고 그 방향대로 나아가는 데 필요한 재원을 슬기롭게 마련하고 성실하게 집행하는 것이 공무원의 미션이다. 공무원은 나라 살림꾼으로서의 미션을 잘 수행하기 위해 시민의 생활 서비스 수요를 정확히 예측해야 한다. 시민의 혈세로 충당되는 공공서비스 공급 비용을 줄이는 묘책도 열심히 짜내야 한다.

공무원이 나라 살림을 잘 해낼 때, 시민의 얼굴에 미소가 드리워진다. 공무원이 나라 살림꾼으로서의 미션을 게을리하면, 시민의 얼굴에 잔뜩 먹구름이 끼고 시민이 분노 소비에 지쳐 험악하게 인상을 쓰게 된다. 공무원의 일거수일투족이 시민의 얼굴을 스마일맨으로 만들기도 하고 인상파가 되게 할 수도 있다.

> "저는 사명감을 가지고 공무원이 되기를 원하는 학생들에게 말하고 싶습니다. 공무원으로 들어와 제도 하나만 잘 고치면 변호사 한 사람이 어려운 사람을 도와주는 것보다 수백 배, 수천 배의 사람들을 위해 일할 수 있다고 말입니다. 공직생활은 나 개인의 직장생활이기도 하지만 국민을 위한 업무라는 점에서 다른 직업과 다르다고 볼 수 있지요. 그리고 그 점은 일반 직장인이 느끼지 못하는 보람일 것입니다."

위의 인용 문구는 우리 공직사회에서 직접 인사행정을 담당했던 전직 공무원이 어느 채용전문잡지와 나눈 인터뷰 기사 내용이다.[1] 그가 말한 기본취지는 변호사는 자기에게 법률소송을 의뢰한 단 한 사람의 소송대리인에 불과하지만, 공무원은 수많은 시민의 국정(國政) 대리인이라는 것이다. 따라서 공무원이 자신의 역할인 나라 살림을 잘하면 만인의 얼굴에 웃음꽃이 피게 할 수 있는 매우 가치 있는 직업의 소유자라는 것이다. 오래전의 인터뷰 기사이지만, 그의 말이 오늘의 정부 인력관리에 주는 함의는 여전히 새롭다.

공무원이 시민의 얼굴을 스마일맨으로 만들기도 하고 인상파가 되게도 하는 주요 변수임을 보여주는 실례를 들어보자. 덴마크는 북유럽의 아주 작은 나라이다. 기후도 좋지 않다. 1년에 화창한 날이 50일밖에 안 된다고 한다. 그런데도 최근 몇 년간 국민 행복도를 조사하면 항상 1등 하는 나라이다. 이 나라를 집중 취재한 뒤 《우리도 정말 행복해질 수 있을까》라는 책을 쓴 오마이뉴스의 오연호에 의하면, 덴마크가 세계에서 가장 행복한 나라가 된 데는 "시민이 행복사회를 만드는 데 기여했고 그렇게 만들어진 행복 시스템이 다시 행복한 시민을 계속 만들어내는 그런 선순환 구조"가 정부에 의해 잘 유지되고 있기 때문이다.

시민이 행복사회를 만들면 다시 행복사회가 행복한 시민을 만든다는 말은 무슨 뜻일까? 미국의 저널리스트 토머스 프리드먼(T. Friedman)은 그의 책 《렉서스와 올리브 나무》에서 근로자나 실업자를 위해 정부가 해야 할 일로서 'trapeze', 'safety net', 'trampoline'이라는 세 가지 역할을 강조한 바 있다. 이 말들의 참뜻을 행복 시스템의 구축과 연결해 헤아려보기 위해 잠시 우리가 사는 사회를 서커스 곡예장에 비유해보자.

서커스의 백미는 공중곡예이다. 하지만 공중곡예는 목숨을 건 위험한 동작을 요구한다. 그렇기에 아주 치밀한 시간 계산과 완벽한 안전장치가 전제되어야 한다. 먼저 곡예사가 허공을 가르며 뛰어내려 공중에서 곡예를 하려면 반대쪽에서 타이밍에 딱 맞게 그넷줄을 곡예사에게 던져줘야 한다. 그리고 곡예사가 그 줄을 적시에 움켜잡아야만 비로소 멋진 곡예를 시작할 수 있다. 그 그넷줄이 바로 trapeze인데, 곡예사에게는 그야말로 생명줄이다.

원숭이도 나무에서 떨어질 수 있는 법. 곡예사가 공중에서 그넷줄을 놓칠 때를 대비해 서커스장 바닥에 안전망이 깔려 있어야 한다. 혹시 모를 곡예사의 추락사고에 대비해 안전을 위한 그물망(safety net)이나 두꺼운 안전 매트가 필요하다. 간혹 곡예사가 그네를 놓쳐 바닥으로 떨어지면 다시 그넷줄을 잡을 수 있도록 힘껏 뛰어오르는 데 도움을 주는 도약대 같은 것도 필요하다. 그것이 바로 trampoline이다.

흥미롭게도 서커스 곡예장의 필수 장비인 이 세 가지 장치가 덴마크를 비롯한 북유럽의 사회복지제도에 알차게 제도화되어 있다. 《우리도 정말 행복해질 수 있을까》라는 책에 의하면, 덴마크에서는 사람이 태어날 때부터 개인 주치의가 배정되고, 보건 의료비와 대학까지의 교육비가 무료이다. 교육과 의료의 사회화를 통해 '서커스장'이라는 사회 안에서 사람들이 자기 인생을 스스로 설계하며 멋진 삶을 영위할 수 있도록 기초보장제도가 잘 마련되어 있다. 이는 서커스장의 그넷줄인 trapeze에 해당한다. 교육과 보건, 의료라는 그넷줄이 생애주기상 적시에 나타나 튼실하게 유지되면, 사람들은 자기 노력 여하에 따라 아주 풍성하고 행복한 삶을 설계할 수 있다. 덴마크는 실직자에게도 2년간 월급의 90%에 해당하는 실업자 보조금을 주고, 2년 뒤에는 실업자 보조금의 70%에 해당하는 생활자금을 제공한다. 이는 실직이라는 인생의 나락에 떨어져도 크게 다치지 않고 몸을 추스를 수 있는 사회 안전망(safety net) 같은 것이다. 실직 후 2개월 뒤부터는 일자리 계획을 세우고 직업 재훈련을 체계적으로 받는 등 일자리 알선제도의 적극적 도움을 받는다. 이는 바로 실업자가 인생에 재도전하는 데 도약대 같은 역할을 하는 trampoline이다.

덴마크에서는 기초보장제도와 사회 안전망이 든든하고 사람들이 그것을 피부로 느낄 수 있다. 그러니 부자들도 소득의 50%를 세금으로 내는 것에 불만이 없고 세금 내는 것을 아까워하지 않는다. 혹시 자신이나 자손에게 예기치 않은 불행이 닥쳐도 언제든 재도전할 수 있는 든든한 복지망 안에 사람들이 모두 들어가 있을 수 있기 때문이다.

여기서 우리는 신자유주의가 대세라며 시민이 무한경쟁 속의 각자도생 전략에 쉽게 함몰되게 놔둘 것이 아니라, 다 함께 연대(連帶)하며 실업의 장벽을 함께 넘는 담쟁이 전략을 통해 시민을 스마일맨으로 만들어내는 덴마크 정부의 정책 지혜를 확인할 수 있다.[2]

이제 반대로 시민을 인상파로 만드는 정부실패 실례를 아르헨티나를 예로 들어 살펴보자.[3] 20세기 초만 해도 이 나라는 제2의 미국으로 불릴 만큼 자원과 물자가 풍부해 유럽 이민자들이 앞다투어 이민을 가고 싶어 한 나라였다. 국토의 61%가 '팜파스(Pampas)'라 불리는 비옥한 평원이어서 유럽의 주요 곡물창고 역할을 했고, 소고기 통조림을 개발해 엄청난 부를 형성했다. 그러나 이 나라의 빈부격차는 매우 심각했다. 이는 오랜 식민지 유산으로 고착화되어온 지주계급의 세습구조와 그로 인해 토지개혁이나 인재를 육성하기 힘든 사회경제구조 때문이었다. 이런 물적 토대 위에 유럽에서의 이민으로 공산주의와 파시즘이 유입되면서 노동운동과 파시즘을 결합한 포퓰리즘이 횡행하게 되었고, 국가재정과 무관하게 노동자 임금이 대폭 인상되기도 했다.

국가 위험도 1위인 아르헨티나의 현대사를 들여다보면, 국가를 위기에 몰아넣는 갖가지 요인들이 한 권의 백과사전을 꾸릴 만큼 많다. 예컨대 정부의 철학 없는 민영화와 부정부패, 공공부문의 무분별한 파업과 살인적 물가로 인해 정부 정책에 항의하는 피케테로들이 길거리에 자주 등장하는 등 정부에 대한 불신과 항의가 끊이지 않는다. 정부의 신자유주의 정책은 금융업자와 수입업자의 배만 불린 채 인구의 40%를 극빈층으로 몰락시켰다. 그런 비참한 현실에도 불구하고 대통령궁의 벽 색이 분홍색이라니 참 아이러니한 일이다.

정부가 시민을 인상파로 만드는 사례로 아르헨티나의 경우를 들어보았는데, 우리나라도 그 예외에서 크게 벗어나지 못 하는 일들이 종종 발생한다. 일례로 세월호 참사는 시민의 생명과 안전에 대한 국가의 책무를 방기하고, 구조 · 구난(救難) 업무를 무책임하게 민영화 · 외주화한 국가의 정책 범죄였다는 비판이 제기된다. 더욱이 정부 관계자들이 참사 이후의 구조 및 진상규명 과정에서 책임회피와 은폐로 일관해 사회적 참사 이후 꼭 등장하는 나쁜 나라의 전형적 패턴을 보여주었다.[4]

몇 년 전 신문 지상을 뜨겁게 달구었던 관피아의 숱한 적폐도 시민의 얼굴에 먹구름이 잔뜩 끼게 만든다. 고위공무원들이 자신의 노후 일자리와 고소득을 위해 기업들의 가려운 곳을 긁어주고 가진 자들의 배를 더 불려주는 쪽으로만 자신의 공직 지위를 오용(誤用)하면, 나라 살림을 잘해달라는 시민의 정부에 대한 역할기대는 여지없이 무너지며 좀처럼 충족되기 어렵다.

한술 더 떠 공무원이 인사권을 쥔 직장 내 상사에게는 기쁨조로 처세하며 온갖 의전(儀典) 등 각종 상사 모시기 문화를 숭앙하면서 시민에게는 저승사자같이 SSKK(시키면 시키는 대로 까라면 까라는 대로)를 일삼는다면, 시민은 과연 자신의 긴박한 생활 문제를 어디에 가서 누구에게 호소할 수 있겠는가?

최근 최저임금과 임대료 급상승에 따른 자영업자의 줄도산과 그로 인한 저소득층의 고용악화, 또 섣부른 신도시 발표로 인한 신도시 예정지역 간 갈등 조장 등 정부의 무능이 빚어낸 사건들이 자주 터지고 있다. 이익 중재자 역할을 해야 할 정부가 설익은 정책으로 오히려 사회갈등과 지역갈등을 부추기면 참 곤란하다. "지옥으로 가는 길은 선의로 포장되어 있다"라는 말이 우리 사회에 들어맞아서는 절대 안 된다. 의도는 선하지만, 정부의 설익고 섣부른 정책들이 잇따르면서 힘없고 기댈 곳 하나 없는 서민의 삶만 더욱더 팍팍해지고 있다. 그러니 공직이라는 한 우물을 열심히 파면 공무원의 노후가 보장되어야 하지만, 공무원연금에 대한 사회의 시선이 그리 곱지 않고 공무원 연금개혁의 목소리만 드높다.

2) 정부 인력관리의 의의: 나라 살림꾼을 잘 뽑고 제대로 키우는 과정

지금까지 살펴본 것처럼 시민을 덴마크같이 선순환의 나라에서 살게 할 것인가, 아니면 아르헨티나처럼 국가실패의 악순환에 허덕이게 할 것인가는, 또 세월호 사건이나 관피아의 적폐 속에 시민을 부패하고 무능한 정권의 속절없는 희생양으로 만들 것인가는 그 나라의 공무원에게 달려 있다.

답은 너무나 명약관화하다. 정부는 시민을 스마일맨으로 만들어야 한다. 그것도 항상 웃는 스마일맨 얼굴이 되게 해줘야 한다. 그러려면 공무원들이 시민을 항상 행복하게 해주기 위해 선순환 사회로 가기 위한 아이디어를 열심히 짜내는 등 진하게 정책 산고(產苦)를 겪어야 한다. 공무원은 시민의 아픔을 자신의 아픔으로, 시민이 직면한 문제를 자신의 문제처럼 되새기는 감정이입의 달인이 되어야 한다.

시민 혼자의 힘으로는 도저히 해결하기 어려운 그런 구조귀인론[5]에 해당하는 사회 문제들이 쏟아져나올 때는 정부가 갓이 넓은 정책 우산을 마련해 시민의 머리 위로 활짝 펼쳐주어야 한다. 그래야 시민의 옷자락이 흠뻑 젖지 않아 추위에 떨지 않게 된다. 정책의 그늘에 가린 시민에게는 따뜻한 정책 햇살을 듬뿍 내리쬐어주어야 한다. 그래야 시민이 정책의 사각지대에서 벗어나 정책의 손길을 붙잡을 수 있다. 그러려면 공무원의 정책 산고가 절실히 요구된다.

시민에게 정책 우산과 정책 햇살을 제공해주는 그런 멋진 나라 살림이 공무원의 기본 미션이라면, 즐풍목우(櫛風沐雨)와 노심초사(勞心焦思)는 그런 미션을 제대로 수행하기 위한 기초 행동강령이다.

골든타임을 다투는 이재 현장 같은 급박한 상황에서는 '바람으로 빗질하고 비로 목욕하라(櫛風沐雨)', '어떤 일이 꼭 이루어지도록 일에 전념하고 마음을 다하라(勞心焦思)'는 말들의 깊은 뜻을 헤아릴 줄 아는 공무원이 정말 필요하다. 그러면 공무원의 고통스러운 직업적 노력이 시민의 행복으로 연결될 수 있으며, 행복해진 시민이 공무원의 노고를 인정하고 공무원연금에 대해서도 더 관대해질 것이다.

이제 새로운 직업관, 즉 시민의 생활 문제를 자신의 문제처럼 여기고 그 문제해결에 전념하는 소명(calling)으로서의 직업관이 공무원에게 요구된다. 소명으로의 직업관을 가진 공무원은 폭풍우 속에서도 자기 일에 최선을 다함으로써 나라 살림에 긍정적 결과를 가져오는 사람이다. 자신은 힘들어도 시민을 행복하게 해주는 해피 바이러스들이다. 신자유주의 시대를 살아가는 우리 모두가 혼자 힘으로는 도저히 헤쳐나오기 어려운 사회 양극화와 사회적 배제를 예방하는 데 필요한 trapeze, safety net, trampoline 시스템을 신속하게 만들고 슬기롭게 운영하는 멋진 능력의 소유자이다.

경제적 의미의 직업으로 자신의 직업세계를 이해하는 공무원은 주어진 근무시간만, 그것도 상사가 시키는 대로만 형식적으로 일한다. 그 결과 시민에게 나눠줄 정부의 수확물은 빈약하기 쉽다. 이들은 기본적으로 시민과의 물리적 · 심리적 거리감이 너무 크다.

자연과 사람 간의 거리, 일례로 새들에게 다가갈 수 있는 사람의 접근 가능 거리는 나라마다 다르다. 일본은 30m, 유럽은 15m, 뉴질랜드는 5m에 불과하지만, 우리나라는 110m나 된다고 한다.[6] 그만큼 우리나라 사람들이 자연과 친숙하지 않고 자연을 아끼려는 마음도 미약하다 보니 새들이 사람의 접근을 쉽게 허용하지 않는 것이다.

위의 이야기를 시민과 정부의 관계에 대입해보자. 미국의 백악관은 워싱턴 D. C.의 펜실베이니아가(街) 1600번지에 있다. 영국 총리의 집무실 주소는 런던 다우닝가 10번지이다. 미국과 영국의 통치자가 일하며 먹고 자는 곳은 일반 시민의 삶의 현장에서 그리 멀지 않다. 반면 우리의 청와대는 청와대로 1번지인 주소가 상징하듯 북악산 바로 아래의 구중궁궐에 있다. 부처조직이 몰려 있는 세종시는 갈라파고스섬,[7] 청(廳) 조직이 집중적으로 배치되어 있는 대전시 둔산동 행정타운은 절해고도와 같다.

그러니 일선 공무원이 사랑하고 챙겨야 할 대상은 불행히도 생활 현장 속의 시민보다는 자신에 대한 인사권을 가진 조직 안의 상사에 국한

되기 쉽다. 시민의 생활 현장과는 멀리 떨어져 있어 눈에 잘 안 띄니 그들의 생활 문제에 대해서는 마음이 멀어지기 쉽다. 눈에서 멀어지면 마음에서도 멀어지는(out of sight, out of mind) 법이다. 반면 상사들은 바로 뒤에 앉아 자신의 일거수일투족을 체크하며 생사여탈의 인사권을 쥐고 있으니 그에게는 늘 잘 보이려고 애쓸 수밖에 없다. 그래서 상사에게는 영원한 기쁨조이지만, 시민에게는 저승사자나 희랍신화에 등장하는 프로크루스테스(Procrustes)적 행정인의 모습으로 나타나기 쉽다.

프로크루스테스라는 강도는 아테네로 가는 길목에 포진해 있다가 행인을 붙잡아 자신의 쇠침대에 누인 뒤, 만일 잡혀 온 사람이 키가 작으면 목과 다리를 잡아당겨 쇠침대 길이에 억지로 맞춘다. 반대로 잡혀 온 행인이 키가 크면 기분 나쁘다고 침대 길이만큼 행인의 다리나 목을 잘라낸 악인이다.

불행히도 이런 포악한 악인들이 자의든 타의든 법규 만능주의자인 프로크루스테스적 행정인의 모습으로 행정 일선에 적지 않게 나타나곤 했다. 일례로 시민의 생활 문제가 심대해 관청에 가서 해결을 요구하면, 법적 근거가 없어 해결해줄 수 없다는 공무원의 답변을 종종 듣는다. 또 민원인이 인허가를 받으려고 서류를 꾸며 찾아가면 법적 근거라는 요식 행위를 더 갖추기 위해 끊임없는 서류 보완과 인허가 절차 밟기를 요구하는 경우가 많았다. 여기서 우리는 시민의 서비스 수요 잣대와 관청의 서비스 공급 잣대가 쉽게 합일점을 찾지 못한 채 끝없이 평행선을 달리고 있음을 확인할 수 있다.

시민의 생활 문제나 생활이익에 대한 이해도를 높이기 위해서는 공무원들이 시민의 입장에서 생각하는 역지사지(易地思之), 더 나아가 시민의 고통스러운 마음을 똑같이 느끼고(易地感之), 시민의 입장에서 문제

해결을 적극적으로 도모하려는 실제 행동(易地行之)이 절실히 요구된다. 이를 위해서는 주어진 법규를 겨우겨우 준수하는 데 만족하지 않고 열정(aspiration)을 갖고 공무를 수행하고자 마음을 모으는 공무원다운 공무원을 발굴해 공직에 끌어들이는 충원 과정이 우선되어야 할 것이다.

"인사(人事)가 만사(萬事)"라는 말이 있다. 이 말의 참뜻을 깨닫기 위해 예를 하나 들어보자. 예컨대 Y=A · X에서 상수인 A를 100만 원이라고 가정할 때, Y의 결괏값은 독립변수인 X의 값에 따라 달라진다. 즉 우리가 100만 원의 예산을 X_1, X_2, X_3라는 3명의 공무원에게 각각 주었다고 가정할 때, 일정 시간이 지난 후 그 결과는 다음과 같이 달라질 수 있다.

만일 X_1이 100만 원을 1,000만 원으로 만들어놓았다면, 이는 공무원이 열심히 지혜를 모으고 온 마음으로 노력해 조직의 생산성을 제고시킨 바람직한 경우이다. 반면 X_2가 처음에 받은 돈 100만 원을 그대로 갖고 있다면, 이는 복지부동(伏地不動)의 한 예이다. 그리고 X_3가 100만 원을 10만 원으로 줄여놓았다면, 이는 개인의 무능함이나 기회주의적 행태로 인한 관료실패의 한 사례일 것이다.[8]

정부 인력관리(종래의 인사행정)는 시민을 스마일맨으로 만들기 위해 꼭 필요한 인적 자원인 유능한 공무원, 즉 X_1의 자질과 잠재 역량을 갖춘 사람들을 잘 뽑는 과정이다. 또 그들이 X_2, X_3로 변질하지 않고 정년을 맞이할 때까지 X_1답게 자신의 소임을 다하도록 체계적으로 키워주고 물심양면으로 도와주는 행정과정이다.

공직에 대한 의지와 능력을 골고루 갖춘 인재가 공직에 더 많이 들어오게 하는 인재충원(recruiting), 그리고 그 인재가 X_2, X_3로 전락하지 않고 정년을 맞이할 때까지 X_1으로 남도록 공무원의 능력을 개발해주고 근무 여건을 잘 조성해주는 인력 유지(retention)는 나라 살림을 잘하기 위한 정부조직의 내부관리 차원에서 대단히 중요한 함의를 지닌다.

“과천종합청사에 강연하러 가면 늘 목이 죄는 것 같아 답답해진다. 공무원의 변화에 대한 압박이 커진 모양인데, 관악산 아름다운 곳 가장 쾌적한 일터 속에 있지만 그 안으로 들어가기 싫다. 훈시(訓示)라는 단어가 당당히 살아 위에서 아래를 무겁게 누르고, 실수에 따른 견책을 두려워해 수없이 확인하지만 새로운 시도를 피하고, 부서 간 공조도 또 다른 점검일 뿐 시너지효과를 창출해내지 못한다. 지금 있는 곳과 가야 할 곳을 아는 사람만이 그 괴리를 줄이려고 애쓴다. 이 차이를 인식하지 못하는 사람은 지금에 머물고 나아질 수 없다.”

“공직생활을 오래 해 업무 관련 통계수치와 업무 내력을 잘 안다고 해서 다 전문가는 아니다. 전문가는 이론적 배경과 정책분석력 및 정책결정력을 갖고 있어야 한다. 또 자기가 담당하는 정책이 제대로 작동하는지 노심초사(勞心焦思)하는 것이 격무(激務)이지, 무작정 오래 앉아 있으면서 예쁜 보고서나 꾸미는 것이 격무는 아니다. 더욱이 공무원이 ‘다음은 저 자리, 그 다음은 이 자리’ 등 자기 나이가 얼마이니 정년까지는 어디까지 갈 것으로 예측하며 게걸음 하듯 보직경로를 밟으며 공직생활의 안정에만 빠지다 보면, 오히려 경쟁력 있는 공무원들이 구조조정 대상으로 전락하는 그레셤의 법칙이 나타난다.”

위의 첫 번째 지문은 X_2나 X_3의 결과를 낳을 우려가 있는 공직사회의 슬픈 단상을 목도한 변화관리 전문가 고(故) 구본형의 안타까운 지적이다. 또 두 번째 지문은 실제로 공무원 생활을 한 허명환의 자기성찰적

목소리를 담고 있다.[9]

우리가 이런 우울한 이야기에만 마냥 침잠해 있을 수는 없다. 서울의 25개 자치구청 홈페이지 '칭찬합시다' 코너에 올린 시민 칭찬의 글 내용을 분석한 연구에 의하면, 시민들은 그들의 궁금증을 적극적으로 풀어주고 친절하고도 세심한 배려를 보인 공무원에게 칭찬과 박수를 보낸다. 이를 통해 알 수 있듯이 우리가 원하는 바람직한 공무원은 윤리적이고, 맡은 일에 헌신하며, 정책대상에 세심한 배려를 보이는 사람이다.[10]

새내기 공무원 1: 최정윤, 〈마음의 빚을 질지, 마음의 빛이 될지는 내 손에 달려 있소이다〉

"이 말은 순환 근무 중 내게 해준 한 과장님의 충고 말씀인데, 지역인재추천채용제 1기 견습공무원인 우리가 얼마나 역량을 보여주고 일을 잘하느냐에 따라 이 제도의 존립 여부가 달라지니, 일을 못 해 후배의 길을 막으면 평생 마음의 빚을 지는 것이고, 일을 잘하면 1기 선배로서 후배들에게 마음의 빛으로 작용할 것입니다."

새내기 공무원 2: 장해미, 〈공무원이 영어로 뭘까요? civil servant〉

"내가 처음 임용장을 받았을 때 아빠께서는 장난으로 '이제 우리 해미가 나으리 되셨네' 하셨다. 옛날에는 나랏일 하는 것을 큰 영광으로 알아 나랏일 하는 사람을 '나으리'라고 했다고 한다. 그러나 사무실의 옆 계장님께서는 공무원은 영어로 'civil servant'라고 하셨다. 옛날에는 공무원을 하나의 벼슬이라고 생각했는데, 영어의 뜻은 좀 다른 것 같다. 오히려 더 섬기고 겸손해지고 낮아지는 종과 같은 사람이라는 말이 인상적이다. 갑자기 내가 하는 일이 과연 종노릇을 제대로 하고 있는지에 대한 반성이 일었다."

새내기 공무원 3: 박지현, 〈마음으로 일하는 공직자가 되겠습니다〉

"저에게 직업의 보람은 제가 하는 일을 통해, 또 제가 열정을 쏟는 만큼 여러 사람이 행복한 웃음을 지을 수 있는 그런 일입니다. 3년간의 견습공무원 시절 동안 많이 마음 쓰고 많이 아픔을 겪으며 많이 깨닫고자 노력하겠습니다. 게을러지지 않고 끊임없이 공부하겠습니다. 열정을 가진 마음을 잃지 않겠습니다. 공직자의 뜻을 윤이 나게 닦는 노력을 계속하겠습니다. 이런 시작의 다짐을 절대 잊지 않겠습니다."

다행히 우리의 새내기 공무원들은 위에서 보듯이[11] 시민을 스마일맨으로 만들 수 있는 예비 X_1으로서의 잠재력을 충분히 갖고 있다. 이들에게는 기꺼이 나라 살림을 맡길 만하다.

결국 어떤 사람이 공무원이 되는지, 또 공무원이 어떻게 일하는지에 따라 시민이 스마일맨이 될 수도 있고 인상파가 될 수도 있다. 즉, 공무원이라는 사람이 변수이다.

〈표 1-1〉 사람(공무원)이 변수

유형	X_2, X_3	X_1
직업관	경제적 의미의 직업(occupation)	소명 또는 천직(Calling or vocation)
윤리관	기계적 법규 준수(legal compliance)	공무에 대한 열정(aspiration)
행동강령	SSKK(시키면 시키는 대로 까라면 까라는 대로)	즐풍목우(櫛風沐雨) / 노심초사(勞心焦思)
관심대상	상사에게는 기쁨조, 시민에게는 저승사자	시민은 진정 사랑해야 할 대상, 그래서 시민의 문제해결에 올인
평가결과	나으리 / 빚	공적 돌봄자(civil servant) / 빛

물론 X_1이라는 값진 화분을 사들여도 적절하게 물주고, 바람 쐬어주고, 통풍시켜주지 않으면 금방 시들게 마련이다. 그런 점에서 사람이 변수이듯이, 사람 관리 방식도 변수이다. 사람 관리가 잘되었는지 못되었는지에 따라 한 나라 행정의 결괏값이 달라진다. 공무원을 뽑고 관리하는 방식인 정부 인력관리도 행정의 성패를 좌우하는 또 하나의 변수인 것이다.

조직의 성패는 조직의 외양을 키우고 인력을 양적으로 보강하는 하드웨어(H/W)적 개혁보다는 사람을 잘 관리하는 소프트웨어(S/W)적 개혁에 달려 있다. 특히 공직사회는 100만 명의 공무원을 고용하는 대표적인 노동집약 산업이자,[12] 민원행정, 복지행정의 경우는 감정노동에 가까운 서비스 산업[13]이다. 공직사회 역시 공무원으로 구성된 또 하나의 인간 결합체라는 점에서 그만큼 사람을 관리하는 방식이 중요해진다.

사람이 사람을 대상으로 하는 일인지라, 정부 인력관리는 정부 생산성을 제고하는 가장 어려운 방법이다. 하지만 인력관리의 대상인 공무원이 정부가 원하는 방향으로 실제로 변하기만 한다면 그 효과의 지속성은 가장 크다고 볼 수 있겠다.[14]

3) 공무원이라는 직업: 대표시민, 그래서 나라 살림을 자기 일처럼 소중히 여겨야 한다

공무원은 왜 시민의 생활 문제를 자기 일처럼 생각하고 그들의 문제를 해결하는 데 전념해야 하는가? 공무원이라는 직업이 생성된 역사적 배경과 시대적 의미에서 그 답을 구해보자.

근대국가와 정부의 생성과정에는 사회계약론(social contract)이라는 함의가 짙게 깔려 있다. 흔히 중세는 '암흑의 시대'로 불린다. 당시 사람들은 원죄 의식의 강요와 면죄부 판매, 마녀사냥식 종교재판 등 종교의 교조적 권위에 짓눌린 신노(神奴)이자, 영주가 소유한 장원에 빌붙어 소작으로 연명하는 농노(農奴)의 신분으로서, 인간다운 삶이 구조적으로 불가능한 고난의 세월을 강요받았다. 그러나 토인비(Arnold J. Toynbee)의 말처럼 인류 역사에는 도전과 응전의 법칙이 작용한다.

칠흑 같은 중세의 암흑 속에서도 마르틴 루터의 종교개혁과 이탈리아 피렌체를 중심으로 한 르네상스 운동, 나아가 영국의 명예혁명과 산업혁명, 프랑스 대혁명을 거치면서 유럽인들은 자기 삶의 주인이 되는 길을 서서히 닦아나갔다. 산업혁명 당시에는 수많은 농노들이 도시로 진출해 공장 노동자라는 독립된 생산자로서의 지위를 갖추게 해주는 민법상 계약체결의 자유도 발달하기 시작했다. 하지만 모두가 자신의 권리와 생명, 재산을 앞세워 자기주장만 하다 보니 온갖 갈등과 대립이 난무할 우려가 커졌다.

사람들은 만인에 대한 만인의 투쟁 상태에 대한 두려움에서 벗어나기 위해 사회질서 유지자 및 심판자의 역할을 할 근대국가의 설립에 동의했고, 정부의 통치 권력에 자발적으로 복종하는 길을 택했다. 근대국가와 정부는 사회계약의 산물이었다. 또 국가 규모가 커지면서 시민 모두가 생업(生業)을 포기하면서까지 나랏일에 직접 관여할 수 없게 되자, 시민들은 국정을 수행할 능력과 의지가 충만한 사람을 그들 중에서 선출하거나 임명해 정부 안에 포진시켰다. 그리고 시민 일반의 뜻을 받들어 정부 일을 대신 잘해달라고 부탁하며 국정(國政), 즉 나라 살림을 대행하게 했다.

그렇기에 공무원은 '대표시민(representative citizen)'이라고 볼 수 있다. 공무원은 나라의 주인인 시민 모두가 국정에 관여하지 못하게 되자 나라 살림을 위해 동료 시민들에 의해 고용된 시민들의 한 사람(administrator as citizen in lieu of the rest of us)이다.[15] 그래서 공무원은 공무원이기 전에 나라의 주인(principal)인 시민의 한 사람이자, 국정 대리인(agent)인 정부 종사자로서의 이중 신분을 갖게 된다. 따라서 공무원은 나라 살림을 책임지고 대신 수행해달라고 자신을 고용한 동료 시민들의 생활이익을 잠시도 잊어서는 안 된다. 직업상의 사익에 지배당하기보다는 사회 일반이익을 추구해야 하고, 일개 시민이 아닌 슈퍼시민으로서의 공익 마인드를 지녀야 한다.[16] 공무원은 단순한 직업인 이상의 신분, 즉 공익 안내자나 청지기(stewardship)의 역할을 부여받는다.[17]

대표시민의 관점에서 보면 시민과 공무원의 관계는 우리-관계(we-relationship)이다. 실제로 공무원은 낮에는 공무원 신분으로 일하지만, 밤에는 동료 공무원들의 보호를 받고 그들이 제공하는 서비스를 이용하는 야간 시민이기도 하다. 그 점에서 공무원은 '부분적 대리인(partial agent)'으로도 불린다.[18] 이는 공무원이 대리인 역할을 절반만 해도 된다는 것이 아니라, 대리인이기 전에 시민의 한 사람임을 더 크게 함축하는 말이다. 여기서 시민과 공무원은 자연히 '우리(we)'라는 동일 부류로 감지된다. 공무원은 자신을 공직에 고용해주었기에 자기 직업의 태생적 뿌리이자 기본적으로 우리-관계에 있는 동료 시민들의 생활 문제를 자신의 문제처럼 이해해야 하고, 나라 살림을 대신 잘해달라고 신신당부하는 동료 시민들의 수탁자(受託者)로서 시민의 생활이익을 대변하고 보장해주어야 한다.

4) 영혼 없는 공무원이라니? 우리 모두 가슴에 손을 얹고 성찰해볼 일이다

공무원 직업에 대한 이런 규범적 논의는 불행히도 현실 행정세계에서 쉽게 통용되지 못한다. 통치의 효율성에 초점을 두는 기술관료통치(technocracy, 이하 테크노크라시로 통일)의 비민주적 한계와 관료제적 철창에 갇혀 '국정 대행자'라는 대리인 의식이 정부에 의해 종종 부정되면서, 나라의 주인인 시민들이 행정과정에서 정부에 의해 타자화·객체화되는 경우가 많아졌다.

산업화·도시화가 심화하며 대두한 각종 사회 문제를 해결하기 위해 행정부가 정책기능을 주도하면서 공무원이 공적 판단과 사회여론에 준거하기보다는 자신들의 전문지식과 통계자료에 의거해 정책을 수립하는 테크노크라시가 정책 과정을 지배하게 되었다.

목적의 사회적 의미보다는 수단의 능률성에 초점을 맞추는 테크노크라시 하에서는 국정 대행자인 공무원이 기술적 이슈들에만 집착함으로써 민주적 이슈에 대한 적실한 이해와 처방이 곤란해진다.[19] 특히 정부 관료들이 자신을 시민 생활문제 해결의 일차적 책임자라기보다는 정치적 책임을 면제받은 일개 임명직 공무원으로 보며, 기술관료(technocrat)적 시각에서 자신에게 익숙한 경제적 계산 논리에 들어맞는 제한된 정책가치만 택할 때, 시민-공무원 간 현실 인식의 격차는 더욱 커진다. 그 인식적 균열로 인해 양자 간의 우리-관계는 쇠퇴하는 반면, 타자(他者)적 인식에서 시민을 객체화·대상화하는 그들 관점(they perspective)이 정부 안에 만연한다.[20]

미국에서 촉발되어 전 세계에 퍼진 점거(Occupy) 운동은 정부가 그들 관점에 갇혀 시민-정부 관계가 그들-관계(they-relationship)로 전락할 때의 시민 타자화 현상을 잘 보여준다. 월스트리트 점거(Occupy Wall Street)에 참여했던 시위대는 주택 모기지, 대학 등록금, 의료보험 등 삶의 세 가지 기본재화가 효율성이라는 미명 하에 전적으로 자본시장에 내맡겨지면서 오히려 생활지옥의 세 기둥으로 변하자 시민 일반의 생활 불안이 크게 늘어난 점을 시위의 이유로 들었다. 그러던 중 경찰의 시위대 강제해산이 1%의 가진 자를 위한 99% 시민에 대한 공격으로 비치자, 시민-정부 간에 커다란 인식적 균열이 생겼다. "내 나라, 내 정부, 우리 경찰이 그들의 나라, 그들의 정부, 그들의 경찰"로 보이기 시작한 것이다.[21] 시위대는 정부가 1%의 부자를 위해 99% 시민의 목소리를 외면한 것은 정부의 공공적 성격과 시민의 정부임을 스스로 부인하겠다는 메시지로 판단했다. 그래서 강제철거에 시민 불복종으로 맞섰다.

물론 정부 관료제는 행정효율을 위해 만들어진 조직이다. 베버(M. Weber)도 우려했듯이 행정효율을 위해 규칙에 따른 업무수행을 요구받는 관료제 내에서는 공무원이 규율에 복종하며 임무에 비정의적(非情誼的)으로 임하도록 훈련받는다. 그 결과 규칙과 규율에 얽매이는 관료적 자아나 질서 지향적 인간이 만들어진다. 특히 규율 준수는 관료의 유능함 여부를 따지는 척도가 되고, 그들의 가치중립은 곧 공익이라는 등식이 성립되면서[22] 영혼 없는 공무원이 양산되기 쉽다.

한나 아렌트(H. Arendt)에 의하면, 악(惡)은 특별히 사악한 사람들에 의해 저질러지는 것이 아니라, 생각하지 않고 분별하지 않으려 하는 상투적인 사람들에 의해 행해진다. 근본적 성찰이 부족한 사람들한테서 악의 평범함이 기인하는 것이다. 특히 소명 의식과 영혼이 없는 공무원의 행위는 그들이 의도한 것은 아니지만 종종 무서운 결과를 낳는다.[23] 일례로 유대인 학살을 집행한 제2차 세계대전의 전범 아이히만(A. Eichmann)은 재판과정에서 자신이 평생 칸트(I. Kant)의 정언명령을 암송하며 살아왔다는 점을 무미건조한 독일 관료식 말투로 진술했다고 한다. 이는 나치 계급구조 안에서 진급에 대한 일념으로 책임감 없이 관료제적 명령에 철저히 순응한 대표적인 예이다. 이런 무(無)사려성(thoughtlessness), 즉 아무 의구심 없이 부당한 명령에 순응하는 분별없음과 그 결과에 무감한 관료들이 범죄국가의 대리인으로서 세계의 황폐화에 일조한 것이다.[24]

우리 공직사회에도 조직의 상층부로 올라갈수록 자리가 주는 달콤한 향유에 중독된 채 상위자의 말에 과잉 순응하는 공직자가 적지 않다. 정치질서의 흐름에 기웃거리며 자신의 입지를 알아서 조정하는 일부 고위 관료들의 움직임은 공직사회가 권력의 위계질서에 스스로 내면화된 채 자기정체성을 상실한 실례이다. 공무원이 자기 직업의 태생적 뿌리인 시민과의 기본적 관계성을 경시한 채 스스로 무사려의 길을 택할 때, 정부는 머슴방 같은 공조직에 불과해진다.[25] 그런 점에서 《영원한 공직》의 저자 이수태는 "시민의 입장에서 문제를 보지 않으면 왜 공직자인가?"라고 반문한다.

자기 직업의 태생적 뿌리인 시민과의 기본적 관계성을 이해하는 사람만이 공무원 직업에 내재한 직업적 공공성을 제대로 인식할 수 있다. 또 공무원이기 이전에 나라의 주인인 시민의 입장에서 정부가 추구해야 할 공공선의 의미를 분명히 헤아릴 수 있다.

5) 나라 살림꾼답게 공무원은 대표시민, 공적 자아여야

직업은 크게 두 가지로 나뉜다. 근로계약에 따라 정해진 시간 동안만 일하고 그 노무의 대가로 임금을 받는 경제적 의미의 직업이 있고, 일에 대한 특수신분이 부여되어 그 일에 남다른 소명감으로 임하며 헌신해야 하는 직업이 있다. 후자의 소명감은 직업소명 의식으로 볼 수 있는데, 이는 물질적 보상이 없어도 특정 직업에 대해 천직(vocation)으로 생각하고 애착을 갖는 것이다. 그 이유는 헌신과 봉사를 위주로 하는 직업적 속성 때문이다. 그래서 그 직업을 평생직업으로 생각한다.[26]

앞서 살펴본 것처럼 공무원은 동료 시민들에 의해 공직에 고용된 대표시민이다. 따라서 시민-공무원 관계는 기본적으로 우리-관계이며, 공무원은 자신을 고용해주었기에 자기 직업의 태생적 뿌리인 동료 시민들의 문제를 자기 문제처럼 생각해야 한다. 그들의 참된 국정 대리인, 즉 나라 살림꾼으로서의 미션을 한시도 잊어서는 안 된다. 그런 점에서 시민과의 기본적 관계성을 강조하는 '공적 자아' 개념에 준거해 공무원 직업의 정체성과 직업적 공공성을 다시 규정해볼 필요가 있다.

공적 자아는 공공 공간에서 타자화된 시민의 입장이 되어봄으로써 자신이 대표시민임을 다시 자각하고, 우리-관계라는 시민과의 기본적 관계성을 되새기는 공무원이다. 나아가 정책 과정에서 대상화된 동료 시민들에 대한 역지사지, 역지감지의 이해를 통해 그들의 문제를 자기 문제처럼 생각하고 역지행지에 나서는 공무원이다. 법규준수(legal compliance)라는 소극적 공직윤리 준수에 그치지 않고 열정(aspiration)을 갖고 공무에 전념해 시민의 생활 문제를 적극적으로 해결하려고 노력하는 등 책임윤리의 구현에 힘쓰는 공무원이다.

공무원이 직업소명 의식에 투철한 진정한 공적 자아가 되기 위해서는 통치 주체로서의 강권적 지위를 향유하는 무소불위의 공(公)이나, 관피아처럼 일신의 영달을 도모하는 소극적 공(公)의 세계로 자신의 직업세계를 한정 지어서는 곤란하다. 시민의 역할기대를 적극적으로 수용해 한껏 충족시켜주려는 적극적 공(公)의 자세를 갖춰야 한다. 공무원이 적극적 공의 자세로 시민과 함께할[共] 때 비로소 공공(公共)성이 확보된다.

공무원 자신이 존경과 위엄으로 동료 시민들을 대하지 못하면, 시민이 존경과 위엄으로 그를 대해주리라고 기대할 수 없다. 따라서 봉급과 신분보장 이상의 자발적 동기부여가 요구된다. 그런 점에서 탁월한 관료였던 슈타츠(Staats)는 "공직은 경제적 의미의 직업 이상의 것으로서 하나의 경건한 태도, 공적 도덕의식으로 더 잘 정의된다"라고 말한다.[27]

공무원이 대표시민이자 공적 자아로서의 직업소명 의식을 명심하며 끝까지 X_1으로 남으려고 노력할 때, 정부는 시민을 스마일맨으로 만들 수 있다. 공무원이 선순환 사회로 가기 위한 아이디어를 짜내는 정책 산고(産苦)를 진하게 겪을 때, 공무원 자신의 고통스러운 직업적 노력이 시민의 행복으로 연결된다. 공무원이 시민이 직면한 생활 문제를 자신의 문제처럼 되새기는 감정이입의 달인이 될 때, '바람으로 빗질하고 비로 목욕하라(櫛風沐雨)', '어떤 일이 꼭 실현되도록 마음을 다하라(勞心焦思)'라는 공무원의 기초 행동강령에 담긴 깊은 뜻이 현실 행정세계에서 멋지게 구현될 수 있다.

6) 공무원은 공적 자아답게 사랑하는 대상이 많아야 한다: 인도의 라헨드라 싱 사례

인도의 라자스탄주(州)에 라헨드라 싱이라는 공무원이 있었다. 1985년 라자스탄주에 지역 보건 공무원으로 부임한 그는 심각한 아동 영양결핍 상태를 목격한 뒤 그것이 오랜 가뭄의 결과임을 발견하고 기아 대책을 마련했다. 그는 연례행사처럼 지속되는 가뭄을 아동 영양결핍의 주요인으로 보고 식량 증산 방법을 고민하던 중 농사지을 물이 절대적으로 필요하다는 판단에 이르렀다. 그래서 땅을 오목하게 판 뒤 진흙 제방을 쌓아 그 안에 빗물을 모으는 조하드(johad)를 만들기로 했다. 조하드는 그 지역에서 13세기부터 농사에 활용해온 토착민들의 물관리 방식인데, 오랜 세월 잊혀온 그것을 복원하려 한 것이다.

처음에는 사람들의 무시 속에 혼자 뙤약볕 아래서 진 종일 땅을 팠다. 이처럼 땅 파기를 오랜 시간 지속하자 드디어 조하드 하나를 완성할 수 있었다. 이후 그의 행동에 공감한 주민들의 협조에 힘입어 1년 만에 50개의 조하드를 만들었다. 메마른 지하수층을 다시 채우기 위해 제대로 된 수로망을 재건하는 등 자연의 물길을 되찾는 노력도 지속했다. 26년의 세월이 흐르자 이 지역은 600개의 수원(水源)을 확보할 수 있게 되었다. 덕분에 지역의 농업 생산성이 크게 증대되어 이 나라 최저생계비의 3배에 해당하는 농가 소득을 올릴 수 있었다. 아동의 영양실조도 사라졌고, 하루에도 몇 번씩 멀리서 물을 길어오는 일을 도맡아 하던 여자들이 학교를 다니게 되면서 교육의 힘 덕택에 지역 소득은 더 올라갔다.

라헨드라 싱은 용수(用水)의 민주적 관리와 마을 간 분쟁 조정을 위해 집단관리체제를 정립하는 데도 노력했다. 집집마다 한 명씩 마을 회의에 대표를 파견해 땅에 대한 주민의 자율적 의사결정 능력을 강화했다. 그의 노력 덕분에 마을 회의를 통한 지역 민주주의 정신과 공동체 의식을 되찾을 수 있었다. 라헨드라 싱과 주민들은 지역 보건소를 설립하고, 수많은 약초 재배를 통해 지역 내 식물 다양성도 유지했다. 인근의 무리한 광산개발을 막고 자연보호구역을 만들어 야생생물 보호구역을 선포하는 등 지역 생태계의 지킴이로도 나섰다.

반면 다른 공무원들은 조하드를 무허가 물 공급 장치로 보고 그것을 구실로 불법 물 공급 장치인 조하드를 없애라고 독촉만 해댔다. 그러다가 지역의 강이 되살아났다는 소문을 듣자 이제는 어업세를 걷으려고 혈안이 되었다. 다른 공무원들의 이런 안이한 처사에 대해 주민들은 거부 의사를 밝히고 세금을 내지 않는 방식으로 저항했다. 일종의 시민 불복종이었다.[28]

우리는 라헨드라 싱이라는 한 공무원이 혼자서 조용히, 그러나 힘차게 진행해온 일들이 비록 시작은 미미하지만 끝은 창대한 결과를 낳았음을 확인할 수 있다. 다른 공무원들의 안이한 탁상행정과는 확연히 대비되는 현장행정의 결실이었다. 나라 살림을 맡은 공무원은 책상만 지키고 앉아 있어서는 안 된다. 시민의 생활 문제 현장으로 달려가야 한다. 그러려면 무엇보다 공무원은 공적 자아답게 사랑하는 대상이 많아야 한다.

우리는 사랑하는 사람을 행복하게 해주기 위해 그 사람이 직면해 있는 문제와 아픔에 공감하고 그것을 같이 극복하기 위한 방법을 찾아내려고 무지 애를 쓴다. 공무원도 마찬가지이다. 자신이 사랑하는 대상인 부모님, 친구, 형제, 친지, 지인들이 직면한 생활 문제의 원인을 알려고 애쓰고 꼭 문제를 해결해내어 그들을 행복하게 해주고 싶은 마음이 강하다. 더 나아가서는 자신과 직접적 관계가 없더라도 많은 동료 시민들이 직면해 있지만 그들 혼자 힘으로는 해결하기 어려운 공공 문제를 해결하는 데도 발 벗고 나서야 한다. 그것이 대표시민이자 공적 자아로서 공무원의 직업소명이다.

사랑해야 할 대상이 어디 사람뿐이랴. 주변의 자연도 우리 모두 다 같이 터 잡고 살아가야 할 공동의 서식처이기에 공무원이 사랑의 마음으로 지켜주어야 한다. 마을의 역사문화 유적도 우리가 대대로 살아온 삶의 귀중한 흔적이다. 그래서 공무원이 문화 지킴이가 되어 길이길이 보전하고, 또 후손에게 고스란히 물려주어야 할 의무가 있다.

주변에 사랑하는 대상이 많아야 사랑하는 대상의 아픔을 치유해주려고 한 번 더 고민하고 한 발짝 더 움직이게 된다. 라헨드라 싱의 출발선상에도 그런 사랑의 마음이 컸다. 자기가 책임져야 할 대상들을 사랑하는 마음에서 모든 것이 시작되었고, 결국 그 사랑의 결실을 본 이 사례를 통해 우리는 사람이 변수임을 재차 확인해볼 수 있다. 어떤 공무원은 기아선상에 허덕이는 아동의 슬픈 얼굴이 눈에 어른거려 그들의 문제를 해결하겠다는 일념으로 조하드를 만들고 다양한 방법으로 마을을 일으키는 데 앞장섰다. 반면 다른 공무원들은 조하드를 불법으로 보며 주민에게 철거하라고 윽박지르다가 강이 복원되자 이젠 안이하게 어업세를 걷는 데 혈안이었다.

공직에 종사하는 사람들에게는 정말 사랑하는 대상이 많아야 한다. 그러나 우리나라 공직사회의 상사 모시기 문화를 보면 불행히도 그 사랑의 대상이 자신의 인사권을 쥔 상사에게만 국한된 것은 아닌지 심히 우려된다.

러시아계 미국 작가인 블라디미르 나보코프(Vladimir Nabokov)는 "세상에서 가장 약한 자들도 능히 살아갈 수 있는 곳이 가장 진화된 곳이다"라며 약자생존 법칙을 강조한다. 인도 공무원 라헨드라 싱의 스토리가 우리 공무원들이 낮은 데로 임해 자신을 필요로 하는 사회경제적 약자들의 심정을 헤아리고 그들의 공적 돌봄자로서 자기 소임을 되새기는 작은 계기가 되면 좋겠다. 사람이 사람을 사랑할 때 그 사랑의 깊이가 증폭되어 세상의 변화를 만들어내는 큰 발걸음으로 이어질 수 있다.

2

나라 살림꾼 키우기는 환경변화 맥락에 걸맞아야 성공한다

1) 정부를 둘러싼 대내외적 환경이 너무 많이 변했다

나라 살림꾼을 뽑고 키우는 정부 인력관리의 큰 방향은 특정 시점에서 정부가 추구하는 주요 정책목표들과 일치해야 한다. 정부의 주요 정책목표와 그 목표를 달성하는 데 꼭 필요한 정책수단인 인적 자원, 즉 공

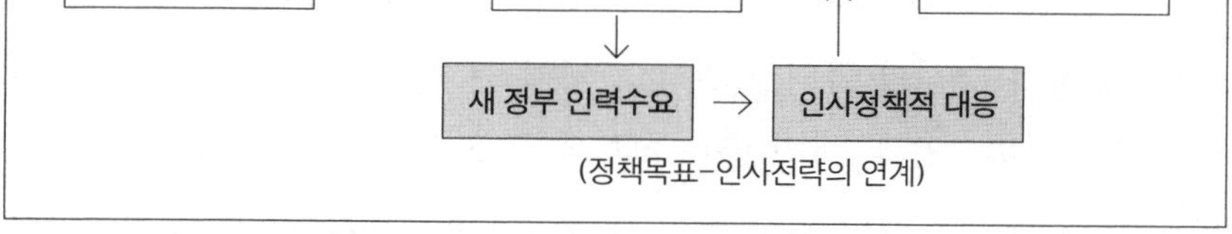

〈그림 1-1〉 행정환경 변화에 따른 정부 인력수요 변화와 인사정책적 대응

무원을 뽑고 관리하는 방식 간의 전략적 연계가 꼭 필요하다는 말이다.

정부조직은 대내외적 환경변화에 슬기롭게 대응해야만 생존 · 번영할 수 있다. 정부를 둘러싼 대내외적 환경변화는 새로운 행정수요를 야기한다. 정부는 이에 대응하기 위해 새로운 정책목표를 설정해야 하는데, 새 목표는 새로운 수단을 요구한다. 즉, 새 목표를 달성하는 데 요구되는 인적 자원인 새로운 정부 인력수요에 대비하기 위한 인사정책적 대응이 새롭게 요구된다. 그런 점에서 환경변화에 대한 정부의 이해력과 변화에 적극적으로 대응하려는 주도적 자세는 정부조직이 반드시 갖추어야 할 기본 덕목이다.

리더십 연구가 유클(G. Yukl)은 기존의 리더십 유형인 과업지향 리더십, 관계지향 리더십 논의의 한계를 보완하고자 변화지향 리더십을 주창했다. 이는 리더가 환경변화를 이해하고 그것에 적응하기 위한 혁신적 방법을 추구하는 등 변화의 실천에 관심을 두는 것이다. 변화지향 리더십은 외부환경 모니터링, 변화에 대한 비전 수립, 혁신적 사고의 장려, 위험 감수의 특징을 보인다.[29] 그런 점에서 변화지향 리더십은 행정환경 변화에 따른 정부의 정책목표와 그것을 뒷받침하기 위한 인사전략의 향방을 이해하는 데도 시사하는 바가 적지 않다. 그렇다면 향후 정부행정에 큰 영향을 주는 환경변화의 주요 맥락은 무엇인가?

지구화

정부를 둘러싼 대외적 환경변수로서 지구화(globalization)를 무시할 수 없다. 교통과 통신의 급격한 발달로 인해 전 세계가 지구촌, 즉 하나의 마을처럼 가까워졌다. 그런 만큼 정부는 우리나라에 영향을 미치는 나라 밖의 문제들에 늘 신경 써야 하고, 정치 · 경제 · 문화적으로 우리나라와 관련성이 큰 나라들과 보조를 맞추며 국제사회에서의 협력자적 역할을 잘해나가야 한다.

좀 오래된 이야기지만, OECD 협상에 참여했던 우리 정부대표가 영어가 조금 모자라 발음상 거의 유사한 can과 can't를 구별하지 못해 의사결정에서 혼선을 빚은 적이 있었다고 한다. 영어 발음이 유사하게 들리면 상대국 대표가 내뱉은 말이 긍정의 의미인지 부정의 의미인지를 문맥을 통해 정확히 파악해야 하는데, 그것이 좀 안 되었나 보다. 이 사례처럼 국가 간 교역과정에서 자국의 이익을 한껏 도모하기 위해서는 외국어를 자유롭게 구사할 수 있는 인재의 확보가 중요해진다.

외국어의 능수능란한 구사에 못지않게 공무원에게 요구되는 좀 더 진정한 글로벌 역량이 있다. 교류해야 할 나라의 역사와 문화적 전통을 이해하고 그 나라의 정치 · 경제 현안을 정확히 파악해 서로 도움을 주고받으려는 마음가짐, 즉 다문화적 정책 감수성이다. 우리나라는 급속하게 늘어난 경제력에 힘입어 국제무대에서 영향력 있는 나라로 발돋움하고 있다. 그럴수록 유상원조에 집착하며 공해산업을 수출해온 과거의 일본처럼 아류 제국주의 국가라는 비난을 들을 확률이 높아진다. 그런 비난을 듣지 않기 위해서는 약소국들의 현안을 이해하고 그들을 진정성 있게 도와주어 친구국가를 만들려는 인도주의적 외교통상 역량이 강화될 필요가 있다. 그런 선린(善隣) 정신이 나중에 국제 정치무대나 국제 경제무대에서 친구국가들의 지지를 얻어내는 지름길이다.

그런 점에서 공무원은 외국어 구사 능력에 못지않게 타국의 역사, 문화, 정치현안 및 교역수요를 공부해 그 나라에 대한 지역 전문가로서 갖춰야 할 기본소양은 물론, 친구국가를 많이 만들어낼 수 있는 다문화적 정책 감수성을 체득할 필요가 있다. 그래야 해외 여건의 영향을 많이 받는 우리나라의 입장에서는 국제사회에서의 협력자적 역할은 물론 평화, 인권 등 범지구적 가치의 형성에 기여할 수 있는 길도 넓어진다. 이는 곧 지구화의 흐름을 자국에 맞게 유도하거나 최소한 그 흐름에 어설프게 대응해 손해 보는 일은 줄이기 위해, 공무원이 다문화적 정책 감수성에 입각한 지역 전문가적 식견과 선린외교 역량을 구비해야 할 필요성을 잘 말해준다.

지방화, 민간화

이제 한 나라의 권력은 위에서 아래로, 또 옆으로 자꾸 이동한다. 이른바 'moving down', 'moving out'의 시대이다.[30] 과거에는 정부나 중앙의 정책대상 집단에 불과했던 지방과 기업, 시민사회가 이젠 정부행정의 주요 파트너로 등장한다. 그러니 시대의 변화에 맞게 행정의 경계와 초점을 유연하게 바꿀 필요가 있다.

우리 사회에서는 서울 일극(一極) 집중 현상이 너무 심하다. 공공기관은 지방으로 많이 이전되고 있지만, 아직도 대기업, 대학, 주요 문화 시설과 쇼핑 시설, 종합병원 등 생활편의 시설과 돈 되는 것은 다 서울에 있다. 서울과 나머지 지방 간의 편차가 너무 심하다. 지방소멸 이야기마저 나온다. 지방자치단체가 재량껏 쓸 수 있는 돈인 지방세가 20%에 불과한 현실을 빗댄 '20% 자치'라는 자조 섞인 말이 이를 잘 보여준다.

그냥 앉은 채로 지방소멸을 당할 것일까? 아니면 어렵지만 지혜를 모아 지역 재창생의 길을 도모할 것인가? 우리는 지금 이를 심각하게 고민해야 할 기로에 서 있다. 당연히 지방소멸보다는 지역 재창생의 길을 찾아나가야 한다. 그러려면 지방 공무원의 지역사랑 정신과 지역 재창생을 도모할 수 있는 정책 역량이 요구된다. 이를 위해서는 풀뿌리 민주주의 차원에서 의사결정의 분권화와 서비스 행정 시스템의 정착이 필요하다.

서비스 행정은 다양한 서비스 선택지의 제공과 서비스 수행방식의 혁신을 뜻한다. 일차적으로는 주민의 폭발적인 서비스 수요표출에 대응할 만한 문제해결 방안들을 다양하게 제시해주어 주민이 가장 좋아하는 선택지를 고르게 해줄 필요가 있다. 서비스 행정이 각 지역에서 만개하려면 서비스 수행방식의 대대적 혁신도 필요하다. '서비스(service)'라는 영어단어를 구성하는 철자를 하나하나 살펴보면, smile, speed/ energetic/ revolutionary/ victory/ impressive/ communicative/ entertainment이다.[31] 이처럼 지방화 시대에는 종래와 달리 친절행정, 역동행정, 감동행정, 소통행정이 더 요구된다.

친절행정, 역동행정, 감동행정, 소통행정은 민간화 시대를 맞은 현 시점에서도 중요한 덕목으로 다가온다. 반(反)거대정부주의에 따른 민간화 추세는 민-관 협치(協治) 등 거버넌스의 제도화를 통해 공공부문이 민간부문의 효율과 창의적 해법을 배우고자 함이다.

지방화와 민간화를 위해서는 정부가 캥거루족에서 벗어나 새끼들의 생존 교육에 냉철하게 임하는 독수리의 지혜를 배울 필요가 있다. 미국 콜로라도 협곡의 독수리들은 아이언 우드라는 가시나무로 둥지를 만든 뒤, 처음에는 새끼들이 나무 가시에 찔리지 않도록 깃털과 풀로 잘 감싸준다. 이윽고 새끼들이 어느 정도 크면 깃털과 풀을 둥지 밖으로 내버려 새끼들이 둥지를 떠나게 한 뒤, 절벽에서 떨어지지 않고 스스로 나는 법을 깨우치게 한다.

자식들에게 자생력을 기를 기회를 주지만, 그들이 너무 힘겨워할 때는 지친 자식들을 다시 품에 안아주는 어머니 같은 중앙의 역할도 필요하다. 그런 점에서 장성한 자식을 분가(分家)시키는 전략적인 분가 방법을 자치 시대에 응용할 필요가 있다. 일시적인 실수나 서투름을 이유로 지방과 시민사회에게서 자유와 권한을 빼앗는 것은 그리 바람직하지 못하다. 발전이 조금 더디고 실수가 있더라도 그들이 자생력을 키워 자치의 꽃을 피우도록 자율권을 부여해야 한다. 관 주도적 중앙집권 시대의 각종 규제를 풀고 발목을 잡는 간섭을 줄여 지방과 시민사회가 자율과 창조력을 마음껏 키우도록 지원하고 배려해주는 중앙과 정부의 인내와 신뢰가 필요하다. 이는 지방과 민간부문이 자율과 창조력을 키우도록 지원하고 배려해주는 조력자, 지원자로서의 마음가짐을 갖춘 새로운 공무원의 탄생을 요구한다.

지금 행정기능을 민간이나 지방에 다 나누어주자는 이야기를 하는 것은 결코 아니다. 환경이 크게 바뀌었으므로 공공서비스의 공급에 있어 민간부문과의 기능 재조정이나 지방으로의 권한 이양이 더 효율적일 때만 그렇게 하자는 것이다. 시민의 안전과 공익을 위해서는 민영화와 외주화가 만병통치약이 아니다. 공익을 위해 민간부문에 이전해서는 안 되는 핵심기능에 대해서는 여전히 정부의 강한 책임 의식과 적극적 역할이 필요하다. 특히 민간위탁과 민영화가 초래할 수 있는 근본적 문제점, 즉 이윤 추구를 위한 서비스가격 폭등이나 수익이 저조할 때 나타나기 쉬운 보수공사 미흡, A/S 의무의 미이행 등을 잘 감시하며 적절히 예방하기 위한 정부의 기본역할은 지속해야 한다.

결국 지방화와 민간화 시대를 맞아 지방과 민간의 자율과 창조력을 키워주는 조력자로서 작용하되, 기능 재조정 과정에서 정부의 책임 의식 또한 소홀히 할 수 없다. 그만큼 공무원의 대표시민적 마음가짐과 공적 자아로서의 책임 역량이 요구된다.

지식사회화, 정보화

자본, 토지, 노동이 고전적 생산요소였다면, 이젠 지식과 정보가 새로운 생산요소로 등장하고 있다. 새로운 생산요소를 나라 살림에 응용하거나 민간부문의 지원과정에서 십분 활용하는 격(格) 높은 행정이 필요하다. 즉, 행정의 정보화와 전자화를 통해 더욱 신속하고 정확하게 공공서비스가 전달되어야 한다.

지식사회화와 정보화가 반드시 장밋빛 청사진으로만 다가오는 것도 아니다. 왜냐하면 디지털 디바이드(digital divide) 현상을 낳기 때문이다. 새로운 첨단기술은 비싸고 다루기도 복잡해 지식과 재산을 가진 특정계층에 의해 독점되기 쉽다. 그렇게 되면 정보나 지식, 첨단기술을 습득하고 소유할 기회의 차이가 이후 소득 격차나 취업 기회의 편차를 가져온다. 컴퓨터 보유와 인터넷 활용능력에서의 계층 격차를 줄이기 위해서는 교육지원 예산의 적정한 책정과 배분 등 국가 차원의 지원이 긴요하다.

정부는 인공지능 등 제4차 산업혁명이 초래할 여러 문제에 대해서도 경계의 끈을 놓아서는 안 된다. 제4차 산업혁명은 생산성 향상을 가져오지만, 그 이면에서는 일자리의 대폭 축소를 낳을 우려가 있다. 로봇이 사람의 업무를 대체하고, 사람만이 수행할 수 있다고 여겼던 업무 중 상당 부분이 인공지능에 의해 대체될 것으로 예상된다. 언어와 이미지로 구성된 빅데이터 분석 등이 그 예이다. 따라서 고용시장 불안과 그에 따른 계층 양극화의 파장도 예상된다.[32] 특히 인공로봇으로 대체될 가능성이 높은 퇴화직무 종사자들의 직업 재훈련과 직업이동 문제가 현실로 다가온다.

급변하는 기술환경 속에서 지식과 정보의 편차가 초래하는 사회경제적 불평등과 일자리 감소를 막기 위한 정부의 정책 역량이 새삼 중요해진다. 이를 위해서는 나라 곳곳에 정보 고속도로망을 깔아주고, 시민이 자신의 업무나 일상생활에 필요한 지식, 기술, 정보를 인터넷을 통해 쉽게 검색하거나 다운로드받을 수 있는 지식 저장고(knowledge warehouse)로서의 정부 역할이 긴요하다. 또 그것을 가능하게 해주는 공무원의 정보처리 역량과 정보전달 기술이 수반되어야 할 것이다.

사이버 윤리도 필요하다. 정보 고속도로망을 타고 마구 전파되는 포털 사이트와 SNS상의 댓글을 보면 선플보다는 악플이 압도적으로 많다. 오프라인뿐 아니라 온라인상에서도 사람들이 서로 예의를 지키고 올바르게 소통하게 하는 방법이 필요하다. 그래야 온라인에 온기(溫氣)가 가득해 사이버 공간이 집단지성에 의거한 생산적 의사결정의 장이 될 수 있다. 또 각박한 세상살이를 이겨낼 수 있는 사람들 간의 따뜻한 관심과 배려가 흐르고 모이는 사이버 공론장이 만들어질 수 있다. 그러려면 관련 업무를 맡은 공무원의 굳건한 사회규제 마인드와 건전한 사이버 공간 조성기술이 요구된다.

직장의 민주화, 인간화

신자유주의의 영향으로 비정규직이 47%를 차지하는 비정상적 고용사회가 되고 말았다. 게다가 권위주의 문화의 영향으로 대기업과 하청업체 간, 또 직장 내 상사와 하위자 간에 갑을 관계가 보편화하면서 갑질과 미투 폭로가 날로 늘어가고 있다. 상급조직이나 직장 내 상사들의 갑질 만행과 불미스러운 성추행에 대응하기 위한 법 제도적 뒷받침과 전략적 노조 활동이 요구된다.

아무리 생산효율과 성과효율을 강조하는 신자유주의 세상이지만, 직장인이 가족 구성원으로서 해야 할 역할도 균형감 있게 잘할 수 있도록 시간과 장소를 배려해주는 그런 인간의 얼굴을 한 직장이 될 필요가 있다. 고물가 사회를 살다 보니 아이 보육에 돈이 많이 들어가고, 고령사회로 진입하면서 부모님을 모시고 병원에도 종종 가야 한다. 이런 점에서 근무에 큰 지장이 없는 범위 내에서 공무원이 가정의 용무를 최소한 볼 수 있는 복지 시간(welfare time)이 허용되어야 한다. 탁아소, 탁로소(託老所) 설치 등 가족 친화적 인사관리 수요도 더욱 커질 전망이다.

초고령사회

고령화 시대가 빠르게 다가오는 것 같더니 곧바로 고령사회로 진입했다. 65세 이상 인구가 7% 이상이면 고령화 사회, 14% 이상이면 고령사회, 20% 이상이면 초고령사회이다. 우리 사회는 2000년에 고령화 사회를 지나 2018년에 고령사회를 이미 맞았고, 2026년이면 초고령사회에 진입할 것으로 예측된다.

고령사회, 초고령사회는 우리에게 많은 숙제를 부여한다. 사회 전체적으로 노인 생활 문제, 연금제도 등 노인 복지 문제, 정년연장 등의 문제가 꼬리에 꼬리를 물고 대두할 것이다. 노인 봉양 문제가 현실로 다가오면서 청년 세대 입장에서는 어르신 세대를 봉양하는 데 드는 개인적 부담이 더 커질 전망이다. 과거에는 청년 여러 명이 힘을 합해 어르신 세대를 봉양할 수 있었지만, 이젠 급격한 고령화로 인해 청년 한두 사람이 노인 한 분을 등에 업고 뛰어가야 할 현실이 조만간 나타날 수 있다. 그러나 청년이 원하는 일자리는 많지 않고 그들의 시장진입 장벽은 여전히 높기만 하다.

자칫 한눈팔면 노인을 위한 나라도 없고, 청년을 위한 나라도 없을 수 있다. 이런 세대갈등, 세대전쟁을 막기 위한 균형 잡힌 정책 역량, 즉 청년층의 디지털적 직업 수요와 노장년층의 아날로그적 생활수요를 동시에 충족시키려고 노력하는 디지로그(digilog) 공무원의 육성이 필요한 연유가 바로 여기에 있다.

2) 행정환경 변화는 어떤 나라 살림꾼과 새로운 인사정책을 요구하는가?

위에서 살펴본 것처럼 정부조직을 둘러싼 대내외적 환경변화가 매우 크다. 심대한 환경변화가 야기하는 새로운 행정수요에 대응하기 위해 환경변화에 대한 정확한 인지력과 공공서비스 공급 역량을 갖춘 인재들을 발굴해 공직에 먼저 채용하고 든든한 나라 살림꾼으로 체계적으로 육성하는 것이 정부 인력관리의 핵심이다.

환경변화의 추이와 변화 맥락을 정확히 인지하고 그것에 대응하기 위한 장기적 정책 방향을 잘 마련하려면, 정부의 목표달성에 필수적 수단인 인적 자원을 잘 뽑고 키우기 위한 인사제도의 큰 틀이 필요하다. 즉, 공무원이 공직이라는 한 우물을 파며 오랫동안 직업 전문성을 쌓아갈 수 있게 해주는 체계적인 인사 시스템이 필요하다.

여기서는 그런 체계적인 인사 시스템의 기본 틀(basic frame)로서 직업공무원제를 먼저 논해본다. 그러고 나서 여러 가지 환경변화에 대응하기 위한 세부적 인사정책으로서 지구화 시대에 대비한 성과주의 인사, 지방화 · 민간화 시대 및 초고령사회에 대비한 균형 인사와 현장 중심 자율인사, 직장의 인간화 시대에 대응하는 가족 친화적 인사관리, 지식사회화 · 정보화 시대에 대비한 학습조직의 구축과 인력관리의 전자화 방향을 하나하나 살펴본다.

(1) 인사정책 기조인 직업공무원제에 대한 오해와 진실

먼저 직업공무원제의 든든한 재정비가 필요하다. 우리나라 헌법 제7조 제2항을 보면, 공무원은 국민 전체의 봉사자로서 그 신분과 정치적 중립을 보장받는다. 헌법에서 이렇게 신분보장을 해주니, 고용불안 시대를 맞아 공무원이야말로 한국인 모두가 직업 안정성 측면에서 가장 선망하는 대표적 직업이 되고 말았다. 그래서 모두 기를 쓰고 공무원시험에 합격하려고 노량진 고시 학원가를 기웃거린다.

김애란의 단편소설 〈서른〉에서는 '노량도'라는 말이 나온다. 공무원시험에 합격하기 위해 섬 생활처럼 고립된 몇 년간의 시험 준비 기간을 그곳에서 보내지만, 시험에 붙으면 바로 벗어나고픈 섬 같은 곳으로 노량진 고시 학원가를 빗대어서 하는 말이다.

공무원의 직업적 인기와 관련해서는 한 가지 모호한 점이 있다. 한국고용정보원이 2010~2011년 759개 직업 종사자 26,181명을 대상으로 직업 선호도와 직업 만족도(사회적 기여도, 직업 지속성, 발전 가능성, 업무환경과 시간적 여유, 직무 만족도의 종합)를 조사한 결과에 의하면, 일반직 공무원과 경찰에 대한 직업 선호도는 2위, 3위였다. 하지만 각각의 직업 만족도는 234등, 570등이었다. 그렇다면 직업 선호도와 실제 직업 만족도 간에 왜 이런 무지막지한 괴리가 생긴 것일까?

공직에 대한 선호도와 실제 직업 만족도 간의 극심한 괴리감은 공무

〈표 1-2〉 직업공무원제에 대한 상반된 해석

해석의 유형	해석의 의미
소극적 해석	단순히 정년보장과 신분보장이 되는 안정된 직업
적극적 해석	직업적 가치가 높아 일생을 걸고 도전해볼 만한 의미 충만한 생애직

원이라는 직업이 직업적 가치가 높기에 전 생애를 걸고 도전할 만한 의미 충만한 직업(meaningful job), 즉 생애직(生涯職)[33]이 아직은 못되고 있다는 방증이 아닐까 생각된다. 즉 공직이 소극적 의미에서는 큰 과실이 없는 한 정년이 보장되는 직업이지만, 직업적 가치가 높기에 일생을 걸고 도전할 만한 그런 의미 충만한 직업은 아직 아니라는 말이다.

공직에 대한 선호도와 실제 직업 만족도 간의 막대한 격차는 어떻게 메울 수 있는가? 공직이 의미 충만한 생애직이 되려면 무엇보다도 직업에 대한 사회적 평판과 지지가 중요하다. 현재 공무원 직업에 대한 사회적 평판은 그리 높지 않다. 2008년의 한 조사에 의하면 국민의 정부 신뢰도는 12.6%이고, 공무원 신뢰도는 7.7%에 그쳤다. 《2016년 OECD 국가지표》에 의하면, 우리 국민의 정부 신뢰도는 28%로 조사되었다. 하지만 이는 조사대상 34개국 중 최하위권인 29위에 해당한다. OECD 국가의 평균 신뢰도인 46%보다 무려 18%나 낮은 수준이다.

1970년대 말이나 1980년대 초만 해도 우리 공직사회에는 3P의 전성시대가 있었다고 한다. 관존민비 문화의 잔존 속에서 공무원에게 권력(power)도 있었고, 관 주도적 경제성장을 하던 때여서 국가발전의 견인차로서의 자부심(pride)도 컸다. 당시만 해도 정부조직이 팽창하던 시기여서 승진(promotion) 자리도 많았다.[34] 그러나 지금은 사회 전반의 민주화 추세에 따라 공직사회를 보는 시민의 눈높이가 무척 높아졌다.

공무원이 공무를 제대로 수행한다고 시민의 인정을 받으려면, 시민의 서비스 수요 폭발에 대응하기 위해 더럽고, 위험하고, 어려운 3D의 일도 감내하지 않을 수 없다. 예컨대 지역 환경 보존을 위해 위험을 무릅쓰고 생활하수와 산업폐수로 더럽혀진 강물로 뛰어들어야 한다. 부족한 장비와 낡은 법규를 갖고 불법주차 단속 등 사회질서를 잡으려다 보니 시민의 항의도 만만치 않아 일하기가 점차 어려워진다. 골든타임을 다투는 재난 현장 등 불가피한 상황에서는 즐풍목우(櫛風沐雨)도 불사해야 한다.

하지만 세월호 참사 이후 정부의 무능과 무책임 등 공직사회의 민낯이 고스란히 드러나면서 공무원연금과 신분보장에 대한 사회여론의 질타가 거세다. 세월호 참사 이후 몇몇 중앙일간지는 "갈 곳 잃은 한국 관료사회", "세종시에서 쏟아지는 3류 정책… 이제 바꿔야 한다", "가라앉는 관료사회" 제하의 특집 기사를 경쟁적으로 다루며,[35] 우리 공직사회의 성취감 저하와 보수 불만 및 높은 이직 고려율 등 엘리트 공무원의 이탈 현상을 다루기도 했다.

공무원 직업에 대한 사회적 평판과 지지를 높이기 위해서는 이제부터라도 공무원이 대표시민이자 공적 자아답게 시민 생활 현장이 있는 낮은 데로 임해야 한다. 필요할 경우에는 위험하고 더럽고 어려운 일도 감

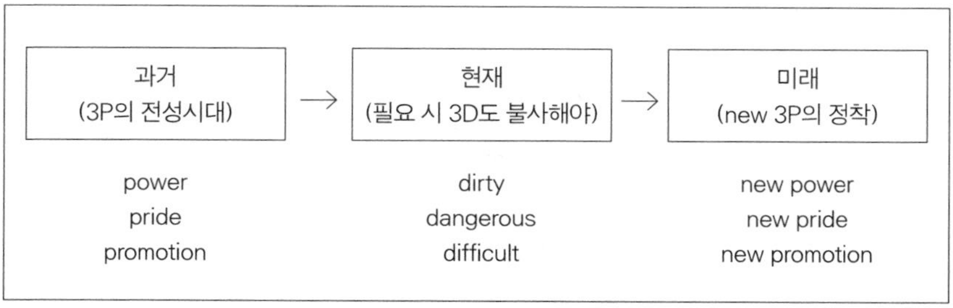

〈그림 1-2〉 공무원 직업에 대한 시대적 평가와 지향점

수하며 열정을 갖고 공무에 전념해야 한다. 그래야 잃었던 신뢰도 회복할 수 있고, 시민의 인정도 다시 받을 수 있다.

공무원의 즐풍목우와 노심초사 자세가 견지되어야만 3NP가 정착될 수 있다. 즉, 공무원들이 일을 열심히 해 시민의 지지 속에 새로운 직업적 긍지(new pride)를 맛볼 수 있고, 시민의 협력과 자발적 수용을 얻어내는 새로운 정책 영향력(new power)도 발휘할 수 있다. 열심히 일한 공무원에게 부여되는 발탁승진(new promotion)의 기회도 활짝 열릴 수 있다.[36]

공직에 대한 사회적 평판을 든든히 회복한 후에는 젊고 유능한 인재들이 공직에 입문해 오랜 세월 한 우물을 파며 공직 전문가로 커나가게 하는, 그런 의미 충만한 생애직을 지향하는 인력관리의 기본 틀이 다음과 같이 구체적으로 마련될 필요가 있다.

*The Free Dictionary*나 *Wikipedia*에 의하면, "전문가(expert)는 수많은 경험(experience)과 생생한 실험(experiment)을 거듭해 살아있는 전문지식(expertise)

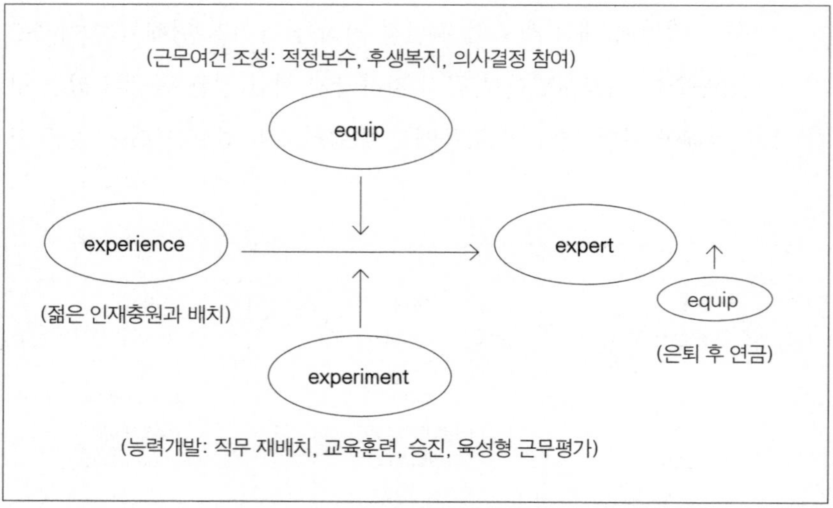

〈그림 1-3〉 정부 인력관리의 기본 틀로서 직업공무원제

을 구축한 사람"으로 정의된다. expert라는 단어는 experience, experiment와 매우 밀접한 연관성이 있는 단어이다. 실제로 세 단어를 합해 구글 검색엔진으로 검색하면 2,500만 개의 검색 결과가 나올 만큼 세 단어는 밀접한 상관성을 갖는 개념들이다.[37] 여기서는 이에 따라 공직의 전문가도 '경험과 실험의 자식'이라는 뜻을 살리면서 e로 시작되는 단어인 equip을 하나 더 추가해 직업공무원제의 기본 틀을 위의 그림과 같이 정리해본다. 이제 그림의 내용을 하나하나 자세히 살펴보자.

사람이 어느 분야에 눈을 뜨고 그곳에서 일가를 이루려면 오랜 시간에 걸친 천착이 필요하다. 10년 법칙, 1만 시간 법칙은 이를 단도직입적으로 보여주는 말이다. 뭔가 하나에 몰두해 오랜 시간 동안 경험(experience)을 쌓고 어떻게 하면 더 좋은 결과를 가져올 수 있는지 창의적인 실험(experiment)도 하며 꾸준히 일해야만 그것에 눈뜨게 되고 그 일에 대한 전문적 식견도 쌓아갈 수 있다.

그런 점에서 보면 최근 고용불안 시대를 맞아 공직시험 지원자가 대폭 늘어나자 2009년부터 공무담임 균등권 차원에서 경찰, 군무원, 소방직 등을 제외한 여타 공무원 직종에서 공직시험 응시 상한연령 제한을 폐지해가는 것은 한 번쯤 재고해보아야 할 사안이다. 공직시험 응시자들 개인적으로는 국민 모두 공직 취임 기회를 평등하게 얻는 것이 좋을 것이다. 이것저것 해보다가 잘 안 되어 늦은 나이에도 공직시험만 잘 보면 공무원이 되는 길이 열려 있기 때문이다. 하지만 지나치게 나이가 들어 공직에 입문하는 것이 당장의 조직 내 위화감 조성이나 오랜 시간이 걸리는 공직 전문가 양성 측면에서 과연 바람직한지 다시금 생각해볼 문제이다.

물론 젊은 나이에 공직에 들어오게 하는 것만이 직업공무원제로 가는 만사형통의 길도 아니다. 젊은 나이에 공직에 들어와 오래 근무(experience)하면 경험과 경력이 쌓인다. 하지만 경력이 많아진다고 해서 모두 다 경륜이 높은 전문가가 되는 것은 아니다. 연공(年功)에 의해 지위 권력(position power)은 높아지지만, 그 지위가 요구하는 전문성을 충분히 갖추지 못하면 전문가적 권력(professional power)을 발휘할 수 없다. 그러면 세대 비약론을 피하기 어렵다. 흔히 "일이 있는 곳에 힘이 실린다"라는 말이 있듯이 하위자들이 새로운 지식과 기술, 정보를 더 많이 갖고 있다면 하위자들에게 힘이 더 실리기 마련이다. 그러면 의사결정의 큰 맥락도 자연히 하위자가 주도하게 된다.

배움에는 지위고하가 없다. 공무원이 일을 더 잘하기 위해 일을 수행하는 방식에 대해 항상 고민하며 창의적으로 업무를 수행할 수 있도록 방향을 유도해주는 장치가 필요하다. 즉, 일을 새롭게 해보기 위해 늘 실험(experiment)하는 자세로 임할 수 있도록 직장이 능력개발의 기회를 계속 제공해주어야 한다. 새로운 업무를 해보며 시야를 넓혀나갈 수 있는 직무 재배치, 좀 더 책임 있는 자리에서 고난도의 일을 해볼 수 있는 승진 기회의 부여, 체계적인 교육훈련과 능력육성을 위한 근무평가 등이 능력개발 제도로서 뒷받침되어야 한다.

일선 공무원에게 능력개발을 하라고 밀어붙이기만 해서도 안 된다. 신바람 나게 일하도록 근무 여건을 잘 조성해주는(equip) 장치도 필요하다. 적정한 보수, 후생복지, 의사결정 참여 등이 그것이다.

인간은 비교의 동물이다. 남과 비교해본 결과 상대적 결핍감(comparative need)을 느끼면 화가 난다. "동서보다 연봉이 높으면 부자"라는 미국 속담이 있다. 사람은 자기 주변의 가까운 사람과 비교해 자신의 위상을 결정한다. 그런 점에서 우리나라 공무원들은 기업에 취직한 친구보다 봉급이

적으면 스스로 이등 시민처럼 느끼고 공무에 덜 몰두하게 된다. 따라서 민간기업의 보수 수준을 고려한 대외적 균형급이나 생활 물가를 반영한 생활급 형태의 보수책정이 필요하다. 직무성과에 상응하는 성과급도 필요하지만, 대외적 균형급과 생활급은 직업공무원제를 안착시키기 위한 필수요건 중 하나이다. 공무원 월급만으로는 생활이 빠듯할 수 있으므로 부가급여 형태의 후생복지도 필요하다. 근무여건 조성과 관련된 의사결정과정에서의 참여권도 요구된다.

같은 맥락에서 연금제도의 내실화도 중요하다. 인생 이모작 시대에 공직이라는 한 우물을 판 대가를 노후에 향유할 수 있어야 한다. 노후생활이 보장되어야만 젊은 날 한눈팔지 않고 열심히 복무할 수 있다. 공무원연금에서 부양(扶養) 원리를 부정할 수 없다. 연금에는 인재를 공직에 유치하고 장기 복무하도록 유도한다는 점에서 인사정책적 기능도 내재해 있다. 그런 점에서 연금은 젊은 날 공직에 들어와 한 우물을 파며 공직의 전문가로 커가게 하는 직업공무원제의 기본취지와 밀접한 연관성이 있다.

상기한 여러 인사제도가 제자리를 잡고 적시에 제공될 때, 공직은 평생을 걸고 도전해볼 만한 의미 충만한 생애직으로 자리 잡을 수 있고, 명실공한 직업다운 직업이 될 수 있다.

(2) 환경변화에 대응하는 각론 차원의 인사정책 패러다임들

성과주의 인사

직업공무원제(이하 직공제)는 공직을 일생에 걸쳐 도전할 만한 의미 충만한 직업, 즉 명실공한 생애직으로 만들기 위한 제도적 노력이다. 그러나 "똑같은 물도 소가 먹으면 우유가 되지만 뱀이 먹으면 독이 되듯이", 직공제의 적극적 의미가 모든 공무원에 의해 항상 100% 다 수용되고 구현되는 것은 아니다.

적지 않은 공무원은 직공제를 개인적 관점에서 소극적으로만 해석해 재직 중 큰 잘못을 저지르지 않는 한 정년이 보장되는 것으로 생각한다. 즉 근무연수가 차면 자동으로 승진과 정년을 보장받고, 은퇴 후에는 연금도 듬뿍 나와서 노후가 든든히 보장되는 그런 안이한 태도로 이 제도를 인식하기 쉽다. 그러면 직공제의 참뜻이 함몰되고 만다.

직공제가 탄력성을 상실하면 그 단점이 여실히 드러난다. 사람은 "서 있으면 앉고 싶고, 앉으면 눕고 싶어" 한다. 따라서 큰 잘못이 없는 한 정년을 보장해준다는 식으로 직공제에 대한 소극적 해석이 공직사회에 만연해서는 곤란하다. 공직사회의 보수주의화, 관료화가 확산되기 쉽다. 자칫하면 직공제라는 연못에 더 이상 신선한 물이 공급되지 않고 그러다가 고인 물이 썩기 쉽다.

더욱이 지금 우리가 사는 시대는 글로벌 지구화 시대가 아닌가? 눕고 싶다고 마냥 누울 수만 없는 무한경쟁의 회오리바람이 끝없이 불어온다. 따라서 지구화 시대가 요구하는 글로벌 인재 역량을 키워나가야 한다. 그렇다면 직공제 안의 고인 물이 썩지 않고 계속 흐르도록 자극을 주는 날카로운 장치가 필요하다. 실적주의 혹은 성과주의 제도가 바로 그것이다. 실적주의는 능력과 자질 위주로 공직 지원자를 선별해 X_1의 잠재 역량을 가진 사람을 공무원으로 뽑은 뒤, 승진, 보수책정, 퇴직관리에서도 일정 기간의 근무실적이나 조직에 대한 기여도를 정밀히 측정해 그 결과에 따라 인사 처우에 차등을 두는 것이다.

직공제라는 풀장에 신선한 물이 계속 공급되게 하여 고인 물이 썩지 않도록 하려면, 선의의 경쟁을 붙이고 지속적인 평가(evaluate)를 통해 공무원에게 끊임없이 자극을 주어야 한다. 평가 결과 공무원이 X_2, X_3처럼 업무를 잘못했거나 부족한 점이 있으면 따끔하게 경각심을 주어 차후에라도 만회하게 하고, X_1답게 일을 여전히 잘하고 있으면 그에 상응하는 정당한 대가를 주어 계속 입지역동하게 하는 인사전략이 필요하다.

현재는 실적(merit)주의에서 성과(performance)주의로 전환하는 추세이다. 직무수행의 최종 결과물인 개인의 성과가 조직목표의 달성이나 조직성과에 실제로 어떤 기여를 했는지 측정, 평가하는 것이다. 실적(實績)이 직장인 개개인의 역량과 실력을 측정하는 것이라면, 성과(成果)는 조직에 대한 개인의 실제 기여도를 묻는 조금 더 거시적인 개념이다. 야구로 치면 실적이 타자의 개인 타율 혹은 투수의 삼진 횟수라면, 성과는 팀 승리에 직결되는 타자의 타점, 투수의 승률 같은 것이다.

'한 번 해병은 영원한 해병'이라는 해병대 정신은 존중받아 마땅하지만, 공직에 입문할 때 자질이 뛰어났던 공무원이라고 해서 그가 영원히 우수한 공무원으로 남을 것으로 생각하는 역사적 원가(原價)주의에는 큰 문제가 있다. 즉, '한 번 공무원은 영원한 공무원'이라는 등식이 성립하기는 어렵다. 현가(現價)주의, 시가(時價)주의[38]를 통해 공무원의 현재 역량과 직업 마인드를 정기적으로 측정해 그에 합당한 인사 처우를 하는 것이 필요하다. 따라서 재직 중인 공무원이라도 근무실적이나 직무성과에 따라 인사 처우의 정도를 달리하는 것은 불가피한 일이다. 결국 현가주의는 직장인 개개인과 직장 모두를 살리고 위하는 길이다.

균형 인사

실적주의나 성과주의를 실현하는 과정에는 몇 가지 보완점이 필요하다. 한국사회의 일반적 취업경로나 채용과정에서 쉽게 눈에 띄듯이, 우리는 지금 "부모의 경쟁력이 자식의 경쟁력이 되어가는" 정말 이상한 세상에서 살고 있다. 이른바 수저계급론 세상이다. 부(富)의 왜곡된 세습이 디지털 디바이드 현상으로 고착화되고 있다. 돈의 힘으로 얻은 지식과 정보, 기술이 당장의 취업 기회나 추후의 장기적인 소득 획득에서 유리한 고지를 차지하는 주요인이 되고 있다. 그런 점에서 민주화 · 지방화 시대에 걸맞은 새로운 인사정책이 요망되며, 균형 인사 개념이 정부의 인사정책 패러다임으로 추가되어야 한다.

여기서 대표관료제(representative bureaucracy) 개념이 중시되지 않을 수 없다. 이는 한 나라의 정부 관료제는 그 나라 국민의 지역, 성비(性比), 계층, 집단적 특성 등을 골고루 반영해야 한다는 것이다. 즉, 공직사회의 인적 구성이 그 나라 국민의 가장 좋은 표본(the best sample)이 되게 만드는 것이다.[39] 이를 위해서는 전체 국민 수에서 특정지역, 특정 성별, 특정계층 출신이 차지하는 비율만큼 전체 공무원 수에서 특정지역, 특정성별, 특정계층 출신이 공무원으로 자리 잡는 길이 마련되어야 한다. 여기서 공직사회의 인적 구성을 다소 강제적 성격의 할당제(quota system)로 가져가는 논리가 불가피해진다. 할당제를 통해 공직에 들어온 다양한 특정집단 출신들이 자신이 속해 있는 집단의 정책 이해와 정책 수요를 정책 과정에서 적극적으로 표출하고 골고루 반영하게 하기 위해서이다. 이런 점에서 대표관료제는 동료 시민들에 의해 고용된 뒤 그들의 뜻을 잘 받들어 나라 살림에 임해야 하는 공무원의 대표시민적 성격을 이행하는 제도의 하나라고 볼 수 있다.

인종차별이 심했던 미국은 1960년대에 동등고용기회법을 만들어 유색인종에 대한 적극 고용행위(affirmative action)를 추진한 적이 있다. 우리나라도 그간 공직 충원과 육성과정에서 여성차별이나 지역차별이 심했다. 그래서 민주화 · 지방화 시대에 걸맞게 균형 인사를 통해 공직 채용과정에서 여성의 성차별이나 지역차별 문제를 극복하기 위한 정책적 고려가 있었다. 여성채용목표제나 지역인재추천채용제가 그것이다. 5급 국가고시 합격자 중 지방 출신 비율이 20% 미만일 경우 추가 선발하는 지방인재채용목표제, 그리고 공공기관에서의 지방 출신 쿼터제 도입 등도 대표관료제에 따른 균형 인사에 해당한다.

여성채용목표제의 경우는 여성들의 공직시험 합격자 비율이 크게 높아지면서 양성평등채용제로 할당제의 취지가 전환되었다. 여성 합격자 수가 크게 늘어나 남성이 공직사회에서 과소(過小) 대표될 우려가 커지면서 군 가산점제 부활을 놓고 남녀 간 갈등이 불거진 적도 있다. 군 가산점제는 헌법 제39조 제2항에 평등권, 공무담임 균등권 차원에서 군 복무 여부로 인한 불이익을 누구도 받지 못하게 한 점에서 위헌결정이 난 바 있다. 따라서 재정을 확보해 군 복무 중의 급여를 대폭 올려주거나, 전역 후 복학하면 대학 등록금에서, 취업 준비 중이면 실업수당 등에서 제대군인에게 혜택을 확실히 주는 방안이 필요하다. 취직 이후에는 호봉의 상향조정 등 금전적 보상을 십분 도모하는 쪽으로 해법을 찾을 필요가 있다. 오히려 관리자급으로 올라갈수록 남성이 과다 대표되는 현실을

〈표 1-3〉 여성 관리자 비율의 국제 비교[40]

(단위: %)

미국	뉴질랜드	캐나다	영국	스페인	싱가포르	일본	파키스탄	한국
45	38	35	33	32	23	9	9	5

고려할 때 여성 관리자 임용목표제의 강화나 여성 관리자 승진할당제의 제도화가 문화적으로 더 중요한 의제로 다가온다.

장애인 고용을 의무화하는 실질적 방안도 균형 인사 차원에서 모색되어야 한다. 예부터 내려오는 사농공상(士農工商) 문화, 즉 기술직 천시와 승진상의 불이익 문제를 극복하기 위해 기술직군의 내부승진 시 기술직 출신을 우선 승진시켜 공직에 직업 전문성을 담보하게 하는 대표관료제의 응용 방안도 요구된다. 제4차 산업혁명 시대를 맞아 강조되기 시작한 직무 다위니즘(Darwinism)에 따르면, 행정직은 퇴화 가능성이 높은 직무이고 기술직은 진화직무로 발전할 여지가 많다고 한다. 따라서 행정직과 기술직을 5 대 5의 비율로 가져가야 한다는 주장도 있다. 특히 기술 상위직의 자리에 행정직을 앉히는 승진 복수화 규정은 필히 없어져야 한다.

초고령사회에 진입할수록 종래의 대표관료제 논의에는 포함되지 않았지만 나이 변수도 무시할 수 없다. 공무원이 정부와 사회 내 특정집단 간의 소통 채널로서의 역할을 잘하기 위해서는 노인정책부서나 노인인구가 많은 지역은 50대 이상 인력이, 청년정책부서나 청년 인구가 많은 지역은 20대 인력이, 외국인 대상의 정책부서나 외국인 거주 밀집지역은 귀화인이 일을 주로 담당하게 하는 방법도 신 대표관료제의 일환으로 강구해야 한다는 주장도 있다.[41] 하지만 대상 연령대별로 공무원을 구분지어 배치하는 것은 여러 가지 사정상 쉬운 일은 아니다. 노인의 바람과 청년의 욕구를 모두 아우를 수 있는 디지로그 공무원을 선발하여 이 문제를 해결해나갈 필요가 있다.

대표관료제에는 항상 역차별 문제가 따르는 점도 유의해야 한다. 즉, 형평성을 실현하려는 할당제가 실력은 있는데 강제 할당제에 의해 충원되지 못하는 또 다른 억울한 사람이 생기게 할 소지가 있다. 따라서 공무원 충원에서 실적(merit) 대 형평(equity)의 조화 문제, 또 공무원 승진과정에서 실적보다 형평 가치를 앞세울 때 야기되는 정책전문성 결여 문제를 짚고 넘어가야 한다. 해당자에 대한 강도 높은 교육훈련 등 보완조치도 반드시 강구해야 한다.

학습조직, 전자정부

21세기 지식자본주의 시대에는 개인이 보유하고 있는 지식과 정보가 새로운 생산요소로 중시된다. 지식자본주의 시대가 요구하는 지식과 기술, 정보의 유무가 소득과 취업 기회의 격차를 낳는 디지털 디바이드 현상이 도래한다. 새로운 지식과 기술을 갖춘 신세대 직원들에 비해 그것이 부족한 기성 관리자층은 의사결정 과정에서 심적 압박을 받으며 세대 비약론의 희생양이 되기 쉽다.

지식의 생명주기가 날로 짧아지고 있다. 예컨대 나노기술의 생명주기는 73일에 불과하고, 대형 할인매장의 경우 일주일 단위로 150여 가지의 신상품이 진열대에 깔린다고 한다. 직장인도 일과 관련해 전개되는 새로운 변화맥락을 제대로 알고 그에 대처해나갈 수 있는 역량을 기를 필요가 있다. 아는 것이 힘이다. 대량해고를 전제로 하는 구조조정에서 살아남거나 글로벌 성과주의 시대를 맞아 조직의 정예인력이 되기 위해서도 평생 직업교육과 체계적 인력개발이 필요하다. 바로 이런 점에서 정부조직 역시 공무원의 지속적인 역할수행능력 개발을 위한 상시 학습체제로서 존재해야 할 당위성이 크다.

지식사회, 정보화 시대에 걸맞게 정부조직 자체가 이젠 일하는 곳(workplace)만이 아니라 학습조직(learning organization), 더 나아가서는 지식 저장고(knowledge warehouse)가 되어야 할 현실적 필요성이 크다. 즉, 공무원이 일을 더 잘하기 위해 끊임없이 배울 기회와 체계적인 직장교육이 일터에서 주기적으로 제공되어야 한다. 공무원이 일하다가 관련 지식과 정보가 부족하거나 새로운 기법의 필요성을 느낄 때, 직장 내 전산망에 들어가 필요한 정보와 지식, 기법을 검색하고 실시간으로 다운받아 바로 업무에 반영할 수 있는 지식관리 시스템(knowledge management system)도 마련되어야 한다.

정보화 시대에 걸맞게 현재 정부 인력관리의 많은 부분에 웹(web) 기반 지원이 가능하다. 일례로 미국에서는 공직 지원자들이 온라인 가상 충원센터의 전산망에 접속해 각 행정기관의 직업공고(job posting)와 충원자료의 접수는 물론, 자료수정 셀프서비스 및 전자화된 인터뷰를 할 수 있다. 이런 온라인 신규채용 외에도 전자 신원조회(e-clearance), 현직 공무원의 웹 기반 인사평정, 가상대학 웹사이트(e-training) 설립과 사이버 교육훈련, 보수 지급절차의 전산화(e-payroll), 웹 기반의 후생복지 제공, 전자계산기를 활용한 퇴직 시 혜택내역 추정치 확인 등 정부 인력관리의 상당수 업무가 웹 기반의 사이버 공간에서 얼마든지 가능하다.[42]

우리나라에서도 인적자원관리 정보시스템으로서 인사정책 지원시스템(Personnel Policy Support System)이 작동하고 있다. 이를 통해 종이로 만든 인사기록 카드가 전자적 인사관리 카드로 대체된다. 중앙행정기관의 공무원은 웹 브라우저를 이용해 자신의 인사정보 열람, 변경신청, 요망사항 등을 입력해 조직 내 의사소통을 원활하게 할 수 있다.[43] 향후에도 정부 인력관리의 혁신을 위해 인력관리의 전자화와 전산화 방법이 더욱 강구되어야겠다.

가족 친화적 인사관리

직장의 인간화 시대에 걸맞게 가족 친화적(family-friendly) 인사관리 패러다임도 반영될 필요가 있다. 과거에는 출근하면 집안일은 잊고 회사인간이 되는 것이 직장인의 미덕으로 여겨졌다.

그러나 이젠 아이를 낳아도 맡길 곳이 마땅치 않고, 고령사회로 빠르게 진입하면서 직장인에게 부모님 통원치료의 동반자 역할도 과거에 비해 더 많이 요구된다. 아무리 생산효율, 성과효율을 강조하는 신자유주의 세상이지만 공무원이 직장인이자 가족 구성원으로서의 이중역할을 균형감 있게 할 수 있도록 최소한의 시간적 여유를 배려해주는 그런 인간의 얼굴을 한 직장이 되어야 한다. 이런 점에서 가족 친화적 인사관리 수요는 더욱 커질 전망이다.

가화만사성(家和萬事成)이라고 했다. 가족을 뜻하는 Family는 Father and Mother I Love You의 각 이니셜을 합성한 단어라고 한다. 우리는 이명박 정권의 비즈니스 프렌드리 정책이 기껏해야 대기업의 수출과 돈벌이를 돕는 허구투성이 개념임을 지난 시절 뼈저리게 느낀 바 있다. 그 과정에서 많은 직장인은 가정의 한 구성원이자 직장인으로서 요구되는 역할상충 속에서 전전긍긍해야 했다.

일과 가정 간의 갈등은 직장인의 심리적 탈진과 소외감을 높이고 조직몰입이나 직무만족을 감소시킨다. 한 가지 역할수행에 요구되는 시간이 다른 역할수행을 곤란하게 만드는 시간갈등 때문이다. 우리나라도 이런 점에서 일-가족 양립지원정책이나 일-생활 균형 관련 정책을 도입 중이다.[44] 특히 상충되는 역할 속에서 시간갈등을 겪는 직장인에게 합리적 범위 내에서 근무시간의 틈을 이용해 가정 일도 조금은 돌볼 수 있는 시간적 여유를 주는 것은 일종의 복지(welfare time)이다. 자리를 비워 모자란

근무시간은 직장에 복귀해 좀 더 보완하면 된다.

가정생활과의 균형감을 상실한 채 직장생활에만 강제로 몰입하게 하는 것은 형식적 직장생활을 강요할 뿐 기대한 만큼의 노동 생산성도 확보해주지 못한다. 지금은 가정생활과 직장생활의 균형을 전제로 한 듀얼 라이프 스타일, 즉 워라밸에 관심을 기울일 때이다.

그렇다면 회사인간이 되기를 종용하며 가정과는 상극의 관계처럼 느껴졌던 직장이 갑자기 가족 친화적인 모습을 보이는 것이 가능할까? 사회적 교환(social exchange) 이론에 따르면, 가족 친화 정책은 조직구성원과 조직 모두에게 이로운 결과를 제공할 수 있는 좋은 제도이다. 사회적 교환은 조직구성원이 조직이나 관리자와 같은 교환 상대방에게서 어떤 혜택이나 특정한 처우를 받으면 언젠가는 그에 상응한 보답을 해야 할 의무감을 느끼는 관계를 말한다. 직장인은 만족스러운 근무환경이나 근무여건과 관련된 혜택을 누릴 때 긍정적인 직무행태를 보이며, 그동안 직장으로부터 받은 혜택에 보답하려 한다.[45]

따라서 직장과 가정에서의 듀얼 라이프를 가능하게 해주는 제도와 지원시설을 확보해주려는 직장의 전략적 배려가 긴요하다. 유연 출퇴근제, 육아휴직, 탁아소 설치 등 가정-직장 생활의 균형, 즉 워라밸을 도모하는 여러 유형의 가족 친화적 인사제도의 뒷받침이 요구된다.

근무시간을 탄력적으로 조정해주면 직장생활-가정생활-자기계발 시간의 균형을 살릴 수 있다. 또 특정 지역에 소재한 직장들이 십시일반(十匙一飯)을 통해 탁아소, 탁노소(託老所)를 지역별로 공동으로 마련하면, 많은 직장인이 직장 바로 옆에 아이나 연로하신 부모님을 의탁하고 마음 편하게 일할 수 있는 근무여건 조성이 더욱 가능해진다.

현장 중심 자율인사

정부의 인사정책 패러다임으로 필히 추가되어야 할 또 하나의 사항이 바로 지방화 · 민주화 시대에 걸맞은 현장 중심 자율인사이다. 새와 사람의 거리감에서 보듯이, 시민의 생활 현장이 공무원의 눈에 잘 띄지 않으면 마음도 멀어지는 법이다. 따라서 생활 현장에서 시민의 생활 문제에 직접 귀 기울이고 눈으로 바로 확인할 수 있는 일선 행정기관에 인사권을 줌으로써 지역 실정에 맞게 그에 적합한 인재를 충원하고 관리하게 하는 현장 중심 인사정책의 중요성은 그 누구도 부정할 수 없을 것이다.

우리나라도 이에 발맞춰 인사권이 지방에 단계적으로 위임되는 추세이다. 그러나 아직은 선진국들에 비하면 자치의 역사가 짧고, 단체장 선거 이후 논공행상에 따른 지방 인사의 정치화도 심하다. 따라서 인사권의 자율화가 오히려 부정적인 결과를 낳을 수도 있어 중앙정부의 불가피한 통제장치가 도입되는 답답한 현실이다.

여기서 지방정부들에 큰 숙제 하나가 부과된다. 권리에 상응하는 책임을 제대로 지지 못하고 '자유로부터 도피'하는 심정으로 중앙정부의 명령에 다시 귀 기울이거나 지방 인사의 정치화에 함몰되고 말 것인가? 아니면 지방 인사 자율화의 기본취지에 맞게 지역 현안 해결에 최적화되어 있는 공적 자아를 뽑고 그가 지역의 대표시민으로서 지방자치에 계속 기여할 수 있도록 지방 인사의 자율성을 확보하는 데 최선을 다할 것인가의 문제이다. 이는 역시 민주화 · 지방화 시대에 걸맞게 인사 자율권에 상응하는 강한 책임 의식이 지방정부에 요구되는 오늘의 현실을 다시금 상기시켜준다.

지금까지 살펴본 대내외적 환경변화가 요구하는 새로운 정부 인력수요와 그런 인력수요에 대응하기 위한 정부의 인사정책 기조를 정리해보면 다음 표와 같다. 각각의 환경변화는 그에 대응할 만한 개별적 인력수요를 제기한다. 하지만 복잡다기한 환경변화에 대응하기 위한 공무원 직업의 공공성 강화 차원에서 필히 요구되는 대표시민, 공적 자아라는 공통의 정부 인력수요도 절대 무시할 수 없다. 환경변화가 초래한 모든 구조귀인론에 해당하는 시민 생활 문제를 자기 일처럼 생각하며 그 해결에 적극적으로 나서는 공무원은 언제 어느 곳에서나 늘 필요하기 때문이다.

〈표 1-4〉 행정환경 변화와 새로운 정부 인력수요, 그리고 인사정책 패러다임

<table>
<tr><th>행정환경 변화</th><th colspan="2">새로운 정부 인력수요</th><th>인사정책 기조</th></tr>
<tr><td>지구화</td><td>X_1, 글로벌 인재</td><td rowspan="5">대표시민,
공적 자아</td><td>글로벌 성과주의 인사</td></tr>
<tr><td>지방화, 민주화</td><td>조력자, 지원자</td><td>균형 인사, 현장 중심 자율인사</td></tr>
<tr><td>지식사회화, 정보화</td><td>X_1, 디지털 인력</td><td>학습조직, 전자정부</td></tr>
<tr><td>초고령사회</td><td>디지로그 인재</td><td>다양한 연령대를 포괄하는 신 대표관료제</td></tr>
<tr><td>조직의 인간화</td><td>일-가정 균형자</td><td>가족 친화적 인사관리</td></tr>
</table>

3

나라 살림꾼을 체계적으로 육성하자. 그러려면 정부 인력관리는 조직이론과 친해야 한다

공무원이 대내외적 환경변화에 슬기롭게 대응하며 대표시민답게 시민의 생활 문제를 잘 헤아리려면, 공무원에게 즐풍목우(櫛風沐雨)나 노심초사 식의 개인적 고통이 따르는 행동강령만 강요할 수는 없다. 공무원이 극심한 환경변화에 직면해 있는 시민의 생활 문제를 해결해주겠다고 공적 자아답게 약속하게 하려면, 평일에 죽어라 일했는데 주말에도 사비를 털어 불우이웃 돕기에 나서라고 봉사를 강요한 뒤 올해의 청백리상 하나 달랑 전해주는 것으로 끝나서는 곤란하다.

공무원이 시민의 얼굴에 미소를 짓게 하는 좋은 제도를 계속 만들어나갈 수 있도록 권한도 듬뿍 주고 근무여건도 잘 조성해주어 나라 살림꾼으로서의 자부심을 느끼게 해줘야 한다. 즉, 시민과의 관계를 우리-

관계(we-relationship)로 이해하는 공적 자아로서의 마음 습속을 계속 일깨워주는 선진화된 정부 인력관리 시스템이 필요하다. X_1 같은 사람을 충원(recruiting)한 뒤, 그가 X_2, X_3로 전락하지 않고 명예롭게 정년을 맞이할 수 있도록 계속 능력을 개발해주고 근무여건도 다양하게 조성(retention)해주는 정부 인력관리가 필요하다.

'인사가 만사' 혹은 '인사가 망사(亡事)'라는 말이 있다. 그만큼 사람을 다루는 관리방식도 중요하다. 그러려면 정부조직의 비전과 정부 인력관리의 정교한 만남이 필요하다. 조직의 목표와 그 달성수단인 사람 간의 조화로운 연계가 요구되기 때문이다. 그런 점에서 여기서는 정부 인력관리를 조직이론과 연관 지어 논의하고자 한다. 일터인 조직과 그 안에서 일하는 사람들 간의 연계구조를 전략적으로 두텁게 확보하기 위해서이다. 그렇다면 정부 인력관리 시스템을 구성하는 데 유용한 조직 이론적 토대들로는 무엇이 있는가?

1) 역할 이론

우리가 살아가는 이 사회에는 유독 다른 사람들의 삶에 큰 영향을 미치는 직업들이 존재한다. 정치인, 기업 CEO, 성직자, 교육자 등이 바로 그런 직업의 소유자들이다. 공무원이라는 직업도 이에 해당하는 직업 중의 하나이다. 행정행위에 관련된 공무원의 일거수일투족은 시민의 사회경제적 삶에 큰 파장을 일으키기 때문이다.

사람들의 삶에 큰 영향을 미치는 직업에 종사하는 사람들은 그의 직업적 역할로 인해 영향을 받는 사람들, 즉 정책대상 집단이나 종업원, 고객, 신도, 교육생 등의 기대와 요구에 적극적으로 귀를 기울여야 한다. 자신의 업무수행과 관련된 사회행위를 할 때 매사를 신중히 처리할 필요도 있다.

역할 이론(role theory)은 타인의 삶에 큰 영향을 미치는 역할을 수행하는 사람이 자신의 역할로 인해 영향을 받는 타인들의 그에 대한 역할기대가 무엇인지, 또 그가 그런 역할기대에 상응하는 역할인지와 역할 정체성을 제대로 갖추고 있는지를 판단하는 논의의 틀을 제공해준다. 역할 이론은 환경변화에 따른 조직구성원들의 역할인지 부조화 원인을 규명하는 데도 도움이 되는 등[46] 일터의 요구사항과 역할 수행자 간의 관계성을 파악하는 데 유용한 기본 개념들과 논의 틀을 다음과 같이 제시해준다.

먼저 공무원에게 거는 시민의 역할기대(role expectation)는 무엇인가? 그것은 국정 대리인(agent)으로서 나라의 주인인 시민의 뜻을 잘 헤아려 나라 살림살이를 잘해달라는 부탁일 것이다. 공무원이 한 나라의 대표시민임은 이미 밝힌 바 있다. 그런데 대표시민이라는 단어는 다음과 같은 두 가지 전혀 다른 의미를 내포한다. 즉, '대표'시민과 대표'시민'의 개념 차이가 그것이다.[47] 공무원이 시민의 '대표'라는, 즉 '대표' 시민성만을 고집할 때 자칫 통치 엘리트라는 선민(選民)의식에 사로잡히기 쉽다. 반면 공무원이 자신을 대표'시민'으로 인식할 때, 그 역할 정의와 관련해 큰 차이점이 발생한다. 즉 후자의 개념은 전자보다는 덜 엘리트적이고 덜 뻔뻔하며 좀 더 민주적이고 수탁자(trustee)다운 느낌을 준다. 특히 공무원은 공무원이기 전에 시민이라는 점을 더 상기시켜준다. 결국 공무원은 동료 시민을 위해 존재하는 시민 행정가로서, 시민과 정부조직 간의 일차적 중개자로 작용하는 사람들이다.

공직의 본질적 역할에 대한 이런 규범적 논의를 역할 이론 틀에 근거해 분석해보면 다음과 같다. 공무원이 대표'시민'으로 자신의 역할을 잘 지각하면 이는 제대로 된 역할인지(role perception)로서, 시민의 역할기대에 적극 부응해 시민의 다양한 행정수요를 충족시켜주는 좋은 정부로서의 모습을 당장 보여줄 수 있다.

반대로 공무원이 자기 역할을 '대표'시민으로 인지하면, 이는 심한 역할인지 부조화(cognitive dissonance)를 낳을 수 있다. 여기서 역할인지 부조화는 역할 수행자가 타인의 역할기대를 제대로 인지하지 못하거나 혹은 자기만의 역할행태를 고집함으로써 타인의 역할기대에 쉽게 부응하지 못하는 상황을 말한다. 공무원이 시민의 역할기대에 부응하지 못하고 계속 역할인지 부조화를 빚는다면, 그 결과는 숱한 정책 실패와 막대한 세금 낭비, 그리고 영혼 없는 공무원에 의해 자행되는 SSKK 현상의 만연뿐이다.

정부 인력관리에서는 처음부터 역할인지가 잘되어 있는 사람들이 공직의 문을 두드리도록 적극적으로 유도해야 한다. 그중에서도 역할인지가 더 잘되어 있는 공직 지원자를 합리적 선발기준에 의거해 충원하는 것이 일차적으로 중요하다. 그들을 적재적소에 배치해 마음껏 능력을 발휘하게 하는 것도 요구된다.

하지만 입직 당시에 아무리 공무원으로서의 기본소양을 잘 갖추고 역할인지가 잘되어 있다 해도 이후의 업무수행과정에서 쉽게 변질하여 인지 부조화를 보인다면 그야말로 큰 문제가 아닐 수 없다. 공무원의 역할인지 부조화는 체계적인 역할 정체성(role identity) 학습을 통해 해소되어야 한다. 역할 정체성은 어떤 역할을 수행하는 사람에게 요구되는 본연의 역할관과 바람직한 태도를 뜻한다. 여기서는 그 뜻을 약간 의역해 역할 정체성 학습을 '역할인지 부조화를 보이던 역할 수행자가 자아성찰이나 대상 집단의 저항에 귀 기울여 비로소 타인의 역할기대에 부합하는 쪽으로 자기 역할을 재인식하고 본연의 역할을 수행해나가는 것'으로 규정한다.

역할 정체성을 확립하기 위해서는 공무원의 자아성찰을 통한 자기 역할의 재인식과 그것을 도와주는 공무원 윤리교육이 필요하다. 더 나아가서는 그렇게 재인식된 역할 정체성을 실제 행동으로 옮기기 위한 역할 수행능력의 지속적 개발도 필요하다. 역할 이론에 준거한 지금까지의 논의를 정부 인력관리와 연관 지어 그림으로 나타내면 다음과 같다.

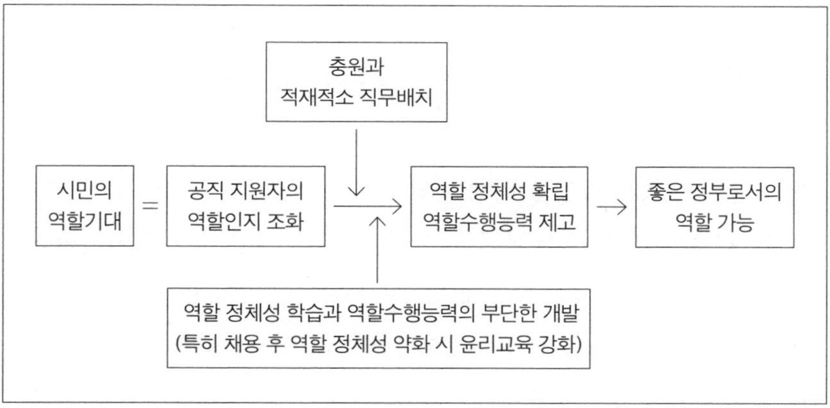

〈그림 1-4〉 역할 이론과 정부 인력관리 간의 상관성

2) 동기부여 이론

공무원이 자신의 역할을 계속 가치 있게 여기고 변치 않는 마음으로 공직에 몰두하게 하려면, 역할수행 여건을 잘 조성해주어야 한다. 공직사회 내 부정부패의 만연, 무사안일주의, 보신주의와 잦은 정책 실기(失機)는 공무원의 역할 정체성 해이에 기인하는 경우가 많다. 그러나 여기서 우리가 간과해서는 안 될 것이 하나 있다. 바로 역할 정체성 해이 현상의 구조귀인(歸因)론이다. 역할 정체성 해이는 애당초 기회주의적 속성이 강한 사람이 공무원으로 충원되어 발생하는 개인귀인론에서 기인하기도 하지만, 박봉, 인사적체, 비민주적인 일터 분위기 등 정부의 인사제도와 조직 운영방식의 비합리성에서도 적지 않게 파생된다.

공무원도 나라 살림꾼이기 전에 생활인이고 직업인이다. 특히 비물질주의를 강조하는 구태의연한 행정문화 속에서 박봉과 인사적체를 감수해온 그들이기에 승진을 위해 위인설관(爲人設官)식 자리 늘리기를 하거나 뇌물의 유혹에 쉽게 빠질 수도 있다. 따라서 역할 정체성이 해이해졌다고 공무원 개인만 탓할 수는 없다. 박봉과 비민주적 직장 분위기 등 오늘의 조직 현실은 그들을 구조적으로 강압하거나 기회주의에 편승하고 안주하도록 방치하는 요인으로 작용할 수 있다. 조직의 구조적 강압에서 벗어날 수 없는 공무원의 내면적 불안감을 이해하고 그들이 구조의 강압에 굴하거나 안주하지 않고 다시 공적 자아답게 입지역동(立地力動)할 수 있도록 동기를 유발하는 정부 인력관리의 뒷받침이 아울러 요구된다.

상기한 논의가 공무원에게 역할 정체성 해이 현상에 대한 면죄부를 주자는 것은 결코 아니다. 실제로 적지 않은 공무원이 개혁에 대한 강한 의지 없이 구조적 강압과 환경의 지난함만 토로할 뿐 이에 안주해 공직기강 문란을 자초한 측면도 있다. 단, 여기서는 이를 구실로 삼아 업무 환경상 그들이 직면하는 고충을 완전히 경시해서도 안 된다는 점을 강조하는 것이다. 즉 역할 정체성 해이 현상의 구조귀인론에도 귀를 기울여 그것을 제대로 성찰하고 근본적인 치유책을 찾아보자는 것이다.[48]

공무원 스스로의 개혁 없이 공공 개혁은 성공할 수 없다. 따라서 공무원이 개혁의 당위성에 스스로 공감하고 직접 발 벗고 나설 수 있도록 사기를 높여주는 동기부여적 분위기와 역할수행 여건의 조성이 급선무이다.

아무리 옳은 행동도 그것이 더 잘 발현될 수 있도록 도와주는 역할수행 여건이 조성되지 않으면 오래 지속될 수 없다. 보수의 현실화, 인사적체 해소, 후생복지의 제도화 등 인사제도의 다각적 개혁을 통해 공무원의 직무 불만을 해소해주고 좋은 행정을 실천할 수 있도록 그들에게 동기를 유발해주어야 한다. 또 명령-통제 위주의 관리 스타일에서 벗어나 참여 지향적 의사결정과 하의상달적 업무 스타일로의 전환 등 민주적 일터의 조성도 필요하다.[49]

3) 전략적 인적자원관리론: 젖소 사회학에서 도요새 사회학으로

역할 이론과 동기부여 이론은 조직목표를 달성하는 데 있어 그 핵심 수단인 사람 관리의 효율성을 도모하기 위한 조직이론이다. 실제로 20세기 초만 해도 직장은 온정(溫情)주의 시각이 반영된 축사(畜舍) 같은 곳으로 인식되었다. 마치 외양간을 청결하게 유지해주고 조도(照度)를 맞춰주면 젖소들이 우유를 많이 생산하듯이, 직장이 종업원의 작업환경과 근무 여건을 배려해주면 그들의 노동 생산성을 높일 수 있다고 본 것이다. 사람들은 이를 '젖소 사회학(cow sociology)'이라고 불렀다. 그러나 이는 매슬로(A. Maslow)의 욕구 계층제(need hierarchy)에서 생리적 욕구, 안전 욕구 등 저(低)차원의 욕구를 충족시키는 데 그치는 초보적 단계의 인력관리 방침이다.

우리가 바람직한 공무원으로 상정하는 사람들은 대표시민이라는 남다른 직업관 아래 X_1다운 역량을 발휘할 수 있는 사람들이다. 따라서 그들은 생리적 욕구나 안전 욕구에 만족하지 않고 자아실현 등 고(高)차원적 욕구의 실현을 중시한다. 그렇다면 젖소 사회학에 만족할 수 없다. X_1 인간의 육성 등 고차원의 욕구충족이 가능한 새로운 인력관리전략이 필요하다. 우리는 이쯤에서 젖소가 아니라 고차원적 욕구의 실현에 더 상징성을 갖는 대안 동물을 발견해내야 한다.

리처드 바크(R. Bach)의 소설 《갈매기의 꿈》의 주인공인 조나단 리빙스턴 시걸이라는 이름의 갈매기는 정말 멋진 새임이 분명하다. 주인공 갈매기는 더 높이 날기 위해 고공비행과 고공낙하를 무릅쓴다. 그래서 크게 다치기도 하지만, 어느새 높은 곳을 향한 재도전의 날갯짓을 다시 감행한다. 하지만 소설이 아닌 현실 속의 갈매기들은 먹이를 놓고 동료 갈매기의 새끼를 죽이는 잔인한 본성을 드러낸다. 갈매기들은 먹이를 쉽게 얻기 위해 운항 중인 고기잡이배를 정처 없이 따라오거나 부둣가 음식점 앞에 머리를 조아리고 앉아 있다가 인간이 떨어뜨리고 간 음식 찌꺼기를 탐닉한다. 즉, 먹이를 위해서는 수단과 방법을 가리지 않는 몰염치함을 노출하는 등 마치 신자유주의의 상징 같은 모습조차 종종 노정한다.

오히려 덩치는 작지만 아무것도 먹지 않고 일주일 내내 비행할 수 있는 도요새라는 철새의 진정한 비행능력을 눈여겨볼 필요가 있다. 도요새는 4일간 3,770km를 비행한다는 기록도 있다. 실제로 큰뒷부리도요새는 대표적 철새답게 알래스카에서 뉴질랜드까지 1만 km를 날아간다.

철새인 도요새는 비행 후 몸무게가 반쪽이 되도록 목숨을 건 비행을 한다. 비행에 필요한 지방을 채우기 위해 소화기관을 축소하기까지 한다. 독수리처럼 활공을 위한 큰 날개가 없어 수많은 날갯짓을 해야 하기에 상상을 초월하는 인내심도 보여준다. 그래서 이 새는 개그맨 정광태의 노래 〈도요새의 비밀〉에서 "가장 높이 나는 새, 가장 멀리 나는 새"로 칭송된다.

젖소 사회학의 한계가 크다면 도요새 사회학을 한번 강구해볼 만하다. 지구화 시대, 지방화 시대를 맞아 시민이 가고자 하는 목적지까지 길을 잘 인도해주는 진정한 비행능력을 가진 공무원이 필요하기 때문이다. 그러기 위해서는 도요새의 비행능력에 걸맞게 개인의 역량을 높이 키워주는 정부 인력관리가 필요하다. 또 그것을 제도화하는 데 요구되는 인사개혁도 요망된다.

조직이 아무리 좋은 의도(good intention)를 갖고 있다 해도 조직 안에 좋은 사람들(good people)이 있어야 그것이 구현된다. 또 이를 위해서는 좋은 인사 시스템(good system)이 양자 사이를 매개해주어야 한다.[50] 여기서 GIGO 시스템이 의미가 있다. 즉 쓰레기(garbage)를 넣으면 쓰레기가 나오지만(garbage in, garbage out), 금(gold)을 넣어서 더 많은 금이 나오게 하는(gold in, gold out) 그런 인사 시스템이 필요하다.

조직의 성과와 생산성의 제고 측면에서 보면, 그런 시스템 중의 하나가 바로 전략적 인적자원관리(SHRM: Strategic Human Resource Management)이다. 전략적 인적자원관리는 조직의 사업목표와 인적자원관리라는 수단을 연결해보는 전체론적 접근(holistic approach)이 그 핵심이다. 전략적 인적자원관리는 조직의 성장전략, 경쟁전략의 형성과 집행 과정에 인사전략을 통합시켜 인사전략의 일관된 방향성을 설정하는 것이다.[51] 따라서 조직의 미션과 사업목표가 인사관리에 반영되어야 하고, 인사관리 전략도 조직의 사업전략과 필히 연계되어야 한다.

그러려면 일선 공무원을 노동시장에 지천(地天)으로 깔려 있기에 언제든 대체할 수 있는 한갓 부품으로 보기보다는 조직의 미션을 실행하는 데 키(key)를 쥔 핵심자원(valuable resource)[52] 혹은 전략적 자산(strategic asset)으로 보는 시각이 필요하다. 인사제도 간의 통합도 요구된다. 즉 직무 재배치, 교육훈련, 승진, 보수관리는 물론 경력개발과 의사결정 참여 등 정부 인력관리제도들 간의 순기능적 연계와 통합적 운영이 전제되어야 한다.

전략적 인적자원관리의 새로운 관점들은 미 연방정부 차원의 개혁프로그램들에서 인사행정의 재창안(reinventing of HRM) 형태로 나타나고 있다. 즉 환경변화에 신축적인 공공 고용체계 마련, 성과지향적 보수체계 확립, 정부성과 제고를 위한 인센티브 및 교육훈련 프로그램 개발권의 하부 위임, 형식주의 제거와 정보의 전자화 등이 그것이다.

미국 주정부, 지방정부의 개혁과정에서도 전략적 인적자원관리의 새로운 조짐이 나타나고 있다. 예컨대 성과평가 및 성과지향적 보수를 위한 실적제도의 분권화, 공무원 선발과정에서의 기관 재량권 부여, 역량 위주의 인사, 성과증진을 위한 재정 유인동기 및 신축적 조직 운용 등이 권고되고 있다.[53]

4

나라 살림꾼 육성에 좀 더 새로운 눈을 뜨자

1) 당근-채찍 이론에 내재한 타율적 관리의 개연성 경계하기

(1) 공무원의 내재적 동기를 약화시키는 성과급 등 설부른 당근 이론의 한계

지금까지의 인사행정론은 공무원을 정부 목표를 달성하기 위한 인적 수단으로 보고 공무원 개개인의 수단적 가치를 정부의 목표달성에 기술적으로 동원하고 활용하는 도구적 학문으로서의 성격이 강했다. 물론 조직구성원을 조직의 미션을 실행하는 데 핵심적 자산으로 보며 정부의 사업전략과 인력관리의 방향을 밀접하게 연계시키기 위한 전략적 인적자원관리(SHRM)가 대두하기도 했다.

전략적 인적자원관리는 공무원을 도구적 수단을 넘어 조직의 전략적 자산으로 보며 그들의 체계적 육성을 강조하는 점에서, 기존의 인사행정보다는 진일보한 개념이다. 그러나 전략적 인적자원관리도 정부의 사업전략에 성과로써 즉시 대응할 수 있는 인적 자산을 발굴하고 관리하기 위한 성과주의 인사제도의 개발에 더 치중하는 점에서 도구적 학문으로서의 성격을 완전히 벗어던지지는 못한다.

일례로 스넬(S. A. Snell)은 전략적 인적자원관리의 실제를 투입 중심형(객관적 채용절차에 따라 충원한 후 교육훈련 기회 부여와 능력향상 실시), 행동 중심형(목표설정과 평가기준 마련에 다 같이 참여하고 자기 행동에 책임지기), 결과 중심형(객관적 성과평가에 연계한 보상)으로 나누어 설명하는데,[54] 우리는 여기서 인적 자산의 충원과 능력개발 → 목표달성에 대한 책임감 부여 → 성과평가와 보상이 전략적 인적자원관리의 핵심임을 알 수 있다.

전략적 인적자원관리는 이런 점에서 정부의 사업전략에 성과로써 즉시 대응할 수 있는 인적 자산을 키우는 데는 탁월한 인사제도이다. 하지만 시민의 역할기대에 대한 역할인지가 잘되어 있거나 공공봉사동기(PSM: Public Service Motivation)가 강한 사람을 적극적으로 발견하는 데까지는 미치지 못하는 등 규범적 측면에서 아쉬움을 남긴다. 아무리 도요새가 비행능력이 뛰어나도 우리에게는 자기 혼자 멀리 날아갈 수 있는 새가 아니라, 시민의 문제를 자기 문제처럼 생각하고 해법을 찾아 같이 발벗고 나서는 따뜻한 마음씨의 대표시민이나 공적 자아가 더 필요하다.

전략적 인적자원관리에서 말하는 인재(good people)는 머리가 좋은 사람에 국한되기 쉽다. 전략적 인적자원관리는 머리 좋은 사람을 전략적 자산으로 보고 충원한 뒤 그를 X_1으로 계속 키워 조직성과에 기여하게 하는 데는 유용할 수 있다. 하지만 사람의 마음 영역에 좀 더 초점을 두고 대표시민이나 공적 자아를 발굴해내고 키우는 것과는 다소 거리가 있다. 앞의 미국 연방정부 및 지방정부 적용사례에서 이미 살펴보았듯이, 공공부문에서의 전략적 인적자원관리도 성과지향적 인재육성과 성과주의 인사제도의 개발에 더 치중한다.

성과효율이 강조되는 신자유주의하에서, 우리 정부 역시 전략적 인적자원관리의 일환으로 성과평가와 외재적 보상 차원의 성과관리에 박차를 가해왔다. 2005년부터 중앙부처 4급 상당 과장급까지 성과연봉제를 적용하기 시작했고, 인사혁신처 출범 이후에는 이 제도를 과장직 5급까지 확대하고 있다. 6급 이하 공무원에 대해서는 특별상여수당제를 개편해 근무성적평정 결과를 토대로 성과상여금제도를 시행하고 있다. 2011년부터는 고(高)성과자와 저(低)성과자 각각의 등급에 최소 10% 이상의 공무원을 배정하고, 성과급 차이도 2배 이상 둘 것을 의무화했다.[55]

인간에게는 합리적 경제인으로서의 속성이 있어 금전적 보상은 인력 관리에서 무시할 수 없는 주요 수단이다. 브룸(V. Vroom)의 기대 이론(expectancy theory)에 의하면, 인간은 자신의 노력에 상응하는 보수를 받을 것이라는 기대가 있을 때, 비로소 열심히 일하고자 동기가 유발된다. 그런 점에서 보수는 사람들에게 가치 있는 보상으로서의 유인가(valence), 즉 목표 매력성을 갖는다. 하지만 보상에 차등을 두는 성과급은 자아실현, 자기존중 등 금전보다 더 중시되는 고차원적 욕구가 있는 상황에서는 강한 동기부여책이 되기 어렵다는 연구 결과도 적지 않다. 실제로 켈러프와 루(J. E. Kellough & H. Lu)는 미국의 연방-주-지방 정부를 포괄해서 공공부문의 성과급을 연구한 14개 선행연구에 대한 종합분석 후 성과급제도가 조직구성원의 동기부여나 조직성과에 긍정적 영향을 거의 미치지 못했다고 주장한다. 우리나라 연구자들도 정부의 의도와 달리 성과급 지급의 만족도가 매우 낮고, 성과급이 동기부여나 조직성과 향상에 유의미한 영향을 주지 못한다고 보고한다. 일례로 2009년에 시행된 서울대 행정대학원 정책지식센터의 조사에 의하면, 응답자의 37%가 사기 앙양 요소로 보수를, 30%가 승진을 든 데 비해 성과급은 0.8%에 불과했다. 결국 기대 이론은 보수인상 논리로는 적용될 수 있지만, 보상 정도에 인위적 차별을 두는 성과급 논리로 사용하기에는 적절하지 못한 점이 있다. 메이어(H. Meyer)는 오히려 성과급이 근로자의 자존감에 부정적 영향을 미치는 파괴적 제도라고 강하게 비판한다.[56] 인간은 자신이 지나치게 금전적 요인을 통해 통제를 받고 있다고 느끼면 자기결정권과 자존감에 손상을 받는다는 것이다.

한국 공직사회에서의 성과급제도를 연구한 이수영은 그런 점에서 공공부문의 특수성을 고려하지 않은 채 민간부문에서 유행했다고 해서 성과급제도를 공공부문에 성급하게 적용하는 것은 적절하지 못하다고 주장한다. 제도 성공의 전제조건을 충분히 갖추지 못한 상황에서 정치적 목적으로 성급하게 추진된 성과급 정책은 태생적 한계를 피하기 어렵다는 것이다.[57] 그럼에도 불구하고 최근 공공조직들은 성과급, 실적제, 이윤공유제에 대한 과도한 선호 속에 공공봉사동기 같은 내재적 보상을 계발하는 데는 실패해왔다.[58]

성과주의가 지나치게 강조되면서 야기되는 공직사회의 문제점을 해소하기 위해서는 공무원 직업에 내재한 직업적 공공성과 내재적 동기부여 요인을 정부 인력관리에 체계적으로 반영하는 새로운 시각이 필요하다.

(2) 솜방망이식 채찍 이론의 한계: 징계의 형식화와 기관손실 유발

공무원의 비리와 법규 위반에 대해서는 채찍(stick) 이론에 근거한 징계(懲戒)제도가 필요하다. 징계는 하위직 직원들과의 일상적 상호작용을 위해 관리자가 사용하는 가이드라인이다. 즉, 직원들이 문제를 일으켰을 때 조직이 밟아나가야 할 행동 경로를 밝힌 일종의 규정이다. 조직은 이들 규정을 통해 직원들이 법적 요건에 일치하는 방향으로 행동하도록 유도할 수 있다는 것이 그 전제이다.[59]

현행 징계제도는 비위(非違)의 정도와 과실(過失)의 고의성 여부에 따라 경징계인 견책, 감봉에서부터 중징계인 파면, 해임에 이르기까지 다양한 법적 책임 묻기를 시도하고 있다. 따라서 징계제도는 공무원에게 법규준수라는 소극적 윤리의 실천과 뇌물수수 및 공금횡령 등 적극적 부정의 방지에 대해서는 어느 정도 주의를 기울이게 하는 교육 효과를 보인다. 공무원이 법을 어기면 징계라는 벌칙이 부여된다는 경고성 신호를 보내주기 때문이다.

〈표 1-5〉 2015년 공무원 징계 현황[60]

징계 유형	징계 대상(명)	비율(%)
견책	1,106	43.9
감봉	641	25.5
정직	436	17.3
강등	82	3.3
해임	144	5.7
파면	109	4.3

문제는 현행 징계제도가 형식적으로 운영되다 보니, 징계가 거의 솜방망이 수준에 그쳐 경고 효과가 크지 못하다는 점에 있다. 실제로 2007~2017년 동안 징계에 대한 소청 심사 구제율은 38.3%나 된다. 더욱이 중징계에 해당하는 파면, 해임의 경우는 경징계에 비해 실제 시행 건수가 너무 적어 징계의 실효성을 크게 기대하기 어렵다.

징계제도가 공무원이 열정(aspiration)을 갖고 공무에 임하게 하는 적극적 공직윤리의 구현이나, 무사안일, 보신주의 등 소극적 부정을 방지하기[61] 위한 효과적인 방책이 전혀 되지 못하는 점이 더 큰 문제이다. 그저 공무원이 현행 법규를 기계적으로 준수하도록 강제하는 형식적 효과에 그치고 있다.

무능하고 안일한 공직자는 시민의 세금을 낭비하는 주요인이 된다. 일은 하지 않고 자리만 지키므로 막대한 기관손실(agent loss)[62]만 유발한다. 또 어차피 그가 해야 할 일은 다른 공무원을 더 충원해서라도 대신 수행해야 하므로 이중삼중으로 인건비가 들게 된다. 무능한 사람을 계속 그 자리에 두기보다는 안이한 자세로 업무에 임하거나 자기계발에 게을러서 무능해진 공무원에게는 좀 더 강한 채찍(stick)을 가해야 한다. 하지만 현행 징계제도는 법만 어기지 않으면 그만이라는 소극적 공직윤리에 급급하게 할 뿐이며, 그나마 처벌 강도도 너무 약해 제도의 실효성을 기하기가 쉽지 않다.

(3) 상사 편의 위주의 인사 관행과 파행적 인사조치

공직사회를 들여다보면, 상사들의 일방적 결정과 지시에 의한 인사

〈표 1-6〉 공무원 승진의 영향요인[63]

(단위: 점)

승진 영향요인	5급	7급	9급
학력/자격요건	3.12	2.87	2.79
성별	3.04	3.03	2.95
채용 경로(공채/특채)	3.36	3.08	2.96
채용 경로(고시/비고시)	3.56	3.85	3.58
보직경로	3.75	3.74	3.72
재직 기간	3.80	3.75	3.57
업무수행실적	3.81	3.64	3.52
업무수행태도	3.85	3.63	3.57
상위직에서의 잠재력	3.41	3.30	3.29
상관, 동료의 평판	3.84	3.78	3.73
상관에 대한 충성도	3.81	3.82	3.81
기관장의 정책에 대한 공감, 협력 수준	3.62	3.56	3.64
기관장의 재량적 판단	3.73	3.79	3.73
학연	3.18	3.18	3.27
지연	3.10	3.21	3.31
정치적 성향	2.78	2.89	3.03

파행도 적지 않았다. 조직의 목표는 상층부가 알아서 결정하고 하위자들은 상사의 명령에 따르게 하는 SSKK, 즉 "시키면 시키는 대로 까라면 까라는 대로" 행동하는 것이 조직의 일반적 관행이었다.

위의 표에서 볼 수 있듯이 상관에 대한 충성도, 상관의 평판, 기관장이 추진하는 정책에 대한 협력 수준과 기관장의 재량권 등이 승진과정에서 가장 큰 영향을 미쳐왔다. 하지만 표에서 역시 영향을 크게 미치는 것으로 드러난 승진 대상자의 업무실적과 직무수행 태도도 결국 상사가 하위자를 평가해 점수를 매기는 것이다. 보직경로도 상사가 주도해서 순환보직을 시키는 것이니, 결국 상사의 판단과 입김이 하위자들의 승진에서 절대적인 것으로 볼 수 있다. 이처럼 상사가 인사권을 독점한 채 상사 주도적 평가와 재량에 따라 하위자를 승진시키고 보직을 주고 성과급 수준도 결정하는 등 타율적 인력관리가 대세를 이루어왔다. 자연히 하위자들은 상사 앞에서 기쁨조가 되기를 강요받았다. 일부 하위자들은 상사와 사적 교감이 흐르는 관계를 맺기 위해 간과 쓸개를 다 빼놓지 않을 수 없었다. 상사들도 그런 하위자들만 어여삐 여기며 인사 시즌에 더 챙겨주곤 했다.

조직구성원의 경력개발에 반하는 상사 편의 위주의 인사 관행도 많았다. 하위자가 상사 자신에게 없어서는 안 되는 핵심 요원인 경우는 현업 중시를 핑계 삼아 그에게서 다양한 교육훈련 기회나 경력발전 기회를 뺏는 등 파행적 인사조치도 적지 않았다. 그래서 하위자들은 상사의 눈치가 보여 자리를 비우기 곤란해 개인적으로 꼭 필요한 교육기회도 포기하곤 했다. 기관장이 유능한 인재의 전출을 꺼려 부서 간 인사교류에 소극적일 경우 적재적소의 직무배치와 직원의 능력발전에 큰 장애가 되기도 했다. 인사이동 기준의 객관성 결여로 인해 인사권자 개인의 신임을 기준으로 하위자의 보직을 배치하는 등 인사권이 남용될 우려도 컸다.[64] 상사의 눈에 찍히면 괘씸죄가 적용되어 좌천되고 한직으로 내몰리기도 했다. 이처럼 보직 배치제도가 상사와의 개인적 연고 유무에 따라 공무원에 대한 징계수단이나 연고가 있는 하위자를 좋은 자리로 끌어주는 순환보직의 근거로 자주 악용되면 정말 곤란하다.[65]

(4) 타율적 인력관리의 한계 성찰과 새로운 시각의 모색

현대의 정부 인력관리는 공무원을 성과와 규율, 즉 당근(carrot)과 채찍(stick)으로 다룬다. 더욱이 당근과 채찍에 해당하는 제도들이 상사 편의 위주의 인사 관행들과 만나면서 부정적인 방향으로 악용되기도 했다. 상사가 챙겨줘야 할 학교 후배나 고향 후배, 상사에게 아부를 잘하는 하위자에게는 당근이 많이 제공되었다. 반면 현업을 핑계로 우수한 하위자에게서 교육 기회를 뺏거나 괘씸죄에 해당하는 하위자에게는 좌천과 한직이라는 따끔한 매가 가해지기도 했다.

동기부여의 필요에 따라 당근을 제공하는 모든 인사제도가 다 잘못 설계된 것은 아니다. 열심히 직무에 임한 공무원은 그런 당근의 수혜자가 되어도 무방하다. 그러나 앞에서 논했듯이 성과급 등 당근 위주의 금전적 동기부여책은 기대한 것보다 유인체계로서의 효과가 크지 않다. 사람은 당근 몇 개 더 준다고 해서 무거운 짐을 싣고 가파른 계단을 매일 오르내리는 당나귀가 아니다. 또 그간 상사들에 의한 당근의 분배가 불공정해서인지 실제로도 동기부여 기능이 크게 발휘되지 못하는 것으로 밝혀졌다.

솜방망이식 징계제도로 인해 중징계에 해당하는 파면, 해임의 실제 건수는 미미해 채찍 제도의 실효성도 기대하기 어렵다. 현재와 같은 솜방망이식 징계와 신분보장을 남발하는 형식적 인력관리에는 더 큰 문제가 있다. 공무원들이 법규의 기계적 준수 등 소극적 공직윤리에 급급하게 할 뿐 공무에 대한 열정 등 적극적 공직윤리는 소홀히 여기게 할 우려가 있다.

보커스와 벡-더들리(M. S. Baucus & C. L. Beck-Dudley)에 의하면, 당근과 채

찍 혹은 보상과 처벌 위주의 타율적 관리는 윤리적 행동을 촉진하는 데 한계를 보인다. 보상이나 처벌에 지나치게 의존할 경우 공무원은 낮은 윤리 수준에서 일할 수밖에 없다.[66] 그렇다면 당근-채찍 이론에 의거한 현 공무원 인사제도에 대해 진지하게 의문부호를 던져보아야 한다. 공무원이 스스로 일을 찾으면서 하고 또 맡은 일에 열정을 갖고 최선을 다하는 그런 적극적 윤리의 구현은 어렵게 한 채, 조직과 상사의 일방적 평가 잣대에 의해 운영되는 타율적 인력관리의 한계를 보일 개연성이 크기 때문이다.

정부 인력관리가 직업윤리를 논하지 못하고 단순히 당근과 채찍을 전제로 한 각종 인사제도의 나열에만 치중한다면, 공직윤리와 인사제도의 엇박자 속에 공직은 의미 충만한 생애직보다는 여전히 직업 안정성이라는 소극적 각도에서만 더 부각된다. 또 공무원은 상사의 인사조치와 명령에 울고 웃는 타율적 인력관리의 대상으로 고착화되고 만다.

과연 공무원은 당근-채찍에 따른 타율적 인력관리의 대상이어야만 하는가? 인지주의 심리학의 기본가정은 "인간은 스스로 행동을 통제할 수 있으며, 자신이 능력 있는 존재라는 믿음을 갖고 있으므로 경제적 보상 때문에 행동 통제를 유발하지는 않는다"라는 것이다. 따라서 합리적 경제인의 가정에 따라 금전적 보상이나 채찍으로만 행동을 통제하기보다는 개개인의 내재적 동기를 중시해야 한다.

내재적 동기는 자율성에 기초한다. 사람은 자기 일을 스스로 결정하고 자신이 누구의 통제도 받지 않는다는 자율성을 갖고 있다는 확신이 들 때 내재적으로 동기부여가 된다. 오히려 외재적 보상이 주어질 경우 누군가에 의해 자신이 통제받고 있다고 생각해 자기결정감이 침해되고 내재적 동기가 구축(驅逐)될 수 있다.[67]

상기한 점에서 보면 조직과 상사의 일방적 잣대에 따라 당근의 크기와 갯수가 결정되는 정부 인력관리는 공무원을 타자화 · 대상화한 채 공무원 개개인의 자기절제적 윤리구현과 자기주도적 성장을 어렵게 만들 소지가 크다.

정부 인력관리에서 법규준수라는 소극적 윤리를 넘어 공무에 열정을 갖고 자율로 임하는 적극적 공직윤리의 구현을 담보하지 않는 한, 위로부터의 타율적 개혁은 형식화되고, 공무원에 의한 셀프 개혁, 즉 자기주도적 행동수정과 자기절제적 윤리구현은 더욱 어려워진다.

2) 자율관리 이론의 필요성: 자기결정성 이론과 조직시민행동 이론

평등경영을 추구한 일본 미라이공업의 고용주 야마다 아키오(山田昭男)는 "사람은 동물이 아니기에 채찍 혹은 당근의 대상이 아니다"라고 말한다. 따라서 최선을 다해 사람을 잘 뽑은 후에는 그들을 믿고 일을 맡김으로써 조직이 자율적으로 돌아가게 해야 한다. 공무원이 자기 일을 스스로 알아서 잘 챙기고 공무에 필요한 심신을 자율적으로 단련한다면, 그들을 강제로 채찍질하고 당근으로 억지로 유혹할 일이 없다.

현재와 같이 공무원이 박봉에 시달리며 정년까지 가야 하는 점을 고려한다면, 또 신분보장 때문에 공무원을 해고하기도 어려운 현실을 고려한다면, 비록 시간이 오래 걸리고 지금 당장은 현실적 난관이 크더라도 정부 인력관리의 큰 방향은 더욱더 자기주도적 관인(官人) 만들기가 맞다. 공무원들이 당근 몇 개와 채찍질 몇 번에 좌우되는 타율적 인력관리의 대상이 더 이상 되어서는 안 된다. 그들 스스로가 직장인으로서의 덕목을 자율적으로 갖추기 위해 자기성장과 자기강화(self-reinforcement)[68]를 도모할 수 있도록 기회를 주고 여건을 만들어주는 새로운 인사시스템을 갖출 필요가 있다. 그래야 공무원들 마음속에 주인의식이 생기고 자기주도적 성장도 실현되며 자율과 자기책임하의 셀프 개혁도 가능해진다. 또한 적극적 공직윤리 구현의 실마리도 마련된다. 당근-채찍 이론의 타율성에 대조되는 자기주도적 자율관리의 이론적 토대들을 살펴보자.

(1) 자기결정성 이론

인간의 내재적 동기를 강조한 이론 중에 자기결정성 이론(self-determination theory)이 있다. 밴듀라(A. Bandura)에 의하면, 우리 인간은 자신의 사고, 감정, 동기, 행동에 모종의 통제를 가할 수 있는 자기통제력과 자기조절력을 지닌 존재이다.[69] 자기결정은 자신의 삶과 선택에 대한 자기통제력이다. 사람은 외부의 영향이나 간섭을 받지 않고 자신의 기호, 흥미, 능력에 맞춰 독립적 방식으로 행동하면 자기조절 능력이 생기고 자기결정적 행동이 가능해진다. 자기조절의 빈번한 경험은 자기조절의 자동화를 수반해 하나의 도덕적 습관으로 변모한다. 따라서 자기조절 능력을 갖춘 사람은 자율적으로 목표를 설정하고 자기강화를 중시하며 자율책임하에 스스로 문제를 해결해나간다.[70]

자기결정성에 영향을 미치는 인간의 기본적 심리욕구로는 자율성, 역량성, 관계성이 있다. 이런 욕구들이 충족되면 자기결정성을 통해 내재적 동기가 촉진된다. 먼저 자율성은 업무 수행자가 자신의 과업을 수행하는 과정에서 발휘할 수 있는 재량의 정도이다. 사람은 가치 있는 것을 스스로 결정할 수 있는 자율성을 희구한다. 자신이 스스로 목표를 수립하고 그것을 행동으로 옮길 수 있는 주체가 되고 싶어 한다. 두 번째 욕구인 역량성은 '유능성'이라고도 하는데, 업무를 성공적으로 수행하기 위해 자기 능력을 최대한 발휘하려는 욕구이다. 마지막으로 관계성은 타인과 관계를 맺고 상호작용하려는 욕구이다. 자기결정성 이론에 따르면, 사람이 위의 세 가지 욕구를 모두 경험하면 종전의 외재적으로 동기화된 행동도 점차 자신의 경험으로 내재화되고 통합되어 내재적 동기로 작용할 수 있다.

사람은 내적으로만 동기가 부여되는 것은 아니다. 앞에서 살펴보았듯이 외재적 동기부여도 무시할 수는 없다. 외재적 동기는 보수, 급여 등의 금전적 요인과, 정년보장, 후생복지, 업무환경, 칭찬 등 비금전적 요인으로 구성된다.[71]

외재적 동기는 그 정도에 따라 외적 조절, 주입된 조절, 동일시된 조절, 통합된 조절로 구분된다. 먼저 외적 조절(external regulation)은 가장 낮은 수준의 자율적 상태로서, 금전적 보상이나 처벌 회피를 위해 행동하거나 상사의 명령에 따르는 것이다. 나중에 더 많은 급여를 받으려고 열심히 일하는 것 등이 이에 속한다.

주입된 조절(introjected regulation)은 통제된 힘에 의한 순응적 조절로서, 개인이 어떤 가치를 부분적으로 내면화해 자신의 의지가 일부 개입되지만 아직은 자기결정적이지 못하다. 죄의식이나 수치심을 피하기 위해, 혹은 타인의 인정을 받거나 비난을 피하기 위해 행동하는 것이다. 자신의 유능함을 보여주기 위한 자기증명 동기도 그 한 예이다.

동일시된 조절(identified regulation)은 개인이 목표나 가치를 내면화한 상태로서, 조직의 일이 개인의 목표에 부합된다고 판단하면 그것을 선택해 행동하는 것이다. 주입된 조절에 비해 좀 더 자율적이지만, 결과를 얻기 위한 수단으로 행동하는 점에서 여전히 외재적 동기이다.

통합된 조절(integrated regulation)은 동일시 조절이 완전히 자기 것으로 동화될 때 생긴다. 내재적 동기와 특성을 공유하지만 과제 자체에 대한 고유한 관심이나 즐거움보다는 개인적으로 중요한 결과를 얻기 위한 도구적 목적으로 행동하므로 여전히 외재적 동기이다. 향후 자신의 경력개발과 관련해 더 나은 선택 기회를 얻기 위해 남을 돕는 행동이 그 예이다.

반면 내재적 동기는 자율적 행동의 원형으로서, 보상이나 압력 등의 도구적 목적에 따른 행동보다는 행위 자체의 흥미나 즐거움 때문에 행동하는 것이다. 새로운 것을 배우면 즐거움과 만족감을 느끼기 때문에 자기계발을 하는 것이 그 예이다. 사람은 내재적으로 동기화되면 자기결정적인 사람이 된다. 반면 외재적 동기는 사람을 덜 자율적이고, 더 통제적으로 만든다.[72]

〈표 1-7〉 자기결정성에 따른 동기유형[73]

구분	외재적 동기				내재적 동기
행동	자기결정적이지 못하고 타율적 관리의 대상화		자율적이지만 결과를 얻기 위한 도구적 행동에서 완전히 못 벗어남		자기결정적
조절유형	외적 조절	주입된(순응적) 조절	동일시된 조절	통합된 조절	내재적 조절
원인 소재	외재적	약간 외재적	약간 내재적	내재적	내재적
관련 조절과정	법규준수, 외재적 보상과 처벌	자기 의지의 일부 개입, 여전히 보상과 처벌	개인적으로 중요한 가치인식. 단, 결과를 위해 행동	일치, 자각/ 즐거움보다는 경력을 위해 타인 돕기	흥미, 즐거움, 자기계발의 내재된 만족감

위의 논의를 토대로 하면, 그간의 당근-채찍 이론은 금전적 보상을 바라거나 처벌 회피를 전제로 하는 점에서 외재적 동기, 그중에서도 가장 낮은 자율성을 전제로 하는 외적 조절에 불과하다. 따라서 이런 유형의 인력관리에서는 자율성과 공공봉사동기가 강한 사람을 공직에 유치하기가 쉽지 않다. 더욱이 실제로 그를 공직에 계속 머무르게 하는 것은 불가능하다. 반면 내재적 보상은 매사에 자율적이고 공공봉사동기가 강한 사람들을 공직으로 유인하고 그가 계속 공직에 머무르며 자기주도적으로 일을 수행하게 하는 첩경이 될 수 있다.

인지주의 학파에 의하면, 사람은 스스로 하고 싶은 것을 할 때 동기가 유발되고 능률이 제고된다. 반면 외재적 보상과 처벌은 반짝 효과를 내는 데 불과하다. 자율이 보장되어야 내재적 동기가 더 강해지고, 일에 대한 열정과 창의성도 생긴다. 주인의식은 조직이 가지라고 해서 갖는 것이 아니라 직장인이 스스로 주인이 될 때 비로소 생긴다. 사람들은 자신에 대한 통제 의식을 스스로 가질 때 일에 힘이 덜 드는 반면, 조직의 무조건적 명령이나 상사의 일방적 지시에 따르도록 강요당할 때 빨리 피곤해지고 무기력해진다. 결국 업무상 능률은 내적 통제와 자기조절이 가능할 경우 가장 높아지고, 상사의 지시와 법규 등 외적 통제가 기승을 부릴 경우 가장 낮아진다.[74]

자기결정성 이론은 이런 내재적 동기의 중요성과 행동의 자기조절에 초점을 둔 이론이다. 라이언과 데시(R. M. Ryan & E. L. Deci)에 의하면, 자기주도적이고 자기결정적인 사람일수록 성과를 높이려는 동기가 강하다. 또 일단 성과가 좋아도 지속해서 더 좋아지기를 원해 업무에 더욱 몰입한다.[75] 자기결정적인 사람은 모든 일을 스스로 하는 것을 선호한다. 즉, 직장생활의 자율성을 확보하기 위해 상사의 외부통제보다는 스스로 윤리기준을 만들고 자율적으로 지키는 것을 더 중시한다. 다시 말해 자신에 대한 윤리적 장악력이 높다.

조직구성원이 스스로 자기결정력과 자기조직화 역량을 유지할 수 있을 때, 그들이 모여 일하는 곳인 조직도 자기조직적이 된다. 자기조직적 체제(self-organizing system)는 외부 운영자나 전문화된 내부 규제자에 의해 통제될 필요가 없다. 컨트롤타워나 통제센터가 없어도 하나의 통합된 네트워크 구조로서 잘 운영된다.[76]

조직구성원들의 자기결정력이 커질수록 조직 내의 권한도 더 커지고 광범위하게 분배될 수 있다. 권한의 독점은 조직 내의 힘과 권한의 양이 고정되어 있다는 잘못된 가설에서 나온 것이다. 조직의 힘은 한쪽의 다른 쪽에 대한 지배개념인 제로섬 상황이 아니라 목적을 성취하기 위해 조직구성원 모두가 공유하는 것이라는 점에서, 모든 사람이 동시에 얻을 수 있고 힘의 확대도 가능하다. 결국 힘은 나누어 가질 때 더 커진다. 그렇다면 상사들도 생각을 바꿔야 한다. 권한의 나눔을 통해 조직구성원들이 흥미롭게 일을 즐길 수 있게 해주어야 한다.[77] 또 서로 함께 일하고 싶다는 열린 마음을 유도해내야 한다.

자주적 관리 및 자기조직화의 실례로서, 고어텍스라는 상표로 잘 알려진 섬유회사인 '고어와 동료들(Gore & Associate)'을 들 수 있다. 이 회사의 CEO인 빌 고어는 관료주의 탈피 및 수평적 조직화를 위해 계층제와 조직도를 일부러 없앴다. 직원들이 자신을 관리하는 소규모 팀으로 조직을 재정비해 스스로 재미있게 일하며 돈을 버는 구조를 지향했다. 이 직장에서는 회의 소집자가 곧 리더 역할을 맡기 때문에 인사권자로서의 상사의 입김이 약하다.[78]

윗선의 지시 없이 팀과 개인별로 경영을 주도하는 우리나라의 중견 여행사 '여행박사'도 자주적 관리 및 자기조직화 사례의 하나이다.[79] 이 회사는 직원들이 TF 제도를 통해 직접 회사경영에 참여한다. 즉 직원들이 복지, 재테크, 연봉 등 각자 관심이 있는 팀을 조직하고 스스로 팀에 들어가 회사의 정책을 함께 만들어 실행하고 있다. 함께하는 경영을 실천하기 위해 팀장, 임원, 대표도 직원들이 직접 투표로 뽑고, 누구든지 공약을 내걸고 직원 과반수의 찬성을 얻으면 모두 그 자리로 승진할 수 있다. 말하자면 승진 투표제를 시행하는 것이다. 직급정년도 없다고 한다. 직원들도 승진 투표제에 대해 비교적 만족하는 편이다. 누구든 욕심이 나면 리더의 자리에 도전해볼 수 있는 길이 활짝 열려 있기 때문이다. 학력과 파벌보다는 업무능력을 더 중시하는 분위기가 형성되어 있어 상사에게 억지로 잘 보이기 위한 아부도 필요하지 않다. 회사 내 직책과 승진이 자신의 신청과 직원들의 투표로 이루어지므로 리더들도 재신임 선거를 의식해 늘 긴장하고 열심히 일할 수밖에 없다.

(2) 조직시민행동 이론

자기결정성 이론의 핵심요소 중 자기통제력이 외부의 부정적 유혹을 스스로 극복하는 힘이라면, 자기조절력은 변화과정에 자기 나름대로 능동적으로 관여하는 것이다. 즉, 조직규범에 맞게 행동하기 위해 자기계발과 자아성찰을 시도하는 것이다.[80] 그런 점에서 내재적 보상에 근거해 자기통제와 자기조절을 해내는 그런 자기결정력이 높은 사람들은 조직시민행동에도 유리하다.

조직시민행동(organizational citizenship behavior)은 공무수행 과정에서 공무

원이 주인의식을 갖고 조직을 위한 건설적 행동을 하는 것이다. 조직시민행동은 정치사회에서의 시민의식이나 시민행동정향(civic orientation)을 일반조직에 적용한 개념으로서, 조직구성원들이 자발적으로 조직공동체에 도움을 주고자 하는 의도적 행동이다.[81] 특히 조직시민행동은 법적 제재(sanction)나 공식적 유인(incentive)에 괘의치 않고, 조직구성원들이 스스로 주인의식을 갖고 조직과 고객을 위해 자발적으로 최선을 다하는 비공식적 공헌을 의미한다. 따라서 조직시민행동은 당근-채찍 이론과는 거리가 멀고 내재적 보상동기에 의거한 자율관리 방식에 더 가깝다.

조직시민행동 연구의 선구자인 그레이엄(W. Graham)의 논의를 중심으로 좀 더 살펴보면, 조직시민행동은 ① 직무상 개인적 행동을 자제하고 조직규칙 준수하기, ② 다른 구성원들을 돕기 위해 이타적으로 행동하기, ③ 조직이 구성원들에게 제시하는 기준 이상의 노력을 하도록 우월성 추구하기, ④ 대중이나 고객에게 긍정적 자세로 대하기, ⑤ 사익보다는 조직 전체의 이익에 관심 두기 등 다섯 가지 요소로 구성되어 있다.

조직시민행동은 이런 점에서 공무원의 자기결정성과 적극적 공직윤리 구현에 순기능적으로 작용할 수 있다. 즉 공무원 자신의 자기통제와 자기조절에 의거해, ① 건설적 진술과 제안, ② 직무에 대한 전념, ③ 자기통제에 기반을 둔 직장 내규와 출근 시간의 준수, ④ 조직재산 보전 등 자율적 행동규범을 몸소 실천하는 주인의식이 매우 강한 공무원을 양성해내는 데 유용하다.[82] 조직시민적 성격이 강한 공무원만이 적극적 공직윤리를 실천하며, 자기결정성에 입각해 전략적 변화를 주도하는 혁신가로서의 자기 본분을 다할 수 있다.[83]

3) 새로운 인사철학으로서의 자율관리 철학: 도요새에서 자율 인간으로

(1) 자율관리 인사철학의 의미와 몇몇 실례

그간에는 공무원의 자기결정성에 의거한 자율관리 논의가 정부 인력관리에서 거의 언급되어오지 못했다. 일단 인력을 뽑은 후 도요새 사회학을 염두에 두며 성과급 등 외재적 보상동기로 유인하거나 조직규율을 잣대로 채찍을 가하는 방법이 정부 인력관리의 주류를 이루어왔다. 하지만 당근-채찍 이론에 의거한 현 공무원 인사제도는 공무원을 타자화 · 대상화시킨 채 조직과 상사의 일방적 잣대에 의해 운영되는 타율적 인력관리를 낳을 개연성이 높다.

정부 인력관리가 적극적 공직윤리와 연계되려면, 상사의 재량과 입김이 강하게 영향을 미치는 종래의 인사 관행과 당근-채찍 위주의 타율적 관리를 뛰어넘어야 한다. 공무원이 자율적으로 학습, 성장하며 스스로 직업윤리를 익히고 실천하게 하는 쪽으로 나아가야 한다. 처음부터 사람을 잘 뽑고 자기계발, 자율평가 등 인사의 자율성을 인정해주는 내적 동기유발 요인들이 성과급과 상사평가 등의 외재적 요인을 앞서야 한다.

공직자가 자기 일을 스스로 알아서 설정하고 공무에 필요한 심신을 자율적으로 단련해나간다면, 굳이 여러 가지 인사제도를 갖고 그들을 강제로 채찍질하고 당근으로 유혹할 일이 없다. 자율관리가 잘 안 되니까 인사과정이 복잡다단해지고 형식적인 인사제도만 자꾸 늘어난다. 또 그런 제도의 함정에 빠져 허우적대며 그것이 인력관리의 전부인 것처럼 잘

못 생각하게 된다.

경영혁신의 전도사 해멀(G. Hamel)에 의하면, 직장에 대한 직원들의 공헌 단계는 순종 → 근면성 → 지식 → 이니셔티브 → 창의성 → 열정 순으로 높아진다. 그런데 열정과 창의성은 이니셔티브에서 나온다. 즉, 직원들이 상사의 지시를 받을 때까지 기다리는 것이 아니라 기회가 오면 스스로 방향을 설정하고 바로 실천에 옮길 수 있는 자기주도성이 중요하다. 해멀은 순종, 근면성, 지식은 상품화되어 있어 전 세계 어디서나 구할 수 있지만, 가장 중요한 인간 역량인 이니셔티브, 창의성, 열정은 자율 인간을 키워내려는 조직의 의지에 달려 있다고 본다. 따라서 직원들이 무엇이 중요한지, 그 일을 왜 해야 하는지 스스로 생각해보며 자율적으로 일하게 하는 근무환경을 만들어줄 것을 강조한다. 직원들이 일의 방법을 스스로 선택하게 하고 목표설정과 근무평가에서도 그들의 자율성을 존중해주라는 것이다.

미국의 심리학자 데시(E. L. Deci)가 중소기업 320곳을 대상으로 실시한 연구에 의하면, 직원들에게 자기결정과 자율평가 등 인사의 자율성을 부여한 회사들은 수직적 상하체제의 기업들에 비해 4배 더 성장했고, 이직률은 오히려 1/3로 떨어졌다.[84]

우리나라 경찰조직에 대한 한 실증조사에서도, 특히 신세대 조직구성원들의 경우는 타인으로부터의 명령에 따른 업무수행보다는 스스로 자신을 관리하는 형태를 더 선호하는 것으로 나타났다. 경찰조직 같은 상명하복의 조직문화가 강한 곳에서도 셀프 리더십을 희구하는 것이다. 따라서 지시, 통제 중심의 전통적 관리기법보다는 직원들이 스스로 목표를 설정하고 자신에 대한 보상도 스스로 결정하게 하는 등 직무상 결정의 자율성을 확대해줌으로써 업무에 대한 그들의 열정을 이끌어내야 한다.[85] 셀프 리더십도 내재적 동기부여 이론에 근거한 것이다.

자율관리의 실례를 하나 더 들어보자. 미라이공업의 평등경영론은 직장이 핵심 인재들만 챙기면 나머지 직원들의 사기가 떨어지므로 팀워크가 더 중요하다는 것이 그 요지이다. 미라이공업의 야마다 아키오 사장은 "사람은 동물이 아니므로 당근과 채찍을 이용해 조정할 필요가 없다. 모두 같은 사람으로 믿고 그들에게 회사를 맡기면 누구나 다 과장 역을 잘 수행한다"라고 말한다.

실제로 미라이공업은 직원 개개인이 자기목표를 정하고 그것을 자율적으로 실행하게 했다. 직원들이 자기목표를 세우고 열심히 일하면 직장은 언제나 그들의 의견을 청취해주었다. 아예 생산 목표량이 주어지지 않아 성과측정 기준도 별도로 없는 등 반(反)성과주의를 표방했다. 잔업이나 휴일 근무를 없애고, 연 휴무일 140일도 잘 지켜나갔다. 직장 안에서 절전(節電)을 생활화해 절약한 돈으로 5년에 한 번씩 전 직원이 국내외 여행을 다녀오는 등 평소에도 직원들을 평등하게 대우해주었다. 이름이 적힌 종이를 선풍기로 날려 승진을 결정해 인사에 대한 직원들의 불만도 없다. 스스로 건강관리를 잘하면 70세까지 정년을 보장해주어 심리적 안정과 조직 충성도도 높다.

미라이공업은 일본 전기설비업계에서 부동의 1위 실적을 자랑해온 회사이다. 그 경쟁력은 차별화된 제품인데, 그 아이디어는 모두 사원들의 머리에서 나온다. 회사 곳곳에 "생각하라"는 문구가 걸려 있고, 매달 직원들에게서 아이디어를 제안받으면 기획개발부서가 그것을 제품화해주는 등 직원의 아이디어를 상품으로 구현해내는 아이디어 장려정책으로 제품의 90%가 특허상품으로 등록되어 있다. 바로 이는 천재에게만 매달릴 수 없고 모든 직장이 다 천재를 구할 수 없을 때는, 팀워크와 자기주도

적 직장생활 설계가 가장 중요한 요소임을 잘 보여주는 실례이다.[86]

상기한 자율관리의 실례들을 들여다보면, 자기조절능력을 가진 사람들이 자율적으로 목표를 설정하고 결과에도 자율적으로 책임지게 하는 자기주도적 관리체제가 실제로 얼마든지 가능함을 알 수 있다. 그렇다면 타율적 인력관리의 맹점에서 벗어나 공무원들이 자신의 내재적 동기에 따라 자기 일에 주인의식을 갖고 공무에 전념하도록 우리 공직사회에서도 자율관리 인사철학을 응용해볼 여지는 매우 크다.

공공봉사동기를 잘 갖춘 사람을 공직으로 적극 유인해 적재적소에 배치한 다음, 자기통제와 자기조절을 지속하며 자기주도적 성장을 해나가도록 도와주는 자율관리 방침이 조속히 마련되어야 한다. 또 자율관리가 가능하도록 자기결정과 자율평가의 기회를 주되 결과에 대해서는 강하게 책임을 묻는 시스템이 요구된다. 자율책임하에 공무에 몰입하는 공무원의 자존감을 세워주는 적정한 보수책정과 자기 소신을 발언할 수 있는 여건의 조성도 정부에 의해 뒷받침될 필요가 있다. 물론 그런 자율권에 상응하는 책임 의식, 즉 자기 책임지기가 제도적으로 병행되어야 함은 너무나 당연하다.[87] 그래야 대표시민, 공적 자아가 우리의 행정 일선에서 더 많이 등장할 수 있다. 그럴 때 조직성과도 높아지고 조직혁신도 일어나며 조직시민행동도 활성화될 수 있다.

(2) 자율관리 인사철학의 현주소와 공무원의 타자화, 대상화

현재 우리 공직사회에서 자율관리는 얼마나 가능할까? 상사들에 의해 강요되는 타율적 인력관리도 문제이지만, 자율관리 인사철학도 그저

밖에서 부여된 주어진 자율에 그친다면 그 또한 문제가 아닐 수 없다. 자율관리 철학이 아무리 강조되고 실제로 부여되어도 조직구성원들의 자율역량이 부족하고 자립하려는 마음이 허약하면 사람들은 오히려 자유로부터 도피할지 모른다.

우리 공직사회의 현실은 아직 이런 자율관리와 거리가 먼 것도 사실이다. 일례로 2008년 초 대통령직 인수위원회에서 국정홍보처 간부가 "대통령 중심제하에서 국정홍보는 어쩔 수 없는 일로, 우리는 영혼 없는 공무원이다"라고 실토한 적이 있다.[88] 인사권을 쥔 상부 기관 및 상사의 명령과 지시에 공무원들이 영혼 없는 얼굴로 임해온 것이 우리의 현실이다. 그래서 일부 장관의 경우는 인사청문회를 거치며 온갖 도덕적 흠집이 난 채 임명되지만, 그들이 해당부처 공무원의 인사권, 즉 생사여탈권을 쥐고 있기에 공무원들은 타율적 인사관리의 포로가 되어 상사 모시기 문화에 경쟁적으로 나서지 않으면 안 되었다. 적어도 상사의 눈에 나서는 안 되었다.

탁월한 역량의 상사가 많아서 그들이 조직이 나아가야 할 방향을 정확히 잡아주고 직원들 인사도 공정하게 해준다면, 그의 경륜에서 우러나오는 판단력을 믿으며 그의 인사조치를 수용하는 것도 무방하다. 하지만 그것이 너무 당연시되고 일상화되다 보면 자율적 판단능력이나 자기관리의 마음가짐이 무뎌지고, 그만큼 자율평가와 자기책임에도 냉철함을 잃는다.

정말 못된 상사를 만나 그가 자의적으로 인사권을 행사해 타율적 인력관리가 고착화되고 연줄 인사 등 불공정한 인사 결과가 만연한다면 그때는 어찌할 것인가? 그럴 경우 파쇼 상사의 지위 권력에 따른 강제 때문에 어쩔 수 없이 상사의 과도한 인사명령과 불공정한 인사조치를 따를 수밖에 없게 된다. 하지만 지금까지는 이런 상황에서도 일부 하위자들이 상사의 권력에 복종하는 데 따른 비용편익 분석을 해보고, 복종과 순응이 주는 실질적 편익이 복종에 따른 스트레스보다 더 크면 스스로 복종의 길을 택한 경우도 없지 않다. 일부 공무원은 인사권을 쥔 상사에게 줄을 대려고 연줄을 찾아다녔고 직장 안에서 줄서기 문화에 바빴다.

혼자 저항해도 세상은 코털 하나 바뀌지 않을 것이라는 패배주의에 빠져 상사가 시키는 대로 따라 할 뿐, 스스로 사유하고 계획하고 스스로 책임지고 행동해야 할 당위성을 상실한다면 또 그런 노력을 회피한다면, 그것이야말로 자유로부터의 도피이며, 스스로 타자화의 함정으로 뛰어드는 초라한 결과를 낳게 된다. 타자화 · 대상화된 하위자는 상사들에 의해 업신여김을 당하고, 궁극적으로는 주인의식의 부재 속에 자기 자신에게마저 소외당한다. 자신의 의지가 약할 때 상사의 얄팍한 힘조차 두려워서 상사에게 기대며 스스로 타자화의 길을 걷게 되는 것이다.

(3) 자율관리 인사철학의 실타래를 풀기 위한 몇몇 방법론적 실마리

공자의 제자 자로(子路)가 임금을 섬기는 방법을 묻자, 공자는 "속이지 말고 덤벼들라"라고 답했다. 여기서 '덤비라'는 뜻은 군주의 잘못에 대해 목숨을 걸고 간(諫)하라는 강한 권고의 표현이다. 군주는 신하의 몸과 뜻을 사유화할 수 없다. 신하가 군주의 수족으로 동화되어서도 안 된다. 서로 이성적 거리를 유지하며 가치의 공유를 추구하는 상보(相補)적 관계를 추구하는 것이 군신유의(君臣有義)의 기본맥락이다. 결국 임금의 명(命)을 살펴 마땅한 것만 헤아려 집행하는 것이 충(忠)이다.[89]

공무원 스스로 타자화가 되지 않으려면 충(忠)의 참뜻을 되새기며 상사의 부당한 인사조치와 타율적 인력관리에 당당하게 맞서 자기 뜻을 곧추세워야 한다. 그 과정에서 여려지기 쉬운 마음을 강하게 담금질해야 한다. 힘들더라도 자기 삶의 주인이 되기 위한 큰 각성이 필요하다. PDS(Plan-Do-See) 모델에 의거해 직장인으로서의 덕목과 업무목표를 스스로 설정하고 자기계발을 통해 자기성장, 자기강화를 도모하며 자기 일에 스스로 책임지는 주체적 삶을 살아야 한다. 그런 주체적 삶이 타자화와 대상화를 막는 최후의 방패이다. 자기 일에 주인의식을 갖고 자신의 일터를 윤리적으로 장악해나갈 때, 타자화의 함정으로부터 멀리 떨어져 서 있는 진정한 자유인, 자기 삶의 주인이 될 수 있다.

어려운 경쟁을 뚫고 공무원시험에 합격했다는 자부심을 잃지 않고 당당하게 일터를 자율관리해 나가려는 공무원의 각성과 주인의식이 정말 필요한 시점이다. 주어진 시간만 일하고 근로의 대가만 탐하는 일개 직업인이 아니라, 동료 시민들에 의해 나라 살림의 대행을 부탁받은 대표시민답게 국정 대리인으로서의 직업소명을 되새기며 자기 직업세계에 대한 새로운 자긍심을 재충전해야 할 시점이다.

정말 자타가 공인하는 사람이 승진하고 존경받는 그런 자율적 승진 질서를 만들어내기 위해 공무원들이 서로의 업무상 장점을 인정(認定)해주고 일의 결과에 대해 서로 칭찬하고 독려해주는 그런 소통과 배려의 인정(人情) 문화를 만들어내야 한다. 그러면 연줄 인사와 인사 불공정은 점차 물 건너가고 모두가 인정하고 동의하는 자율적 승진 질서가 만들어질 수 있다. 또한 자율적 보직경로의 선순환 구조도 만들어낼 수 있다. 모두가 수용하고 동의할 수 있는 맞춤형 성과지표도 스스로의 힘으로 창출해낼 수 있다(그 구체적인 방법들은 이 책의 제9장 승진과 제10장 근평 부분에서 상론할 것이다).

사람들에게는 조직을 만드는 재능이 있어 자발적 질서 이론이 가능하다. 사람들은 공동의 필요가 있을 때 실험을 하고 시행착오를 거치면서 특정 상황에 맞게 자기들만의 새로운 질서를 만들어낸다. 굳이 우두머리가 명령을 내리지 않아도 나름의 질서와 규율을 갖는 직원들만의 자율적 조직구조와 제도의 생성이 가능하다.

필요한 것은 중앙의 상층부가 조종하는 컨베이어벨트식 조직이 아니라 많은 사람이 만나서 집단을 만들고 격의 없이 대화를 나누며 접촉할 기회이다. 중앙이 조종하는 컨베이어벨트에 갇히는 것이 아니라 사람들이 네트워크에 접촉하며 자신의 필요에 따라 자치하고 공생할 수 있는 권리를 인식하는 것이 중요하다. 네그리와 하트(A. Negri & M. Hardt)는 이런 자치형식의 발명, 즉 다중이 자치기술을 배우고 민주적 조직형태를 발명하는 과정을 '다중의 군주 되기(becoming-prince)'라고 명명한 바 있다.[90]

공무원들이 다중의 군주 되기를 통해 주인의식을 갖고 자율적 승진 질서와 수용 가능한 맞춤형 성과지표를 창출해내기 시작하면, 그때서야 상사들도 깜짝 놀라며 하위자들의 강해진 목소리에 귀 기울이기 시작한다. 여기서 잠시 헤겔(Georg W. Hegel)의 주인과 노예의 변증법을 상기해보자. 노예들은 자발적으로 주인을 인정하지 않는다. 주인의 압도적 힘이 무서워 허위로 존경을 표시할 뿐이다. 여기서 주인의 고독과 고뇌가 시작된다. 진정한 존경을 받고 싶은 마음이 있는 주인은 어떤 행동을 해야 할까? 주인이 노예를 해방해줄 때, 즉 노예가 타율과 훈육의 질서에서 벗어나 진정한 자유인이 될 때 비로소 주인도 인정받게 되는 아이러니가 발생한다. 위험을 무릅쓰고 노예에게 자유와 인격을 부여해야만 주인도 노예들로부터 존경을 받을 가능성이 열린다.[91]

그렇다면 직장의 상사들도 하위자들의 자율관리를 인정해주어야 한다. 그들이 만들어낸 자율적 승진 질서와 맞춤형 성과지표를 한껏 존중해주어야 한다. 상 · 하위자 모두가 자기 삶의 주인이 되어 만날 때, 양자의 관계가 더 돈독해질 수 있다. 비 온 뒤에 땅이 더 굳듯이 말이다.

어찌 보면 지금까지는 5%의 게으르고 불량한 조직구성원 때문에 나머지 95%의 사람들이 도매금으로 넘어가 상사에 의한 통제와 채찍 제도의 희생양이 된 경우도 적지 않다. 이른바 '직원 성악설'이다. 물론 95%가 다 자율 인간은 아니겠지만, 그중 상당수는 자율관리의 잠재역량을 갖고 있을 수 있다. 조직을 흙탕물로 만드는 5% 때문에 나머지 95%가 직원 성악설을 전제로 한 타율적 인력관리의 대상이 더 이상 되어서는 안 된다. 물론 이런 환경 탓만 할 수는 없다. 이쯤에서 젊은 날 한국불교의 현실이 걱정되어 종단에 비판적이던 법륜 스님에게 넌지시 근본적 해법을 제시한 다른 스님들의 말씀을 음미해볼 필요가 있다.

"이보게. 어떤 사람이 논두렁에 앉아 마음을 청정히 하면 그가 바로 중이고, 그곳이 바로 절이네. 그게 바로 한국불교이고"라는 답을 준 선배 스님의 말씀과, "탑 앞의 소나무가 되어라"라는 스승 스님의 말씀이 바로 그것이다.

전자의 말씀은 남의 탓을 들며 비난만 하지 말고 자신의 존재 이유를 다하는 과정에서 스스로 문제해결의 주체가 되라는 취지의 말씀이다. 또 후자의 말씀은 억압적 상황에 일희일비하지 말고 자신을 괴롭히는 세력보다 더 큰 정신적 존재가 되어 그 존재의 무게감으로 그들을 정신적으로 압도하라는 말씀으로 해석된다.

공무원을 타율적 관리의 대상으로 대하려는 조직 상층부의 안이한 시각과 그것을 인사제도로 반영한 당근-채찍 전략을 근본적으로 교정하기 위해서는, 어렵겠지만 일선 공무원들이 도덕적으로 재무장해 쉽게 무시당할 수 없는 존재감으로써 스스로 자율관리를 도모해가면서 그것을 위한 도덕적 싸움도 게을리하지 말아야겠다.[92]

4) 자율관리와 적극적 윤리 구현을 위한 심리적 계약 이론의 재구성

신자유주의 개혁 이후 공직사회에 업무성과의 책임을 묻는 성과연봉제가 시행되고, 최근에는 저성과자(low performer)들에 대한 강제퇴출 등 불이익 처분제도가 도입되고 있다. 하지만 공공부문의 직무 특성을 고려하지 않은 신자유주의 인사제도의 대대적 도입은 보상체계의 후퇴와 강제퇴출제 도입 등 고용 관계를 후퇴시키며 공직사회의 동요를 낳고 고용의 질에도 상당히 부정적인 영향을 미친다.[93]

그렇다면 이런 신자유주의식의 얄팍한 인사제도들 말고 공무원들이 자기 일에 스스로 적극적으로 관여하도록 유도할 방법은 없는가? 특히 자율관리의 성공적 정착을 위한 제도적 방안은 더 없는가? 이를 위한 한 가지 방편으로서 심리적 계약 이론의 정부 인력관리적 함의를 살펴보자.

(1) 심리적 계약의 개념과 구성요소

심리적 계약(psychological contract)에 대한 가장 일반적인 개념 정의를 내린 루소(D. M. Rousseau)에 의하면, 심리적 계약은 조직과 조직구성원 간의 상호 의무에 대한 호혜적 약속과 그것에 대한 지각된 믿음으로 정의된다. 조직구성원들은 조직을 위해 기여해야 할 사항에 동의하고 조직도 조직구성원에 대한 급부 제공을 약속하는데, 서로의 기대가 일치해 상호 교환물에 대해 동의할 경우 심리적 계약이 성립한다고 본다.[94]

실제로도 조직이 조직구성원들에게 베풂을 주면 조직구성원도 그에 대한 보답으로 열정을 갖고 일에 임한다. 따라서 심리적 계약 이론에 준거해 공무원과 정부조직 간에 신뢰감을 쌓고 그 호혜성(reciprocity) 위에서 공무원이 정부조직의 발전을 위해 자율적으로 공무에 전념하게 하는 방법을 찾아보는 것은 나름대로 인력관리적 함의가 매우 크다고 볼 수 있다. 특히 우리가 자율관리를 지향한다면, 조직과 조직구성원 간의 호혜적 약속에 기반을 둔 심리적 계약의 지속적 관리는 더 중요한 의미를 갖게 된다. 자율관리가 정착될 때까지 조직이 조직구성원들의 자율성 향상을 기다려주며 자율관리의 여건을 제대로 마련해주어야 하기 때문이다. 공무에 스스로 열정을 갖고 몰입할 때 직장 또한 그를 계속 지켜봐주고 도움을 주리라는 지각된 믿음이 있어야 공무원들도 자기계발과 자기강화에 더욱 전념한다.

물론 조직구성원들을 이렇게 잘 대해주면 그들이 배은망덕(背恩忘德)하게 나오지 않을까 우려하는 상사들도 있을 수 있다. 우리는 권위주의 문화 속에서 오랫동안 살아왔기 때문에 그렇게 생각하는 사람도 있을 수 있다. 그러나 동양에는 '결초보은(結草報恩)'이라는 사람들 간의 관계윤리가 있고, 서구에는 사회적 교환 이론이 있다. 즉, '주고 받는다'라는 기브 앤 테이크 원리가 조직과 조직인 간에도 통용될 수 있다. 그렇다면 심리적 계약에 따라 직장의 후원과 인간적 처우가 직장인의 결초보은으로 이어져 직장-직장인 간의 선순환 구조가 얼마든지 만들어질 수 있다.

심리적 계약은 단기적인 물질적 보상인 성과급, 빠른 승진, 높은 급여 등의 거래적인 심리적 계약(transactional contract)과 장기간의 직업 안정성, 도전적인 직무기회 부여, 개인 신상이나 업무에 대한 상사의 지원, 경력 발전 등을 포함하는 관계적인 심리적 계약(relational contract)으로 구성된다.[95]

심리적 계약을 위해 조직과 조직구성원은 서로의 호혜적 약속을 지키기 위해 어떤 역할을 해야 하고, 그 역할을 다했을 때 심리적 계약은 각각에 어떤 효과를 주는가?[96] 거래적인 심리적 계약에서 조직구성원의 임무는 근무시간 동안의 직무몰입과 필요 시 초과근무, 조직재산 보전 등의 행동을 수행하는 것이다. 반면 조직의 임무는 높은 급여와 성과급, 교육훈련 기회를 제공해주는 것이다. 한편 관계적인 심리적 계약에서 조직구성원의 임무는 직장에 대한 충성심, 최소 재직기간 준수 등이다. 반면 조직의 임무는 직업 안정성 유지, 경력개발 기회 제공, 개인 신상에 대한 상사나 조직의 지원 등이다.

거래적인 심리적 계약은 조직구성원의 자기 정체성을 촉진하여 직원 개개인의 성과 역량을 증진시키는 데 도움을 준다. 반면 관계적인 심리적 계약은 조직과 조직구성원 간에 형성된 장기적 관계를 기반으로 상호협력, 신뢰, 역할 외 행동, 충성 등의 사회 정서적 요소를 강화해주므로 공공조직에 특히 친화력을 보이는 개념으로 볼 수 있다.

(2) 심리적 계약 이론의 재구성을 통한 정부 인력관리에의 확대 적용 필요성

심리적 계약이 충족되면 조직구성원들의 역할 내 성과(in-role performance)가 커지고 이타적 행동이 늘어난다. 역할 내 성과는 조직구성원들이 업무상의 의무와 책임을 충족시키는 정도로서, 조직에 의해 심리적 계약요소가 충족되었다고 조직구성원이 지각할 경우 호혜성 원칙에 따라 조직의 배려에 대해 보답하는 것을 말한다. 한편 이타적 행동은 공식적 보상으로 규정되어 있지 않지만 조직구성원이 자발적으로 타인에게 도움을 주는 등 비(非)과업적 행동을 하는 것이다. 따라서 이는 조직시민행동을 구성하는 주요 요소 중의 하나이다.

공·사 조직을 불문하고, 단기간의 조건적 편익을 제공하는 거래적인 심리적 계약의 충족보다는 장기간에 걸쳐 자율적이며 융통성 있게 이루어지는 관계적인 심리적 계약의 충족이 조직에 더 긍정적 영향을 끼친다. 개인의 신상 문제에 대한 리더의 관심과 배려, 경력개발 기회의 제공, 우호적인 업무 분위기 조성, 안전한 업무환경 제공 등 관계적인 심리적 계약요인의 충족이 더 중요하다는 것이다.[97]

환경변화에 비교적 안정적인 공공조직의 경우는 조직의 변화가 비교적 적게 일어날 것으로 생각하기 쉽다. 그러나 IMF 외환위기 이후 신자유주의 추세에 따른 성과효율 추구와 정리해고 등 급격한 조직변화가 공공부문에서의 심리적 계약에 부정적 영향을 미치고 있다.[98] 공무원은 심리적 계약위반에 대해 가시적으로 이의제기를 하기 어려운 특수한 신분이다. 그래서 그들은 직장의 심리적 계약위반을 강하게 인지할수록 자신들도 조직시민행동을 줄이고 조직의 일에 덜 몰입하는 등 적극적 공직윤리 구현에서 점차 멀어지는 행동을 한다. 따라서 심리적 계약 이론 연구를 공직윤리 논의에 연계시켜 그 내용을 재구성하고, 특히 관계적인 심리적 계약의 적용 범위를 좀 더 확대할 필요가 있다.

공무원이 심리적 계약위반을 하지 않고 적극적 윤리의 구현에 진력하게 하려면, 내재적 보상에 기반을 둔 자율관리의 제도적 보장이나 직무에 대한 주인의식을 심어주는 리더십 스타일의 변화가 관계적인 심리적 계약 차원에서 강화되어야 한다. 또 공무에 올인했을 때 노후가 확실히 보장된다는 지각된 약속물로서 공무원연금을 적극적으로 이해하고 이에 대한 제도적 신뢰를 확보하는 쪽으로 심리적 계약 이론의 재구성을 모색할 필요가 있다.[99]

5) 정부 인력관리부서의 전략적 중요성과 인사의 분권화, 자율화

자율관리의 제도화와 심리적 계약의 확대 적용을 위해서는 그 일을 책임지고 도맡아 수행해야 할 정부 인력관리 전담부서의 역할이 중요하다. 또 그것을 도모하기 위한 인사기구 개혁도 요구된다.

최근 기업들은 인사관리 부서의 전략적 역할을 중시한다. 시장의 성장기 · 성숙기에는 고객이 충분히 존재하므로 기업들은 시장점유율을 안정적으로 확보하려는 방어형 전략을 고수한다. 이때 인사관리 부서는 일상적인 관리업무에 치중하며 전략적 역할은 잘하지 않는다. 즉 인적 자원의 내부개발과 승진, 신입사원의 교육훈련, 조직 위계에 따른 보상 등 조직 내 인적 자원의 형성과 효율적 관리를 관례대로 추진한다.

반면 시장에 가장 먼저 제품을 출시해 수익을 창출하려는 공격형 전략의 시기에는 품질과 속도의 차별성을 확보하기 위해 핵심인력의 충원과 역량 강화, 혁신과 몰입을 위한 동기부여 등 외부의 인적 자원을 유인하는 것에 강조점을 둔다. 이처럼 조직이 방어형에서 공격형으로 전환할 때, 전략적 자산으로서의 인적 자원의 배치와 활용이 중요해지며, 이를 기획하고 책임지고 실행해야 할 인력관리부서의 역할도 자연히 강조된다.

울리히(D. Ulrich)의 연구에 의하면, 인력관리부서의 전략적 역할은 인사전략을 조직의 사업전략에 일치시키는 데 초점을 두는 것이다. 인력관리부서가 전통적으로 수행해온 관리적 역할, 즉 직원의 보호자 역할이나 인사관리 전문가적 역할만으로는 조직성과에 기여할 수 없다. 인력관리부서의 전략적 역할, 즉 사업의 전략적 파트너나 조직변화 촉진자(facilitator)의 역할을 수행해야 조직의 가치 창출과 성과향상에 기여할 수 있다.[100]

우리의 선조들은 인력관리의 이런 중요성을 잘 알아 정규 인사발령을 '정사(政事)', 인사 기록부를 정안(政案)', 인사 일을 맡아보던 이조와 병조를 합쳐 '정조(政曹)'라고 불렀다고 한다.[101] 현대 정부의 인력관리 전담부서들도 그런 점에서 인사관리라는 기본업무는 물론 사업의 전략적 파트너나 조직변화 촉진자로서의 전략적 역할을 다해야 한다. 특히 '자율관리'라는 새로운 인사철학을 정착시키기 위해 조직변화 촉진자로서의 근본적 자기개혁이 요구된다.

김대중 대통령 때에는 인사정책 총괄 부서로서 중앙인사위원회가 설립되어 좋은 정책과 제도들을 양산해냈다. 중앙인사위원회가 설립·운영되어온 9년 동안 한국의 정부 인력관리는 이론적·실무적으로 크게 발전하고 연구업적도 높게 쌓였다. 그러나 이명박 대통령 시기에 중앙인사위원회의 기능이 행정안전부 제1차관의 인사실로 통합 이관되면서 인사정책이 실종되고 인사행정이 축소되었다. 이런 정책 과오의 이유로는 대통령이 민간 최고경영자 출신으로서 인사를 결정권자의 전권으로 잘못 이해하는 등[102] 공무원 직업의 공공성에 대한 이해가 부족했던 점과 기업의 타율적 인사 관행에서 크게 벗어나지 못했던 점을 들 수 있다.

우리나라의 중앙인사기구는 박근혜 정부의 집권 중기 이후 인사혁신처로 개편되었다. 정부 인력관리 전담부서는 정부조직의 비전과 미션에 맞는 인재를 적재적소에 배치해주어야 하므로 조직관리와 인사관리는 밀접한 연관성을 갖는다. 그러나 현재 조직관리 업무는 행정안전부 소관으로 되어 있어, 인사혁신처는 여전히 조직관리 기능을 수행하지 못한다. 그러니 조직관리 담당부처인 행정안전부의 정원통제로 인해 인사혁신의 주요 과제에 제동이 걸리고 각 부처에 인사전담부서를 설치하는 것도 곤란한 실정이다.

기업은 인사팀, 인재개발부로 인사관리 부서가 전문화되어 있지만, 공직은 여전히 운영지원과(課) 내의 인사계가 인사업무를 수행한다. 인사계가 하는 인사업무도 공석을 채우거나 대규모 순환보직 인사를 하는 데 그친다. 인사 담당자들도 서무, 회계, 결산, 구매 업무 등 숱한 보직 중의 하나로만 인사업무를 인식해 인사업무의 전문성 축적이 곤란하다. 2016년부터 인사조직 직류를 신설해 인사 담당자의 직무전문성 제고를 도모하기 시작한 것은 그나마 다행이다.[103]

정부조직의 비전과 미션에 걸맞은 인재를 적재적소에 배치하기 위해서는 향후 조직관리와 인사관리의 밀접한 연관성을 확보하는 쪽으로 기구개편과 기능 재조정이 이루어져야 한다. 역대 정권하에서 단행된 인사기구 개혁과 관련해 우리가 얻을 수 있는 한 가지 교훈은 "임자 해봤어?" 혹은 "내가 해봐서 아는데"보다는 "내가 여건을 만들어줄 테니 제대로 한번 해보세요"라는 리더의 제대로 된 인사철학이 필요하다는 점이다.

인사기구의 독립성과 전문성을 살려주기 위해 인력관리부서에 힘을 실어주고 그 독립성을 보장해줄 때, 정부의 미션 실행에 적합한 공적 자아와 자율 인간들이 공직에 더 많이 충원될 수 있다. 또 그들이 정부 목표의 달성에 기여하며 시민에게 해피 바이러스를 선사하는 인사의 선순환 구조를 더 빨리 만들어낼 수 있다.

자율관리는 인사제도의 분권화도 요구한다. 현장 중심 인사제도는 현장의 수요에 기초한 인사 프로그램을 개발할 수 있고, 독자적인 인력관리를 추구할 수 있는 큰 장점이 있다.[104] 우리나라도 지방화 · 민주화 시대를 맞아 최근 공무원 인사의 현장화 · 자율화를 추진 중이다. 인사의 현장화 · 자율화를 위한 그간의 노력을 평가해보면, 종래 중앙인사기관이 행사하던 임용, 채용 등 적지 않은 인사권의 하부 위임은 물론 중앙인사기관과의 각종 사전협의 및 승인절차 폐지 등 인사규제 개선이 두드러진다.[105]

중앙 주도형 인사제도는 공정성과 신뢰성은 담보할지 모르지만, 각 부처와 지방의 수요에 들어맞는 인력의 적기 채용에는 어려운 점이 있다. 그래서 미국, 영국, 프랑스에서는 일부 고위직의 선발은 중앙인사기관이 관장하지만, 그 외 직급의 충원은 부처와 지방의 자율성을 확실히 보장해준다. 반면 우리의 경우는 인사권이 이양되고 있지만 아직도 지방공무원법에 의해 국가가 통일적으로 관리하는 분야(예: 보수, 연금, 조직정원관리)가 지방 인사의 자율성을 침해한다. 직급별 정원 규모를 상세히 통제하는 등 인력 운영의 자율성도 충분히 보장해주지 않는다. 따라서 직급별 정원 폐지와 총액인건비 안에서의 탄력적 정원 운영이 필요하다. 광역자치단체 부단체장의 고위직 승진을 위해 중앙과의 인사교류를 이유로 국가직으로 임용한 뒤 다시 지방공무원으로 발령을 내는 제도도 자치이념을 훼손하므로 폐지할 필요가 있다.[106]

지방 공직사회에 자율관리가 제도화되려면 인사제도의 분권화와 더불어 지방공무원의 자율관리 역량이 제고될 필요가 있다. 지방공무원의 업무능력 부족은 인사 기능의 지방이양을 가로막는 큰 장애물이다. 향후 광범위한 인사교류와 교육의 전문화를 통한 지방공무원의 역량 강화가 필요하다. 지금과 같은 후진적 정치문화 상황에서는 인사의 분권화가 자칫 지방 인사의 정치화를 낳을 수도 있다. 인사권자인 자치단체장들의 자의적인 인사권 행사가 가장 큰 원인인데, 소규모 조직일수록 인사권자의 자의적 영향력이 크다고 한다. 간부급의 경우는 더 민감해 선거 때 줄 세우기, 선거 후의 보복성 인사조치가 심하다. 문제는 향후에도 인사 공정성 문제에 큰 변화가 없을 것 같다는 부정적 사고가 지방 공직사회 안에 팽배해 있는 점이다. 따라서 지방 인사위원회의 기능 강화, 전보와 승진임용의 객관화와 탈정치화 등 인사의 공정성·투명성을 확보하려는 노력이 더 강화되어야 한다. 물론 지방공무원법의 독자성, 보수체계의 다양성 등 인사의 자율성 확보를 위한 다각적 노력도 전제되어야 할 것이다.[107] 그럴 때 지방공무원들을 구조적으로 강압하고 낙담하게 했던 종래의 잘못된 인사제도들이 점차 극복되고, 자율적 인사제도의 운용도 더 활성화될 수 있을 것이다.

Part II

준비된 공적 자아,
나라 살림꾼으로 발탁하기

5

자율 역량을 갖춘 준비된 공적 자아, 정부의 문을 노크하라

1) 공적 자아와 자율 인간을 찾는 지인(知人)이 정부 인력관리의 출발점

Part I에서 공무원이 동료 시민들의 뜻을 받들어 나라 살림을 책임지고 대행해야 할 대표시민이자 국정 대리인임은 이미 논했다. 물론 정치적 대표이자 정치적 대리인으로 국회의원이 있다. 정치인은 선출직이므로 국민과 1촌 간으로 촌수도 가깝다. 하지만 1촌이 항상 제구실을 다 하는 것은 아니다. 국회의원이 본연의 역할인 법을 잘 만들고 행정부를 잘 감시하려면 사회 문제가 터졌을 때 의사당에 신속하게 모여 의정활동에 전념해야 한다. 하지만 우리나라 국회의원들의 동선(動線)을 상징해온 '금귀화래(金歸火來)'라는 말이 있듯이 이들은 표밭인 지역구에서의 주말 일정에 더 많은 시간을 할애해 여의도 의사당에서 한자리에 모이기가 쉽지 않다. 정족수를 채우지 못해 텅 빈 본회의장이나 상임위원회 회의장 모습이 이를 잘 대변한다.

국회의원이 의정활동을 제대로 하려면 다음 선거에서 계속 당선되어야 한다. 하지만 우리나라 역대 국회는 초선의원 비율이 상당히 높다. 14대 국회를 제외하고 모두 40% 이상이며, 17대 국회때는 63%에 육박했다. 물론 초선의원들이 국회에 신선한 피를 수혈해주는 장점도 있다. 그러나 '10년 법칙'에서 보듯이 의정활동의 전문성을 쌓는 데는 일정 기간이 소요된다. 초선의원의 비율이 너무 높으면 그만큼 의원들의 입법역량이나 행정부 감시 측면에서 높은 전문성을 기대하기 어렵다. 또 학력이나 재산, 직업영역 면에서 국회의원의 엘리트적 성격이 점점 커지고 있다. 일례로 20대 국회의 신규 재산등록 의원들의 평균재산은 34억 원이나 되고, 상위 20명의 재산총액은 무려 8,239억 원에 이른다. 그러면 서민과의 심리적 거리감이 커져 국회의 대표성과 심의성 모두에 위기가 온다.[108] 실제로 이런 점은 의정활동 지표로도 확인된다. 국회의원의 법률 발의안은 많지만 가결률은 급격히 떨어져 입법능력의 전문성을 의심하게 한다. 발의안도 대개는 기존 법규에서 자구(字句) 몇 개를 수정한 법개정안이 많다.[109]

의회가 제구실을 못 하는 의회실패 상황에서는 임명직으로서 국민의 2촌에 불과하지만 그래도 생활 현장에서 시민이 더 많이 접할 수 있고 찾아가기도 쉬운 위치에 있는 공무원이 국정 대리인 및 수탁자로서 나라 살림을 책임져주어야 한다. 1촌이 제구실을 못 하면 2촌이라도 제구실을 해주어야 하는데, 따지고 보면 2촌도 상당히 가까운 촌수이다. 따라서 시민의 역할기대를 정확하게 인지하고 충족시켜줄 수 있는 잠재 역량을 지닌 사람을 나라 살림꾼으로 충원하는 일이 제일 중요한 일로 다가온다.

향후 정부의 인력관리는 공무원이 시민의 역할기대를 충족시켜주는 데서 자기 직업의 존재 이유를 찾는, 즉 공무원 직업의 공공성을 강화하고 제도화시키는 데 도움이 되는 인력관리가 되어야 한다. 공직이라는 직업의 공공성에 대한 이해도가 높고 이를 수행할 기초 역량을 갖춘 사람을 발굴해 공직에 충원하는 것이 정부 인력관리의 출발점이다.

'인사가 만사'이듯이 공적 자아가 강한 사람을 잘 찾아내 공직에 끌어들이면, 그는 우리-관계라는 시민과의 기본적 관계성 위에서 대표시민으로서의 자기 직업의 존재 의미를 되새기며 무엇이 공익을 위한 길인지를 고뇌할 것이다. 또 그 고뇌의 결과를 직접 몸으로 옮기는 정명(正名) 사상, 즉 공무원다운 공무원 되기를 자율적으로 실천할 것이다. 그런 점에서 공직에 필히 요구되는 마음가짐과 기초 역량, 즉 공적 자아로서의 바람직한 자질을 분명히 규정해놓고 그것을 갖춘 사람을 잘 골라내어 충원한 뒤 적재적소에 배치하면, 채용 이후의 복잡다단한 인사제도 운용의 굴레에서 해방될 수 있다. 바른 사람을 알아보고 잘 발굴해 쓰면, 그들의 자율관리에 힘입어 제대로 된 행정이 가능해진다.

공적 자아를 찾는 방법으로서의 타당성이 크게 떨어짐을 잘 알면서도 단지 채용상의 객관성을 이유로 필기시험 위주로 합격자를 뽑은 후 당근과 채찍 위주의 각종 인사제도를 동원해 계속 인력 활용의 도구적 합리성만 꾀해서는 곤란하다. 그런 충원 후의 획일적인 인사제도적 접근보다는 진정한 공적 자아와 자율 인간을 사전에 발굴한 뒤 적재적소에 쓰는 것이 우선되어야 한다.

결국 정부 인력관리의 출발점이자 핵심은 '지인(知人)'이다. 공직에 요구되는 마음가짐과 자격요건을 분명히 규정해놓고, 그런 마음가짐과 자격요건을 갖춘 뒤 공직에 들어와 자율적으로 실천할 수 있는 사람을 잘 골라내어 적재적소에 쓸 수 있는 눈을 가져야 한다. 지인이 잘 안 되니까 당근과 채찍 위주의 인사제도들만 자꾸 늘어나고, 그것이 인력관리의 전부인 것처럼 잘못 생각하게 되는 것이다.

공직에 필요한 사람이 어떤 사람인지, 수많은 공직 지망자 중에서 옥(玉)과 석(石)을 어떻게 가려낼지 그 기준에 대해 철저하게 고민하는 지인의 과정이 잘되면, "시작이 반"이듯이 차후의 잡다한 인사제도들에 대한 의존도는 많이 줄어들 것이다.

지금은 공무원이라는 직업의 사회적 의미에 대한 철학적 성찰과 더불어 공직이 요구하는 명실상부한 마음자세와 자격 조건을 공무원 모집 과정에서 적극적으로 제시하고 그것을 기준 삼아 수많은 지원자들을 치밀하게 검증해내는 새로운 공무원 충원절차를 마련해야 할 중요한 시점이다.[110]

2) 공직에 적합한 인재상: H형 인재, 디지로그 인재, 대표시민, 공적 자아

마이클스(E. Michaels)는 동료들과의 공저 《인재전쟁》에서 21세기를 '인재확보 전쟁(the war for talent) 시대'로 명명한다. 이는 일당백(一當百) 하는 인재, 혹은 1만 명을 먹여 살릴 수 있는 천재를 구하는 데 혈안이 되어 있는 오늘의 기업이 처한 현실을 잘 비유한 말이다. 무한경쟁을 획책하는 신자유주의의 물결 속에서 하루하루를 전쟁 치르듯 살아내야 하는 것이 우리의 현실이기 때문이다.

실제로 세계적인 IT 업체인 구글의 인력관리(HR) 업무 중 90%는 인재 채용에 관련된 것이라고 한다. 성인을 대상으로 하는 직장교육 효과에 대한 확신이 적기 때문에 처음부터 제대로 된 사람을 뽑고 적재적소에 배치하는 것에 치중한다. 한 명의 천재가 1만 명을 먹여 살릴 수도 있으므로 스타플레이어인 핵심 인재를 뽑아 그들에게 봉급을 5배 더 주자는 것이 삼성의 천재경영론이다.[111] 실제로 2007년에 삼성그룹의 전용기가 13회 이륙했는데, 그중 12회는 인재 채용을 위한 것이었다고 한다. 삼성은 임원들의 인사고과에 핵심 인재의 확보 및 유실률(遺失率)을 반영하는 등 핵심 인재 유지(retention) 제도를 강화하고 있다. 핵심 인재에게 공을 많이 들이고 있는 것이다.

인재확보 전쟁이라는 말은 공공봉사동기가 뚜렷한 사람을 공직에 유도해야 하는 오늘의 정부 측면에서도 매우 유효한 말이다. 자신의 미래를 위해 열심히 준비하고, 그러면서 공직에 걸맞은 전문적 기술 역량과 대중적 정서(popular sentiment)를 읽을 수 있는 따뜻한 마음씨를 구비해온 사람들이 보수가 많고 개인적으로 발전할 기회가 더 많은 민간 대기업 쪽으로만 가지 않고 공직의 문을 노크하도록 만드는 인재확보 전략이 정부 인력관리의 주요 과업임은 절대 부인할 수 없다.

그렇다면 어떤 사람이 공직에 적합한 인재상인가? 책의 앞부분에서 환경변화에 따른 새로운 정부 인력수요를 예측한 바 있는데, 그것을 바탕으로 향후 공직에 요구되는 바람직한 인재 유형을 좀 더 구체적으로 살펴보자.

먼저, X_1이 되기 위한 H형 인재가 있다. H형 인재는 통합적 사고력(business skill), 직무기술 역량(technical skill), 인간관계 역량(human relation skill)을

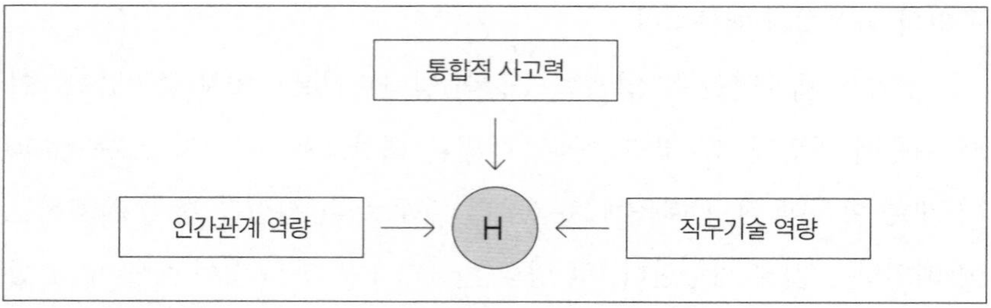

〈그림 2-1〉 H형 인재의 구성요소[112]

골고루 갖춘 고급인력을 가리킨다. 이 중에서 당장 업무에 필요한 지식이나 기술, 정보를 갖추는 직무기술 역량과, 동료나 하위자, 고객과 좋은 인간관계를 맺을 수 있는 인간관계 역량은 무엇을 말하는지 쉽게 이해된다. 반면 통합적 사고력은 무엇을 말하는지 금방 피부에 와 닿지 않는다.

통합적 사고력은 조직을 둘러싼 환경변화에 유연하게 대응하기 위한 전략적 사업기획능력이다. 이는 환경변화가 조직의 제 부문에 어떤 영향을 미칠지에 대한 철저한 분석을 토대로 조직이 추구해야 할 새로운 가치를 재구성해내는 능력과, 환경변화에 대응하기 위해 조직의 제 부문을 연결하여 생각할 수 있는 통합적 조정력으로 구성된다.

통합적 사고력은 종래에는 조직의 장(長)들이 주도해온 전략적 정책구상능력이었지만, 이제는 조직구성원 모두가 발휘해야 할 보편적 잠재능력이 되어가고 있다. 권위주의 시대의 위계제(hierarchy)를 전제로 한 피라미드 삼각형에서 볼 때는 조직에 막 들어온 신입직원은 피라미드의 최말단으로서 조직의 장이나 윗사람이 시키는 대로 해야 했고 또 그렇게 하면 되었다. 하지만 민주화 시대를 맞아 시민의 요구에 신속히 대응해야 하는 역(逆)삼각형 구도 하에서는 행정 현장에서 시민과 피부로 접하는 신입직원이야말로 최말단이 아니라 최일선의 위치에 서게 된다. 따라서 시민의 요구에 가장 먼저 대응해야 하고 그렇기에 조직이 나아가야 할 방향에 대해서도 치열하게 고민하며 때로는 민첩하게 방향을 설정해야 할 책임이 있다.

지금 우리는 무한경쟁의 회오리바람이 끊임없이 불어오는 지구화 시대를 살고 있다. 따라서 글로벌 인재 역량을 키워야 한다. 그런 점에서 대외적 환경변화에 대한 통합적 사고를 통해 전략적 사업기획을 해내는 능력은 상 · 하를 불문하고 공무원 모두가 어느 정도 겸비해야 할 잠재 역량이 되어가고 있다. 실제로 이런 역량을 계속 키워가는 사람이 조직에 성과로써 기여하는 X_1이 될 확률이 높다.

H형 인재와 더불어 디지로그(digilog) 인재도 미래 공무원상의 하나이다. 향후 정부조직의 인재는 글로벌 성과주의 시대에 걸맞게 디지털적 기술 역량을 갖춘 고성과자(high performer)인 동시에, 나라 살림살이의 철학적 근본을 자기 마음속에 내면화한 사람이어야 한다. 고령사회로 진입했지만 OECD 국가 중 노인 빈곤율 1위가 말해주듯 우리 사회에는 어렵게 사시는 어르신들이 많다. 향후 공무원은 생활고에 직면한 노령층의 현실을 이해하고 사회 양극화에 따른 서민의 아픈 마음도 따뜻하게 어루만져 줄 수 있는 아날로그적 정책 감수성을 충만하게 갖춘 감정이입의 달인이 되어야 한다.

실제로 정부의 정책대상 집단인 시민은 나이가 든 노 · 장년 세대와 젊은 층인 청 · 소년 세대로 구성된다. 따라서 이들 두 세대의 행정수요를 아우르기 위해서도 속도와 효율성을 자랑하는 디지털적 기술과 더불어, 느림과 여유 속에서 가치와 경륜을 창조해내는 아날로그적 정신세계가 다 같이 소용된다. 따라서 디지털적 실용기술과 아날로그적 감성을 겸비한 디지로그 공무원의 육성도 중요하다. 디지로그라는 말은 정보화 시대를 맞아 디지털 기술이 성숙해질수록 그 콘텐츠의 적실하면서도 풍요로운 구성을 위해 아날로그적 감성이 뒷받침되어야 한다는 맥락에서 이어령이 만든 키워드이다.[113] 여기서는 첨단지식 및 기술과 더불어 따뜻한 마음씨와 정책 감수성을 골고루 갖춘 공무원 이미지와 연관 지어 이 용어를 활용해본다.

H형 인재와 디지로그 인재는 인재충원에 있어 정부의 막강한 경쟁 상대인 민간 기업들에서도 쌍수를 들고 반기는 인재형이다. 따라서 향후의 공직자상으로 이들까지만 언급하면 뭔가 허전해진다. 대표시민 혹은 공적 자아로서의 공공봉사동기가 충만한 사람을 추가로 언급하지 않고는 공직에 적합한 인재상에 대한 논의를 이대로 마감할 수 없다. 우리-관계라는 시민과의 기본적 관계성 위에서 대표시민답게 시민의 문제를 자기 일처럼 역지감(感)지하며, 사회 문제 해결에 역지행(行)지하는 등 공무원 직업의 공공성에 대한 이해도가 높은 사람이 공직에 꼭 들어와야 하기 때문이다.

공무원이 대표시민이자 공적 자아로서 자신의 역할 규범을 정의할 때, 우리는 형식적인 법규준수보다는 열정을 갖고 시민의 생활 문제를 자기 문제처럼 해결하려고 애쓰는 대표시민, 공적 자아를 생활 현장에서 많이 만날 수 있다. 그런 대표시민적 마인드가 강한 사람들이 지방화 · 민간화 시대를 맞아 지방과 민간의 자율과 창조력을 키워주는 조력자로 작용하면서도, 지방, 민간과의 기능 재조정 과정에서 필히 대두되는 책임 소관의 문제에 대해서도 공적 자아답게 책무감 있게 대처해나갈 수 있다.

3) 공공봉사동기를 내면화한 자율 인간의 발견과 공직 입문의 적극적 권고

생활 현장에서 제대로 된 나라 살림꾼들을 많이 만나기 위해서는 대표시민이나 공적 자아의 역할 마인드를 자기주도적으로 학습해온 자율 인간을 잘 골라내어 공무원으로 충원하고 육성해내는 것이 무엇보다 긴요하다. 이를 위해서는 우선 대학의 교육과정에서 지식의 단계적 습득과 더불어 자기절제적 윤리훈련이 먼저 수행되어야 한다.

자기결정성과 자율적 규제 논의를 공무원의 동기부여 연구에 연계시킨 반데나벨레(W. Vandenabele)에 의하면, 자아에 대한 명확한 인식이 없으면 사람들은 근시안적이 되어 개인의 영리를 위해 부정을 저지르기 쉽다. 그러나 공무원으로서의 자아가 형성되면, 스스로 생각하는 자아의 모습에 걸맞게 행동하기 위해 자기 행동에 자발적으로 통제를 가한다. 즉 그가 청렴성을 중시하면 청렴한 자아의 모습에 좀 더 부합되게 행동한다. 실수로 공직윤리를 위반했을 경우에는 많은 죄책감을 느끼며 같은 실수를 거듭하지 않도록 자신의 행동을 자율적으로 통제한다. 따라서 공무원이나 공직 희망자 모두가 스스로 '나는 공무원으로서 어떤 사람인가'를 생각해볼 기회를 자주 가져보는 것이 중요하다.[114]

여기서 우리는 공공봉사동기(PSM: Public Service Motivation)라는 개념을 좀 더 자세히 이해할 필요가 있다. 공공봉사동기는 공공조직 안에 내재해 있는 특유의 동기에 대응하려는 개인적 기질이다. 즉 공공가치를 실현하기 위해 자기 희생을 감수하면서까지 국가와 국민을 위해 유익한 봉사를 하려는 자발적 의지 같은 것이다.[115] 공공봉사동기는 이처럼 공공사(public affairs)에 긍정적 영향을 미치려는 개인의 역량과 책임감 및 고결성(integrity)

으로 구성되며, 임금 등 외재적 보상에 반대되는 내재적 보상동기와 연관된다. 규범적 성향이 강한 공직 지망자에게는 금전적 보상이 동기부여 요인으로 큰 효과를 발휘하지 못한다. 오히려 공공봉사동기와 자기결정성 등 내재적 동기가 공무원의 동기부여와 관련해 더 의미 있는 논의를 가능하게 한다.

공공봉사동기는 세 가지 범주로 구성되는데, 첫째는 합리적 동기로서 개인 자신의 이익이 공동체의 이익과 일치되는 그런 사람들에게서 나타나는 계몽된 이기심을 말한다. 둘째는 규범에 기반을 둔(norm-based) 동기로서, 공공조직의 일원으로서 공익에 봉사하려는 욕구, 공무에 대한 책무감, 사회적 형평에 대한 관심을 말한다. 셋째는 정의적(affective) 동기로서, 자발적으로 타인을 도우려는 이타적 습성이나 인류애가 이에 해당한다.

페리와 와이즈(J. L. Perry & L. R. Wise)는 "공공봉사동기가 강한 사람일수록 공공조직의 멤버십을 더 추구한다"고 강조한다. 즉, 높은 수준의 공공봉사동기를 가진 사람들은 공공서비스 작업을 수행할 기회를 제공하는 공공조직에 더 쉽게 유혹된다(attracted)는 것이다. 고용되기를 원하는 사람들의 이런 개인적 기질은 조직의 성과를 결정짓는 주요인이다.[116]

따라서 공공봉사동기와 자기결정성 등 내재적 동기가 강한 공적 자아와 자율 인간들이 공직의 문을 자발적으로 노크하게 만드는 것이 급선무이다. 또 이를 위해 공공봉사동기 등 공직에 적합한 자질과 태도를 공무원 채용과정에서 자세히 규정하고 소개할 필요도 있다. 그러면 공무원이 되고자 희망하는 사람들이 진정한 공적 자아로 커나가기 위해 입직 전에 학교에서부터 필히 갖춰야 할 기초 역량과 바람직한 자질, 윤리적 마인드 등을 상세히 안내받을 수 있다. 또 현 공직 적격성 검사(PSAT)의 여러 역량 수준을 재점검하고 그것을 새로운 정부 인력수요에 맞게 재규정하는 새로운 근거도 마련할 수 있다.

4) 자율관리 역량을 갖춘 준비된 공적 자아의 적극적 모집 방식

자기조절 역량이 뛰어나고 남보다 강한 공공봉사동기를 가진 인재들을 공무원으로 채용하는 것이 우리의 목표이다. H형 인재나 디지로그 인재는 물론 공적 자아 및 대표시민으로서의 잠재 역량을 가진 사람들이 공직의 문을 꼭 노크하게 만들어야 한다. 또 그런 사람들이 최우선으로 공직에 채용되어 특유의 부지런함과 항상 준비하는 자세로 시민에게 봉사하도록 해야 한다.

그렇다면 이런 사람들이 공직에 관심을 갖도록 적극적으로 권유하는 기능(attracting function)인 적극적 모집이 중시되지 않을 수 없다. 준비된 인재들을 공직의 문 앞으로 유도하기 위해서는 종래처럼 그물형이나 낚시형으로만 채용공고를 해서는 곤란하다. 한 해의 공직시험 시행계획을 관청 게시판이나 신문 혹은 온라인 게시판에 한 번 공고한 뒤 높은 공직시험 지원율에 자족하며 가만히 앉아서 인재들이 몰려오기만을 기다릴 수는 없다.

우리는 세월호 참사 이후 정부나 직장의 상사가 아무리 '기다려라'라고 해도 이제는 그런 말에 대해 매우 부정적으로 생각한다. 상황에 따라서는 무작정 기다리면 안 된다. 상황을 타개해나갈 대책을 미리 강구해야 한다. 공무원을 뽑는 상황도 마찬가지여서 연초에 공고 한 번 하고

〈표 2-1〉 적극적 모집의 유형

수종형 (조기발굴 및 육성형: fast tracker)	싱가포르 국립대학의 공무원 ROTC 제도 미국의 대통령 행정 인턴십 한국의 지역인재추천채용제
추적형 (인재를 찾아 나서서 포획하는 형)	일본의 헤드헌팅 영국의 고위직 공모(公募)제도 미국 마이크로소프트사의 인재발굴팀

마냥 기다려서는 안 된다. 공직에 적합한 인재들이 공직의 문을 노크하지 않고 민간기업 쪽으로 다 몰려가게 해서는 안 된다.

따라서 그물형, 낚시형보다는 적극적 모집 정신에 따라 공직 입문의 권고 기능을 강화하기 위한 수종형(樹種型), 추적형 모집전략을 적극적으로 강구해야 한다.[117] 지인(知人)이 정부 인력관리의 출발점이기에 더욱 더 수종형, 추적형 인재 찾기가 필요하다.

수종형은 인재를 조기에 발굴해 육성하는 것이다. 싱가포르는 싱가포르 국립대학 우수 졸업예정자에게 장학금을 지급하고 졸업 후 공직에 바로 채용하는 공무원 ROTC 제도를 운용한다. 미국의 대통령 행정 인턴십 프로그램은 미국 전역의 대학원생 중 학업성적이 우수한 졸업예정자를 대학이 추천해 정부 인턴으로 충원한 뒤, 2년간 교육연수 기회를 부여하며 일을 시킨 뒤 업무 및 자질평가를 거쳐 공직자로 적격하다고 판명되면 정식직원으로 채용하는 방식이다. 우리나라도 유사한 제도를 운용하는데, 지역인재추천채용제도가 그것이다. 이 제도는 대학재학 중 성적이 상위 10% 안에 들고 토익점수 750점 이상인 학생이 학교장의 추천을 받아 공직 적격성 검사(PSAT)와 면접시험을 통과하면 7급으로 선발하는 방식이다.

추적형은 인재를 찾아가 삼고초려를 해서라도 공직 입문을 권유하거나 인재를 백방으로 널리 구해 가장 적합한 인재가 그 자리에 찾아오도록 연결하는 방법이다. 일례로 일본의 호소카와 전 수상은 구마모토현 지사 시절 도쿄, 오사카에 귀향상담소(u-turn adviser office)를 설치하고 그 고장 출신의 고급공무원, 기술자, 금융인, 문화예술인들을 지역발전을 위해 스카우트하는 데 심혈을 기울였다.[118] "유능한 주택국장을 초빙합니다"라는 광고를 지역신문에 내는 영국의 고위직 공모(公募)제도도 추적형 모집의 한 사례이다. 실제로 공모방식으로 채용된 영국 켄트 카운티의 수석 집행관 폴 사빈은 집행관 재직 7년 동안 자기 연봉의 150배 이상이나 되는 수익을 자치단체에 돌려주었다. 빌 게이츠의 MS사도 신입사원의 25%만 이력서를 통해 뽑고 나머지 75%는 이 회사의 인재발굴팀이 전 세계를 상대로 삼고초려를 하며 직접 발로 뛰어 찾는다. 필요한 인재가 있으면 아예 그의 소속회사를 사버린다. 이는 추적형이자 포획형의 대표적 사례이다.

인재확보 전략이 서구의 전유물만은 아니다. 동양사회에서도 인재 구하기의 중요성은 줄곧 강조되어왔다. 《자치통감(資治通鑑)》을 보면, "다스림의 근본은 사람을 얻는 데 있고, 사람을 얻는 것은 살펴 천거하는 데 달려 있다"라는 내용이 나온다. 사람을 얻고도 나라가 잘 다스려지지 않는 경우는 없다는 것이다. 결국 '정(政)'은 인재를 얻는 것이 근본이며, '치(治)'는 인재에게 맡기는 것이다. 《논어(論語)》에서 말하는 '무위이치(無爲而治)'도 "몇 밤을 지새우며 온갖 어진 이들의 자문을 받아 적재적소에 인재를 배치한 후 감시만 잘하면 나라가 제대로 다스려진다"라는 의미이지, 통치자가 가만히 앉아 있어도 저절로 나라가 다스려진다는 의미는 아니다. 이는 사람을 잘 골라 쓰는 인재발굴이 그만큼 중요함을 잘 말해

준다.[119]

혹자는 "우리나라의 공직시험 경쟁률이 아래의 표에서 보듯이 항상 높기만 한데, 뭐가 궁해서 추적형, 수종형으로 인재를 모집하는가?" 하고 반문한다. 가만히 낚시를 드리우고 기다리기만 해도 공무원 되겠다고 사람들이 마구 몰려온다는 이야기이다. 그러나 공무원시험 준비의 메카인 노량진 학원가가 공직시험을 준비하는 청년들로 붐비고 거기서 누군가가 시험 준비를 잘해 공직시험에 합격했다고 해서 그들이 모두 H형 인재, 디지로그 인재, 더욱이 자율관리 역량을 갖춘 공적 자아인 것은 아니지 않은가? 특히 암기능력 위주로 치러지는 현행 필기시험은 공적 자아나 대표시민을 뽑기 위한 정확한 틀이 되기 어렵다.

낚시형, 그물형이 아니라 좋은 묘목(苗木)을 구해다가 훌륭한 나무로 키우는 수종형이나, 백방으로 널리 인재를 구하고 찾아낸 뒤 삼고초려를 해서 영입하는 추적형 인재 구하기의 적극성이 전제되지 않으면, 준비된 인재들이 공직의 문을 노크하지 않고 민간기업 쪽으로 몰려갈 우려가 있다.

공무원시험 응시자 수와 경기 사이클 간에는 큰 상관성이 있다고 한다. 경제 침체기에는 사람들이 공직시험에 몰리지만, 경기가 회복되면 민간기업 쪽으로 취업방향을 전환한다는 것이다. 일본의 경우 최근 경제

〈표 2-2〉 한국의 국가직 공무원 공채시험별 경쟁률[120]

	2013년	2014년	2015년	2016년
5급	32.4 대 1	32.0 대 1	35.8 대 1	44.4 대 1
7급	113.3 대 1	83.9 대 1	81.9 대 1	76.7 대 1
9급	74.8 대 1	64.6 대 1	51.6 대 1	53.8 대 1

호황으로 고용사정이 나아지면서 기업들은 7년 연속 채용을 늘리고 있지만, 지방자치단체에서는 정원 미달이 지속되고 있는 점이 이를 잘 말해준다.[121] 미국은 고액 연봉을 보장해주는 민간기업을 취업에서 선호하는 추세가 워낙 강하다. 공직에 대한 관심과 인지도는 상대적으로 낮다. 그래서 인사관리처 주관으로 공직취업 요청(A Call for Service)을 외치며 공직홍보를 하고 채용정보를 적극적으로 제공한다.[122]

우리의 경우도 공직에 적합하게 잘 준비된 인재들에게 공직에 관심을 갖게 하고 그들이 공직의 문을 꼭 노크하도록 만드는 적극적인 공직권고 기능이 요구된다. 그간의 수동적인 모집전략을 버리고 H형 인재와 디지로그 인재 및 공적 자아를 유혹하기 위해 좀 더 도전적이고 혁신적 방식으로 인재를 찾아 나설 필요도 있다. 그런 점에서 다음과 같은 적극적 모집의 구체적인 실천전략이 요구된다.

우선적으로 지원자들의 눈에 쉽게 띄도록 많은 장소와 출구에 공직모집 공고가 게시되어야 한다. 지원자들이 가장 궁금해하는 취업정보인 초임-최상한선 등 임금수준은 물론, 교육, 기술, 경력 등 특정 자격요건이나, 승진, 교육훈련, 경력개발 등 능력개발 기회, 또 휴가, 부가급여 등 후생복지 제도까지 자세히 소개해주면 더 적극적인 모집이 될 것이다. 모집홍보도 신문 1회 공고나 지방자치단체 게시판의 공고 수준을 넘어 인터넷에 공석(空席)인 자리를 리스팅하는 방법, 개별접촉 충원, 인턴십, 헤드헌팅 등 다양한 방법이 있을 수 있다.

향후 공공분야의 충원전략은 과거의 신문이나 게시판 공고 등 단순한 공지(notification)에서 벗어나 비용은 들지만 인재발굴에 능동적이고 효과적인 다음과 같은 개별접촉 전략으로 나아가야 한다. 인재와 첫 만남의 단추를 잘 끼우기 위해 인재를 직접 찾아가는 취업박람회(job fair), 대학방문(campus tour), 자격요건을 갖춘 사람을 즉시 고용하는 비경쟁적 충원(non competitive recruiting) 등 오프라인(off-line) 채용 경로와 더불어, 인터넷 충원(web recruiting) 등 온라인 채용 경로를 좀 더 병행해나갈 필요가 있다.[123]

6

옥석을 가려내 공적 자아와 자율 인간을 뽑자

1) 옥석을 가려내는 선별기준: 직업의 개인적 의미와 사회적 의미의 조화

적극적 모집을 통해 인재들이 공직에 대폭 지원하게 한 다음에는 이들 중에서 자신의 사익을 위해 공직을 악용할 소지가 높은 기회주의 인간(예: 약은 머리+아주 나쁜 마음)을 먼저 걸러내야 한다. 그런 다음 공직에 대한 역할지각과 역할수행능력을 상대적으로 더 잘 갖춘 H형 인재나 디지로그 일꾼, 특히 자율 역량을 갖춘 공적 자아(예: 우수한 두뇌+착한 마음 혹은 보통 머리+아주 착한 마음)를 나머지 지원자들(예: 평범한 머리+보통 마음) 중에서 선별해내는 작업이 필요하다. 이를 '인재선별기능(screening function)'이라고 부를 수 있다.[124]

〈표 2-3〉 인재 선별의 기준

머리 > 마음	머리는 좋지만 마음은 아주 나쁜 기회주의자	인재(人災)를 당할 우려
머리 < 마음	두뇌 역량은 웬만한 수준이지만 마음은 아주 착한 사람	준(準)인재
우수한 두뇌 = 착한 마음	우수한 머리만큼 마음씨도 아주 따뜻하고 자율적인 사람	정말 뽑고 싶은 인재(人材)

여기서 선별(screening)은 옥석(玉石)을 가려 인재를 찾아내는 것을 뜻한다. 학벌 등 역사적 원가(原價)주의보다는 잠재 역량과 일에 대한 열정 등 현가(現価)주의에 의거해, 바로 지금 공무원으로서의 직업적 준비가 더 잘 되어 있는 공적 자아와 자율 인간을 골라내는 것이 그 핵심이다. 그래야만 시민의 역할기대에 부응하는 제대로 된 역할인지를 갖춘 사람을 공무원으로 채용할 확률이 높아진다.

만일 이를 무시하고 공무원 선발 과정에서 학연, 혈연, 지연 등 여전히 연줄에 연연하거나 역사적 원가주의에 빠져 학벌이나 학력만을 기준으로 사람을 뽑는다면, 이는 자칫 머리도 마음도 다 나쁜 사람이나 혹은 머리는 좋지만 마음이 몹시 나쁜 사람을 뽑을 우려를 낳을 수 있다.

한때 "중소기업 사장보다는 최말단이라도 관청직원이 되는 것이 더 낫다"라는 생각이 시중에 팽배한 적이 있었다. 그만큼 관존민비 문화의 영향력이 컸다. 하지만 민주화 · 민간화 시대인 지금도 그렇게 생각하는 사람이 있다면, 그는 분명히 옥(玉)이 아니라 돌[石]이다. 반면 중앙인사위원회의 초대 위원장을 지낸 조창현은 공무원을 "국민에게 봉사하기 위해 아름다운 일을 하는 사람"이라고 정의한다. 이런 생각을 할 줄 아는 사람이 옥(玉)이다.

얼마 전 출근길에 차 안의 라디오에서 들은 이야기가 있다. 출근길의 아빠와 엄마에게 어린 자녀들이 "아빠, 엄마 어디 가?" 하고 물으면 이제부터는 자신의 출근 목적을 "먹고살기 위해 회사에 가서 돈 벌어야 해"라고 무미건조하게 말하지 말자는 것이다. 자기 직업의 대상집단에게 도움을 주고 보살펴주기 위해 아침에 대문을 나서는 것으로 자기 직업세계를 적극적으로 묘사해 자식들에게 들려주는 것이 필요하다는 것이다. 예컨대 운전기사라면 "다리가 불편한 어르신들이 가시는 목적지까지 편하게 모셔다드리러 나간다", 주방장이라면 "입맛 없고 아픈 사람들 입맛 나게 해 몸 튼튼하게 해주기 위해 맛있는 반찬 만들려고 나간다"라고 자녀들에게 말해야 한다는 것이다. 그래야 어린 자녀들이지만 부모가 아름다운 일을 하는 사람임을 알게 되고, 그렇게 말한 부모들도 출근길에서 자기 직업의 사회적 의미를 다시금 되새길 수 있다.

많은 나라에서 공직은 외국인에게도 개방되는 추세이다. 주민의 권리나 자유, 규제에 직결되는 사무를 제외하고는 공무원 임용 시 국적 제한 조항을 철폐해 전문직의 경우는 그에 적합한 외국인에게도 문호를 개방하고 있다. 축구 국가대표팀 감독에 외국인인 히딩크나 벤투를 선임하거나, 우리나라에서 프로농구 시즌을 오래 뛴 외국인 선수(본명 라클리프)를 본인의 동의하에 귀화(한국 이름 라건아)시켜서까지 우리나라 농구대표로 뽑은 것도 그 한 예이다.

최근 기업의 채용관리에서 눈여겨볼 점은 단순히 우수한 사람을 뽑는 것에서 한 걸음 더 나아가 조직의 발전에 필요한 재능과 역량을 확보하는 데 비중을 두는 점이다. 즉 직원선발에서 개인-직무의 적합성도 중요시하지만, 핵심 인재의 경우에는 개인-조직의 적합성(person-organization fit)을 더 중시하고 있다.

공공부문에서 개인-조직의 적합성 논의는 더 중요하다.[125] 최근 지원자들의 공직 선택 동기가 너무 직업 안정성 쪽으로 치우친 감이 있기 때문이다. 이제부터라도 공적 자아를 뽑으려면 공직 지원자 개개인의 성격, 가치관, 태도가 정부조직의 문화, 비전, 규범에 얼마나 적합한지를 엄중히 검증해내는 노력이 더욱 필요하다. 개인-조직 적합성은 개인의 가치와 목표가 조직의 문화와 규범에 일치해 조직에 강한 소속감을 느끼는 상태를 말한다. 그렇다면 공직 희망자들은 개인-조직의 유사성에 의거해 자신의 공공봉사동기를 충족시켜줄 수 있는 공공조직에 더 큰 매력을 느끼게 된다. 공공조직도 공공봉사동기가 높은 사람을 우선 선발할 수 있어 제대로 된 공적 자아를 확보할 확률이 높아진다.

그런 점에서 공무원 선발기준으로서 또 하나 중시해야 할 것이 공무원 직업세계의 개인적 의미와 사회적 의미를 조화시킬 줄 아는 공직 지원자 개개인의 마음가짐이다. 우리는 직업(직장)의 세계를 개인의 관점에서만 바라보는 버릇이 있다. 내가 먹고살기 위해 필요한 월급을 주는 곳, 나를 높은 자리로 승진시켜 한껏 뽐낼 기회를 주는 그런 곳으로만 직장을 이해한다. 그러나 직장의 인사제도들을 들여다보면, 그것을 대하는 직장인 개개인의 관점과 더불어 그 제도를 운용하는 조직의 관점 등 두 가지 시각이 항상 존재함을 알게 된다. 특히 그 두 가지 시각이 종종 대립하거나 충돌하고 있는 것을 자주 발견한다.

공직사회를 예로 들어 이를 설명해보자. 예컨대 정부 인력관리의 출발점인 공무원 채용과정에서부터 개인적 의미와 조직적 의미(그것을 기반으로 한 사회적 의미)는 크게 충돌한다. 공무원이 되고 싶은 개개인은 공직시험 준비를 철저히 해 고용불안 시대에 가장 안정적인 직업을 얻으려고 한다. 특히 퇴근 시간 준수, 고용 안정성, 두둑한 연금 등 공직이라는 직업이 주는 개인적 이득에 관심이 많다. 그렇다 보니 머리는 좋아 공직시험에 합격했지만, 공직이라는 직업의 사회적 의미인 직업의 공공성과 봉사성은 망각한 채 국민에게 짐이 되는 부정적 행태를 일삼는 불성실한 공무원의 모습이 종종 매스컴에 등장한다. 채용과정에서의 정보 불균형과 이익 상충 때문에 이기적 성향의 사람이 공무원이 되는, 그러나 그를 채용과정에서 쉽게 여과해낼 수 없는 역(逆)선택의 문제가 있을 수 있다.

그뿐인가? 승진에서도 직장과 직장인의 가치 충돌은 여전하다. 승진하게 된 개인에게는 지위 권력의 상승과 보수인상은 물론, 높아진 직함에 걸맞은 지위를 상징하는 큰 사무실과 전용 승용차, 비서가 제공된다. 이것이 승진의 개인적 의미라면, 능력 있는 사람이 높은 자리에 제일 먼저 올라가 조직의 발전에 요구되는 역량을 발휘하며 조직의 생산성 제고에 기여하도록 유도하는 점, 또 자기계발에 열심인 사람에게 고난도의 일이 기다리는 자리를 제공함으로써 후배 직원들이 "나도 저렇게 하면 승진할 수 있다"라는 벤치마킹의 본보기로 삼게 하는 점은 승진의 조직적 의미로 볼 수 있다. 문제는 우리가 승진의 조직적 의미에 전제된 직책상의 헌신과 책무감보다는 승진의 개인적 의미에 담긴 달콤한 이득에 쉽게 포로가 되는 점이다.

근로의 대가로 받는 보수에서도 직장과 직장인의 대립은 여전하다. 사람들은 조직의 성과에 기여한 정당한 대가로서 보수의 성과급 측면을 균형감 있게 보기보다는 각자의 생계비 차원인 생활급, 친구와의 월급봉투를 비교하는 대외적 균형급이라는 각도에서 자기가 받는 보수 수준의 높낮이를 측정하고 그에 따른 불만을 털어놓는다.

공직 지망자들이 직업세계를 지나치게 개인적 각도에서만 보지 말고 자기 직업의 조직적 · 사회적 의미도 더불어 수용해 조직의 비전에 한

발자국 더 다가가려고 노력할 때, 직업윤리가 공공조직의 생산성과 연결되어 조직도 번창하고 그 안에서 공무원 개개인도 내적으로 성장하는 공(共)진화의 길이 열릴 수 있다.[126]

따라서 공직에 입문하기 전부터 직업세계의 양면성, 즉 직업의 개인적 의미와 사회적 의미를 잘 이해하고 그 조화점을 찾는 데서 자기 일의 가치를 발견하며 그런 마음가짐과 역량을 부단히 준비해온 사람들을 먼저 선별해내어 공무원으로 채용하는 것이 매우 중요하다.

2) 개인-조직 적합성 제고를 위한 채용방식 강화: 공직 적격성 검사와 공직시험의 타당성 제고

현재 공무원시험 5급 공채의 경우 1차 시험으로 공직 적격성 검사(PSAT: Public Service Aptitude Test)와 더불어 영어 및 한국사 능력검정점수를 본다. 2017년부터는 지원자의 공직관을 체크하기 위해 헌법이 시험과목으로 추가되었다. 2차 시험으로는 행정법, 행정학, 경제학, 정치학 등 4개 필수과목과 1개 선택과목에 대한 논문형 필기시험을, 3차 시험으로는 개인별 파워포인트(PPT) 발표, 집단 토의, 직무 역량 및 인성 면접을 시행한다.

7급과 9급의 공채는 공개경쟁 채용시험 후 2차 면접에서 개인 PPT 발표와 집단토의를 시행한다. 7급 지역인재추천채용은 서류전형, PSAT, 면접을 시행하고, 9급 지역인재추천채용은 선택형 필기시험과 면접을 시행한다.

공직시험의 종류와 시험과목에 대해 위에서 한참 이야기했지만, "행복은 성적순이 아니다"라는 말처럼 채용시험성적이 높다고 해서 그 사람의 업무수행능력이 반드시 높을 것이라고 기대할 수는 없다. 암기 위주의 현행 지필 시험(paper-pencil test)의 타당성에 대한 불신은 오래전부터 지적되어온 사항이다. 그런데도 공무원 채용의 객관성과 공정성 측면에만 계속 초점을 맞추다 보니 채용시험의 타당성 제고에는 노력을 등한시해 온 측면이 있다.

채용시험의 객관성 · 공정성을 확보하는 차원에서 공무원시험 과목 수를 늘리기만 하는 것도 문제의 소지가 있다. 많은 시험과목에 대한 준비 부담 때문에 공직자로서의 훌륭한 잠재 역량을 가진 사람이 공직시험에 응시하지 않는다면 이는 더 큰 문제이다. 현재 시험과목 수가 워낙 많아 이것저것 다 합치면 공직시험 과목 수가 총 300개가량 된다고 한다. 반면 시험과목 수 등 민간기업의 시험준비 부담은 상대적으로 작다. 수험부담을 크게 안 주면서도 정말 역량 있는 사람을 선별해낼 수 있는 시험제도와 시험내용의 변화가 필요하다.

향후 공직시험의 타당성을 높이기 위해서는 공직시험 과목들이 행정환경의 변화맥락을 잘 반영해야 하고 직무 전문성을 측정하는 쪽으로 진화해야 한다. 특히 앞에서 논의한 바와 같이 공직이라는 직업적 특수성을 고려해 개인-조직 적합성을 제대로 측정할 수 있는 방법을 시험제도에 반영해야 한다. 그런 점에서 보면, 현 객관식 문제풀이 시험은 단순지식이나 법규의 기계적 암기능력을 물어볼 뿐 공적 자아로서의 심성이나 전문적 문제해결 역량을 측정하기에는 역부족이다. 그래서 객관식 필기시험으로는 우리가 바라는 공직자상인 공적 자아나 자율 인간을 선별해내기 어렵다.

다행히 2007년부터 PSAT라는 공직 적격성 검사 방식이 5급 공채시험의 1차 시험을 대체하고 있다. 단순 암기지식보다는 종합적 상황 판단력 등 공직자로서의 잠재 역량을 테스트하는 쪽으로 국가고시 제도를 개편한 것이다. 공직 적격성 검사인 PSAT는 언어논리 영역(예: 문장구성과 이해 능력, 논리적 사고력, 표현력), 자료해석 영역(예: 통계처리 및 해석 능력, 수치 자료의 정리, 분석 능력, 정보화 능력), 상황판단 영역(예: 상황이해 능력, 추론 및 분석 능력, 문제해결 능력, 판단 및 의사결정 능력)으로 테스트 영역이 나뉜다. 암기용 지식이 아닌 이해력, 추론과 분석력, 상황판단 능력 등 종합적 사고력을 평가하는 테스트로서, 기업의 적성검사나 공공기관의 직업기초능력평가와 유사하다.[127]

공직 적격성 검사는 이른바 KSA 확보를 지향한다. 필기시험이 지식만 테스트하는 것이라면, PSAT는 지식(knowledge)은 물론 기술(skill)과 역량(ability), 즉 논리적 사고력, 문장 이해력, 상황추론 능력, 통계처리 및 해석 능력, 자료분석 능력, 판단 및 문제해결력까지 골고루 검증하는 것이다.

실제로 국가고시 5급의 1차 시험을 대체한 PSAT의 성적이 높은 응시자일수록 2차 시험인 논술시험에서의 합격률도 높은 것으로 나타난다. 시행 후 5년이 지나는 동안 PSAT에 대한 수험생의 적응력과 문제해결 능력이 향상되면서 PSAT는 직무수행 능력과의 연계성도 전체적으로 높아진 것으로 나타난다. 한편 국가고시 5급 2차 시험의 타당성을 높이기 위해서는, 응시자들의 문제해결 능력과 전문적 실무 역량을 테스트할 목적으로 사례 중심이나 현안 분석 또는 정책대안 제시 중심으로 좀 더 고도화된 논술형 문제가 출제되어야 한다. 개인-조직 적합성을 제고하기 위한 측면에서 공직가치론을 2차 시험과목으로 추가하는 방안도 요구된다.[128]

5급 시험에 못지않게 7, 9급 시험의 타당성 확보도 매우 중요하다. 훨씬 더 많은 사람들이 시험을 준비하고 응시하기 때문이다. 공무원 시험제도를 연구해온 김형성과 황성원에 의하면, 현행 7급 시험은 지식기반 사회에 적합한 인재선발과는 거리감이 있다. 우선 시험 문항 수가 적어 시험의 타당성 확보에 한계를 보인다. 과목당 형식적으로 나뉜 분야별 출제영역을 따르다 보니 심도 있는 문제와 전문지식의 전반적 검증에도 한계가 있다. 한국사나 영어 과목 모두 그 활용도가 떨어진다. 반면 직렬(혹은 직류)별 선택과목의 경우는 공통 필수과목보다 활용도와 중요도가 모두 높아 직무수행 능력과 연계성이 있다고 볼 수 있다.

최근 정부는 7급 공채 1차 시험인 현재의 국어, 한국사, 영어시험을 2021년부터 PSAT의 언어논리 점수, 한국사 검정시험 2급 점수, 영어검정시험 점수으로 각각 대체한다고 발표했다. 여기서 영어는 토익(700점), 토플(PBT 530점) 등 공인영어점수로 대체함을 말한다. 인사혁신처는 시험 개편 취지와 관련해 국어, 한국사 과목의 수험 부담을 줄이고, PSAT를 준비하면서 쌓은 역량과 한국사 검정시험, 영어검정시험 점수를 민간기업의 취업에도 활용하는 등 시험의 호환성을 높이고 공시 낭인을 줄이는 쪽으로 시험제도를 개편했다고 설명한다. 그러나 이런 식의 개편 취지 설명보다는 정부 인력관리 전담부서답게 종래 객관식 필기시험의 한계로 인해 공직에 적합한 인재를 뽑기 어려웠던 점을 성찰하며 좀 더 인재 발굴에 적합한 시험수단을 개발하려고 노력한 점을 강조했더라면 더 좋을 뻔했다.

9급 시험의 경우도 공통 필수과목인 국어, 영어, 한국사 필기시험의 전체 중요도와 활용도가 모두 낮은 문제점이 있다. 고졸 출신의 공무원 채용을 위해 채택된 시험과목인 수학, 과학, 사회 과목은 전체적으로 중요도와 활용도 면에서 큰 문제점을 보인다. 이들 과목은 일부 마이스터고 출신들의 특채나 제한경쟁 선발에는 의미가 있다. 하지만 이 과목들을 계속 고집할 경우 선발된 공무원들의 업무에 질적 저하가 우려된다. 따라서 헌법, 행정법, 행정학을 공통 필수과목으로 대신 선정할 필요가 있다는 의견도 제기된다.[129]

향후에는 9급 시험도 7급 시험처럼 영어, 한국사를 공인점수로 대체할 필요가 있다. 또 중요도와 활용도가 크게 떨어지는 수학, 과학 등 과목은 빼고 헌법, 행정학 등 공무원에게 요구되는 기초 지식을 집중적으로 테스트하는 쪽으로 시험의 타당성을 제고해나갈 필요가 있겠다.

3) 준비된 공적 자아와 자율 인간을 뽑기 위한 여타 선발방식

공직에 꼭 필요한 인재를 판별해내고 기회주의자를 걸러내는 선별 기능을 강화하기 위해서는 지원자들의 인성을 종합적으로 검증하는 차원에서 서류전형이나 면접방식의 획기적 개선이 요구된다.

일회적인 필기시험 성적보다는 지원자들이 어떤 생각과 노력을 하며 공공봉사동기가 강한 공적 자아로서의 소양을 꾸준히 갖춰왔는지를 살펴보는 것이 더 중요하다. 그렇다면 지원자들의 성장 스토리를 글로 제출하게 하는 등 서류전형의 다각화를 꾀할 필요가 있다. 학교장 추천서, 자기소개서, 자원봉사경력, 직무수행계획서도 제출하게 한 뒤 다단계 서류전형과 심층면접 과정에서 그 내용을 크로스 체크함으로써 누가 준비된 공적 자아이고 자율 인간인지, 누가 겉만 화려한 기회주의자인지를 판별해낼 필요도 있다. 이렇게 옥석을 명확히 가림으로써 학벌, 외국어 공인점수 등 외양적 스펙보다는 자율 역량을 더 갖춘 공적 자아로서의 내면세계를 오랜 시간 알차게 가꿔온 사람을 뽑아낼 확률이 높아진다.

공직에 꼭 필요한 인재를 판별해내고 기회주의 인간을 걸러내는 선별기능의 효과를 도모하기 위해서는 면접 방법도 획기적으로 바꾸어야 할 것이다. 우수한 인력을 판별해내는 데 자칫 선입견을 줄 수 있는 출신학교나 출신 지역에 대한 자료 없이 실시하는 무자료 면접(blind interview)이 그 한 예이다. 또 같이 일해야 할 일선 상급자들이 지원자와 한 팀을 이뤄 24시간 같이 생활(예: 등산, 운동, 목욕, 술자리, 노래방)하며 지원자들의 성품, 리더십, 창의력 등을 종합적으로 평가하는 실무자 동반 합숙면접 같은 새로운 면접 방법들이[130] 공직 채용면접 과정에서 적극적으로 응용될 필요가 있다. 왜냐하면 이런 새로운 면접방식에는 지원자를 떨어뜨리기 위해 결점을 발견하는 데 초점을 두기보다는 잠재력 있는 사람을 발견해내려는 좀 더 적극적인 의도가 깊숙이 담겨 있기 때문이다.

심층면접을 통해 공공봉사동기나 직업윤리 의식 등 공직자로서의 소양을 면밀히 검토해, 단순한 성적 우수자보다는 공직에 적합한 자율인간을 먼저 채용하는 방법도 요구된다. 그간 공직에 대한 높은 선호도와 뜨거운 지원 열기에 비해 공무원 채용과정에서 공직 지원자의 공직가치나 윤리의식, 책임감을 확인하려는 방법론적 고민은 크게 부족했다. 그래서 인사혁신처는 국가관과 역사관 등 공직가치에 기반을 둔 공무원 채용을 위해 모든 공무원시험 채용면접에서 지원자가 공직가치를 가졌는지를 검증하는 절차를 강화하기 시작했다. 물론 이는 입직 전 학교 교육을 통해 공직 지원자들이 공직가치와 직업윤리적 요소를 어느 정도 갖춘 뒤 공직에 지원하는 절차를 필요하게 한다.[131]

여러 연구에 의하면, 지원자들이 공직을 선택하는 이유에 따라 입직 후 공직생활의 태도와 행동이 크게 달라진다.[132] 따라서 채용 당시에 이미 공직가치가 내재화되어 있는 인재를 선발하는 것이 더욱더 효과적이며, 공직가치가 투철한 인재들만 공직에 지원하도록 정부가 적극적으로 유도할 필요가 있다. 즉 일정 시간 이상의 사회봉사 경험을 요구하거나 공직가치 교육이수를 의무화하는 것을 공직 지원 자격요건으로 강화해 나가야 한다.

그런 점에서 보면 공적 자아로서의 성장 스케줄을 알차게 마련해 공공봉사동기와 공무수행 역량을 지속적으로 가꿔온 사람을 최우선으로 선발하는 방법도 필요하겠다. 이런 점에서 행정학과 등 공공부문 전공학과 출신의 우선적 공직 채용을 조심스럽게 도모해볼 필요가 있다. 고용불안 시대의 안전판으로 공직이 주목을 받다 보니 전공, 학력, 연령을 불문한 채 많은 사람이 공무원시험을 준비하고 있다. 따라서 공시 낭인(浪人)의 범람 등 국가적으로 낭비 요소도 너무 크다. 또 공적 자아 찾기의 타당성이 떨어짐에도 불구하고 충원의 객관성 확보 차원에서 필기시험 일변도의 채용방식만 고착화되어왔다.

이런 잘못된 채용 경향을 막고 공공봉사동기가 강한 사람을 찾아내기 위해서는 프랑스의 국립행정학교(ENA)나 미국의 대통령 행정 인턴십 프로그램처럼 대학에서 4~6년간 공공철학, 행정 책임성, 공직윤리, 공공서비스 제공 논리를 체계적으로 학습한 행정학도나 행정대학원생의 우선적인 공직추천방식이 필요하다. 단, 그들 간의 엄정한 내부선발 경쟁과 실질적이고 타이트한 인턴십 과정이 필히 전제되어야 할 것이다. 그래도 특혜의 소지가 있다는 여론 때문에 당장 시행이 어렵다면, 공공부문 전공학과 출신들이 행정 인턴십의 정례화를 통해 공공 실무를 타이트하게 연수하게 한 뒤 다각도로 공직에 대한 적임 여부를 체크해 그중에서 정말 탁월한 소수만이라도 특별임용하는 방법이 있을 수 있다. 미국의 대통령 행정 인턴십은 대학원 학업성적이 탁월한 졸업예정자들을 대학이 추천해 정부 인턴으로 충원한 뒤 2년 동안의 다양한 교육기회와 업무 및 자질평가를 거쳐 공직자로서 적격한 것으로 최종 판명된 사람만 정식직원으로 채용하는 점에서 그 좋은 예라 할 수 있다.

문제는 이런 접근을 특혜로 보며 형식적 기회균등 차원에서 종래의 공개경쟁 채용시험만 고집하는 사회 일각의 시각이다. 우리 사회는 그간 공적 문제해결 장치를 만드는 것보다는 각자도생식의 사적 문제해결에 더 몰두해왔다. 그런데 연줄을 기반으로 한 특채나 연줄 우선의 승진 인사 등 사적 문제해결 장치야말로 가장 공정하지 못하다. 또 시험에 합격해 직업 안정성을 획득하려는 공시족들의 각자도생식 개인적 합리성 추구도 그들 중 대다수가 시험에 실패해 공시 낭인으로 남는다는 점에서 사회 전체적으로 보면 너무 낭비가 심한 비합리적 결과를 낳기 쉽다. 그렇다면 이제 생각을 달리해야 한다. 공적 자아를 공직에 더 많이 두려면 공공부문 학과 출신들의 엄정한 내부선발 경쟁과 타이트한 인턴십 시행을 통해 정말 탁월한 소수만이라도 공직에 등용할 수 있는 시스템에 제도적 신뢰를 보내며 그 제도들이 시행착오를 줄이면서 빨리 정착될 수 있도록 다 같이 힘을 모을 필요가 있다.

미래의 공직자상은 관료제 종속형이 아니라 자기주도적으로 직업세계를 설계하고 실천하는 자율형 인간이다. 이를 위해서는 암기력 테스트 위주의 필기시험보다는 감성지수, 창의성, 문제해결력, 인성을 종합적으로 평가할 수 있는 융합형 직무 중심 선발제도가 필요하다. 일회성 시험이 아니라 공직자로서의 인성과 적성 및 실력을 장기간에 걸쳐 훈련받고 검증받은 사람들 위주로 선발해야 한다. 그렇다면 여러 가지 선발방식의 장점들을 통합해 다음과 같은 직무 중심 선발 시스템을 단계별로 마련해 보는 것도 좋겠다.[133]

첫째, 학교 내 공무원 트랙 이수 단계이다. 나이가 어릴수록 교육 효과가 크므로 공직에 적합한 인재를 재학 중에 집중적으로 육성하는 것이 효율적이다. 이를 위해 학교에서 공직자에게 요구되는 윤리 과목이나 소양 과목을 필히 이수하게 한다. 비(非)교과 활동과 자원봉사에도 참여하게 하고, 담당 교사의 지속적 인성평가를 거치게 한다. 둘째, 1차 직무기반 서류전형 단계이다. 지원자가 공직 직무능력표준을 충족시키고 있는지를 서류전형을 통해 평가하는 단계이다. 즉 공고된 직무 설명자료를 기반으로 지원자가 요구내용을 써넣으면, 교육이수 내용, 자격, 경험, 경력 등을 해당 직무에서의 요구능력과 대조해보는 작업이다. 셋째, 2차 직무기반 사례전형 심사단계이다. 실무 관련 사례를 제시한 뒤 지원자들이 가상증강현실에서 문제를 해결해내는 능력을 직접 보며 사례전형 심사를 한다. 넷째, 3차 연수원 훈련 및 검증과정이다. 사법연수원에서와 같이 공무원 교육기관인 국가공무원인재개발원이 훈련과정에서 지원자의 태도와 능력에 대한 근접 모니터링을 통해 치밀한 평가를 한다. 다섯째, 2차 직무기반 사례전형 심사점수와 3차 연수원 점수를 토대로 각 부처에서 선발 및 입직 계급을 결정한다.

4) 채용경로의 다각화, 자율화

종종 언론을 통해 관피아의 폐해가 드러나면서 공직 기수(期數)문화가 낳은 행시 제도의 폐쇄성과 경직성에 대한 비판이 그치지 않는다. 행시 출신들이 점점 많아지자 1980년대 초반에 합격한 행시 출신으로서 현재 1급 이상 고위공무원은 산하 유관기관에서의 자리 확보에 혈안이 되어 있다. 이들은 유관기관에 재취업해 공직사회에서 취득한 지식과 인적 네트워크를 활용해 규제의 칼날을 무디게 하거나 유리한 법령정책을 유도하는 등 이해충돌의 소지가 큰 행동을 할 우려가 있다.[134] 예컨대 경제부처 고위공무원은 정년 6년 전에 퇴직한 후 공공기관, 협회, 기업 등에 평균 3회 재취업해 8.5년 이상 더 활동하는 것으로 조사되었다.[135]

행시 중심의 경직된 공채제도가 관피아의 적폐만 낳는 것이 아니다. 경직된 천편일률적인 공채제도는 전문성과 창의성을 갖춘 유능한 인재의 충원을 곤란하게 만드는 더 큰 문제가 있다. 공무원 자신들도 공무원이 되는 길이 좀 더 다양해져야 한다고 생각한다. 그렇게 생각하는 공무원이 41%나 되는 점이 상기한 문제의 심각성을 잘 보여준다.

선진국은 고위공무원으로서의 자질을 갖춘 핵심 인재를 양성하는 통로를 별도로 다양하게 마련하고 있다. 예컨대 미국은 앞서 설명했듯이 대학원 수료 이상의 인재를 공직에 유인하는 대통령 행정 인턴십 프로그램을 운영한다. 영국은 속진임용(fast track) 제도와 저학년 대학생을 대상으로 한 인턴십 프로그램을 시행한다. 프랑스의 경우는 국립행정학교(ENA) 등 특수대학을 졸업해야 고급공무원이 되는 길을 밟을 수 있다. 프랑스와 일본은 계급제적 전통이 강한데도 불구하고 직위분류제를 수용해 특정 직위에 가장 적합한 전문성을 지닌 외부 인재를 충원하려고 노력한

다. 중 · 하위직의 경우는 부처별로 채용하게 하는 등 인사의 분권화도 단행한다.[136]

우리나라에서도 이미 공무원 채용경로의 다각화 차원에서 개방형 임용제도와 민간경력자채용(이하 경채)제도가 도입된 바 있다. 하지만 이들 제도의 경우 채용상의 공정성이 우려된다는 지적이 적지 않다. 일례로 특채 비중을 50%로 확대하겠다는 계획이 발표된 후 특정 장관 자제의 특채 문제가 당장 불거진 적도 있었다. 로스쿨과 국립외교원 신설 후 그래도 공채가 마지막 남은 계층이동 희망 사다리라는 인식이 사회에 팽배해 있다. 따라서 공무원 채용절차의 공정성과 투명성을 좀 더 확보해 그래도 공직 충원기회가 균등하다는 사회적 인식을 확실히 담보해내야 한다.

공무원 채용의 분권화도 필요하다. 필기시험은 중앙이 주관하되 면접시험의 전형요건, 시험방식, 채용 시기는 부처와 지방자치단체에 일임해야 하고, 채용 규모는 총액인건비 기준을 준수하되 채용 규모의 재량권은 해당 기관에 부여해야 한다.[137]

Part III

나라 살림꾼, 자율로 키우기

7

일-사람의 궁합을 위해 여러 가지 제도적 실험을 하자

1) 적재적소 배치를 위한 직위분류제의 합리적 설계

(1) 일-사람 궁합 맞추기의 중요성과 직위분류제의 정부 인력관리적 의미

나라 살림꾼으로서의 자질과 소양을 갖춘 사람을 잘 뽑은 후에는 공무원들이 일을 즐기며 열심히 일할 수 있도록 일자리와 궁합을 맞춰주는 과정이 뒤따라야 한다. 일과 사람의 궁합이 맞아야 사람과 조직 모두 성공한다. 이른바 양합(positive-sum) 게임으로 갈 수 있다. 그러기 위해서는 조직구성원들 각자가 좋아하고 잘할 수 있는 일을 직장이 적극적으로 부여해주는 제도적 뒷받침이 있어야 한다. 일(work)이 곧 놀이(play)가 되고, 즐겨 하던 것이 직업과 소득까지 보장해줄 때가 사람과 일의 궁합이 가장 잘 맞는 경우이다. 예컨대 옷에 관심이 많은 사람이 패션디자이너가 되고, 꽃을 좋아하는 사람이 꽃가게 사장님이 되고, 컴퓨터 게임을 좋아하는 사람이 게임 개발자가 되는 경우가 그것이다.

일과 사람의 궁합이 맞지 않으면 아무 일도 도모할 수 없다. 자고로 "평안감사도 제 하기 싫으면 못하는" 법이다. 아무리 고소득을 보장하는 일이라도 적성이 맞지 않으면 그 일을 오래 할 수 없다. 반면 재능은 있는데 가방끈이 짧아 원하는 직업을 못 갖는 경우도 많다. 그러면 출중한 개인 능력에 비해 너무 고되고 하찮은 일을 감수해야 한다.

일이 곧 놀이가 되게 하고, 가진 재능을 마음껏 발휘할 수 있도록 사람과 일의 궁합을 맞춰 적재적소에 배치(placement)하는 것은 조직의 입장에서도 매우 중차대한 일이 아닐 수 없다. 사람을 뽑기 위해 막대한 시간과 채용 비용이 들어가는데 막상 뽑아놓은 사람들이 직장 일에서 흥미를 못 느끼고 겉돌기만 한다면, 이는 사람이나 조직이나 경제적 · 심리적으로 막대한 손해가 아닐 수 없다.

공직사회의 경우는 신분보장이 확실해서 일과 사람의 궁합이 맞지 않는다고 해고하기도 쉽지 않다. 그렇다면 입직 당시부터 지원자의 전공, 적성, 특기에 상응하는 일자리를 찾아내어 처음부터 사람과 일의 인연을 잘 맺어주는 것이 중요하다. 여기서는 그런 방법의 하나로 직위분류제를 소개해본다.

직위분류제(job classification)는 말 그대로 공직 내의 여러 일자리를 몇 가지 기준에 따라 분류하는 것이다. 예컨대 공직 내의 다양한 일자리, 즉 일의 종류들을 종적으로 배열하고 또 그 일을 수행하는 데 따르는 난이도나 책임의 정도를 구분해 횡적으로 분류해놓은 것이다. 직위분류제는 공직 지원자들이 자신의 전공, 적성, 특기 등을 고려해 자신이 공직의 어떤 일자리, 즉 어느 직종(職種)에 가장 잘 맞는지를 처음부터 정확히 파악해 그쪽의 공직시험(예: 경찰직, 세무직, 사회복지직 등)을 준비해서 공직에 들어오게 하는 제도이다. 또 공직에 들어와서도 계속 같은 직종에서 한 우물을 파며 점차 난이도와 책임 정도가 강해지는 그 분야의 높은 자리(예: 9급 → 8급 → 7급 → 6급 → 5급 등)로 올라가게 하는 제도이다.

직위분류제는 이처럼 공직의 다양한 직종에 종사하는 공무원을 그 직종의 전문가로 지속적 · 체계적으로 키우는 데 유리하다. 또 공무원 육성경로를 분명히 제시함으로써 임용과 보직, 교육훈련 등 정부 인력관리의 구체적 방향을 세우기가 쉬워진다.

직위분류제는 계급제(rank-in-person)의 반대 개념이다. 계급제는 일과 사람의 궁합보다는 사람을 위해 자리를 마련하는 것으로서 위인설관의 폐해를 낳기 쉽다. 즉 주어진 일에 적합한 전공, 적성, 특기 및 해당 분야에서의 경력을 반영하기보다는 특정인이 조직에서 보낸 근무연수 등 경력과 그의 학벌, 학력 등을 고려해 그가 그런 점에서 직장 내에서 어떤 특정한 계급적 지위를 누려야 한다면 그 계급적 지위에 해당하는 자리를 보장해주는 것이다. 예컨대 그가 학벌, 근무연수 면에서 과장 대우를 받아야 하면 그의 전공, 적성은 물론 특정 직무에서의 경력과 전문성은 고려하지 않고 조직 내의 아무 과장 자리에나 앉히는 것이다. 따라서 계급제는 조직 내부에 그 일에 합당한 전문가가 없어도 내부승진이라는 폐쇄적 임용을 통해 자리를 메우게 하는 등 위인설관을 야기하며 조직 전체의 전문성을 떨어뜨릴 수 있다.

계급제가 일보다는 사람을 중심으로 자리를 배치하는 것이라면, 직위분류제는 일단 직무에 중점을 두고 그 일에 맞는 사람을 연결해주는 제도이다. 만일 내부에 마땅한 적임자가 없으면 외부에서 적임자를 데려와 그 일을 하게 하는 등 개방형 임용을 가능하게 한다. 따라서 직위분류제는 조직과 개인 모두 윈-윈 하는 양합적 게임 결과를 낳을 가능성이 상대적으로 더 높다. 반면 계급제는 조직보다는 사람을 우선시하므로 자리를 차지하는 사람들 개인적으로는 만족스럽겠지만 그 자리에서는 성과가 쉽게 나올 수 없다. 그래서 제로섬 게임 결과를 초래하기 쉽다. 제로섬은 결국 시간이 지나면 조직과 개인 모두에게 부정적 영향을 주는 네거티브섬 결과로 이어진다. 아무리 사람이 자리를 지키고 싶어도 능력이 없는 사람들로 가득 찬 조직은 곧 동력을 잃고 종국에는 직장 문이 닫히기 마련이다.

(2) 직위분류제의 구성 요소와 수립 절차

직위분류제를 자세히 논하기 위해서는 그것을 구성하는 요소들에 대한 개념 이해가 선행되어야 한다. 국가공무원법 제5조에 의하면, 직위분류제 구성의 기초단위인 직위(職位)는 1명의 공무원에게 부여할 수 있는 직무와 책임을 말한다. 직급(class)은 직무의 종류와 곤란도 및 책임 정도가 유사한 직위(position)의 무리로서, 같은 직급에 속하는 직위에 대해서는 임용자격, 시험, 그 밖의 인사행정에서 동일한 취급을 한다.

직렬(職列)은 직무의 종류는 유사하지만 그 책임 정도나 곤란도가 다른 직급의 무리(예: 행정직렬, 세무직렬, 사회복지직렬, 공업직렬, 농업직렬, 시설직렬 등)를 말한다. 직군(職群)은 직무의 성질이 유사한 직렬의 무리(예: 행정직군, 기술직

군, 관리운영직군)이다.

직류(職類)는 같은 직렬 내에서 담당 분야가 같은 직무의 무리(예: 행정직렬의 직류로는 일반행정, 법무행정, 재경 등, 시설직렬의 직류로는 도시계획, 일반토목, 교통시설 등, 공업직렬의 직류로는 일반기계, 일반전기, 일반화공 등)로서, 임용시험의 내용을 결정하고 보직 관리의 기초를 제공한다. 등급(等級, grade)은 직무의 종류는 다르지만 그 곤란도 및 책임 정도가 유사해 동일한 보수를 지급할 수 있는 직위들을 말한다.

직위분류제의 일반적 수립 절차는 준비단계, 기본단계, 유지관리단계로 구성된다. 먼저 준비단계는 분류작업의 법적 근거를 마련하고 주관기관을 결정하는 단계이며, 마지막의 유지관리단계는 제도 실시에 따른 문제점을 해결하고 개선하는 단계이다. 핵심단계는 기본단계이며, 이는 다음과 같은 일련의 절차를 거친다.[138]

첫째, 직무조사는 직무분석과 직무평가를 효율적으로 하는 데 필히 요구되는 자료들, 즉 직무의 내용, 책임 정도, 난이도, 자격요건 등에 대

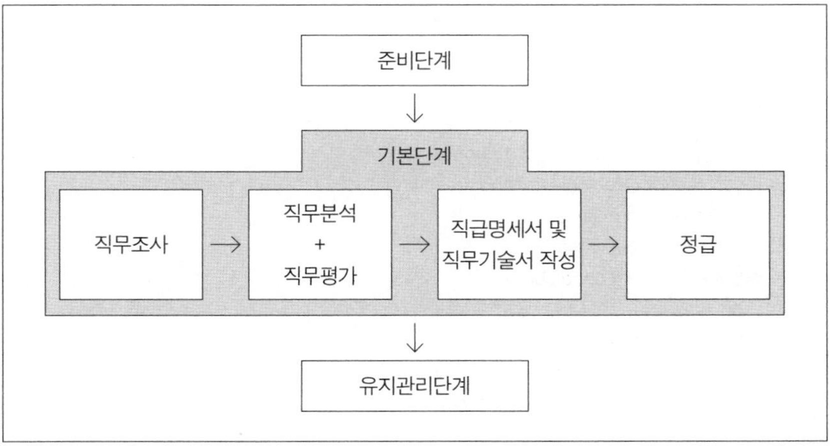

〈그림 3-1〉 직위분류제의 수립 절차

한 자료를 수집하는 단계이다.

둘째, 직무분석은 조직 내의 한 직무를 다른 직무들로부터 구분되게 하는 특징적 요소들을 체계적으로 분석하는 과정이다. 직무를 성공적으로 수행하는 데 요구되는 지식, 기술, 능력 등 하나의 직무를 의미 충만한 구성 요소들로 세분화하는 단계이다.

셋째, 직무평가는 기술, 작업조건, 감독책임, 예산상의 재량을 기준으로, 직무 혹은 직급의 상대적 가치를 결정하는 단계이다.

넷째, 직급명세서의 작성은 주어진 직무를 효과적으로 수행하는 데 필요한 지식, 기술, 능력 및 직무의 여타 특성을 명문화하는 과정이다. 주로 직무가 요구하는 교육, 경력, 숙련도를 명세서에 기재한다. 한편 직무기술서에는 직무의 종류와 직무개요, 난이도, 작업환경과 자격요건 등을 명확히 기재하고, 현실적으로 적용되는 행위규범도 기재한다.

직무명(job title)
부서(department)
직무개요(job summary)
주요 의무(major duties)

1) 직무요건(job requirement): 직위상 요구되는 지식, 기술, 업무능력, 외국어, 자격증
2) 권한의 범위, 한도(latitude of authority)
3) 복잡성 및 창의성(complexity and creativity)
4) 영향범위(scope of impact)
5) 의사소통(communication)
6) 작업조건(working conditions)

작업환경(work environment)
리더십과 관리(leadership and management)
최소한의 자격조건(minimum qualifications)

〈그림 3-2〉 표준 직무기술서[139]

다섯째, 정급(定級)은 분류대상 직위들을 해당 직급에 배치하는 작업 단계이다. 이것이 끝나면 기관별로 정급표를 작성해 배포하는데, 정급표에는 각 기관의 공무원이 잘 알 수 있도록 해당 기관 공무원의 성명, 또 각 직위가 속하는 직급, 등급을 기록한다.

(3) 직위분류제 운용상의 문제점과 개선 방향

우리 공직사회에는 계급제적 전통이 워낙 강해, 직위분류제는 외무부 등 일부 부처와 일부 직위에서만 부분적으로 도입되고 있다. 그러다 보니 사람과 일의 지속적인 궁합 맞추기나 행정 전문성 제고 측면에서 적지 않은 문제를 낳는다.

대기업에는 기술직 출신 이사가 많다. 반면 공직사회에는 행정직군 종사자가 기술직군에 비해 압도적으로 많다. 현재 기술직과 행정직의 인적 구성 비율은 2 대 8이다. 행정직군 중에서도 행정직렬, 그중에서도 일반 행정직류에 속하는 공무원 수가 많아 이 부문에서의 승진 병목 현상이 심하다. 그래서 인사적체 문제를 해결하기 위해 고위 기술직 자리에 행정직도 앉게 하는 편법이 있어왔다. 그러니 자연히 직무 전문성이 떨어지고, 이런 그릇된 관행이 삼풍백화점과 성수대교 붕괴 등 잇따른 대형 공공사고를 유발해온 부끄러운 역사가 우리에게 있다. 평생 책상에 앉아 서류나 꾸미던 기술 문외한들이 단지 승진만을 위해 고위 기술직 자리에 앉다 보니 제 역할을 하지 못해 인재(人災) 성격의 대형 공공시설물 붕괴가 빈발했다. 그만큼 우리 사회가 치러야 할 사회경제적 비용과 심적 고통도 너무나 컸다. 따라서 기술직 출신 할당제를 도입해 고위 기술직 자리에는 기술직 공무원을 우선 승진시키는 제도상의 노력이 긴요하다.

행정직렬 등 특정 직렬에 너무 많은 공무원이 속해 있어 생기는 승진 병목 현상은 직위분류제의 제도화마저 어렵게 만든다. 요즘 초등학교, 중학교까지는 체험학습, 진로학습, 독서교육 등 다양한 교육이 이루어진다. 그러나 고등학교에 진학하자마자 입시체제에 갇혀 다양한 교육이 포기되고 입시교육에만 올인한다. 이와 비슷하게 공직사회의 경우도 직렬별 · 직류별로 하위직인 밑에서부터 직무 전문성을 쌓으며 위로 올라가게 하는 제도는 있지만, 직급상의 어느 단계부터는 같은 직렬과 직류 안에서 계속 한 우물을 파는 것을 포기하고 고위직으로의 승진을 위해 다른 쪽을 기웃거리게 만든다. 즉 위로 올라갈수록 직위분류제는 사라지고 다시 계급제로 돌아간다. 그래서 2, 3급은 아예 행정직과 기술직 구분이 없고, 4급도 서기관과 기술서기관만 존재한다.

행정직과 기술직 간의 이런 부익부 빈익빈 현상과 직무 전문성 저하 문제를 치유하기 위해서는 정교한 직무분석과 관련된 제도의 재정비가 필요하다. 직무 다위니즘(Darwinism)에 따르면 일반 행정직은 퇴화직무가 될 공산이 크고, 기술직은 상대적으로 진화직무가 많다. 행정직군의 업무는 상당 부분 인공지능이나 기계로 대체할 수 있지만, 제4차 산업혁명에 따른 신기술 발전으로 인해 기술직의 경우는 진화직무로서의 성격이 더 강화될 전망이다. 그렇다면 기술직 분야가 증원되어야 하고 관련 전문직렬의 신설도 필요하다. 그런 점에서 2030년까지 기술직 비율을 50%까지 확대 채용해야 한다는 일부 의견도 있다. 물론 이를 위해서는 빅데이터, 인공지능, OS 프로그램 개발 등 소프트웨어 관련 시험과목의 신설 등 공무원시험 과목도 재정비되어야 한다.[140]

우리 공직구조를 들여다보면 어떤 직렬과 직류는 너무 세분되어 있고 어떤 직렬과 직류는 두리뭉실하게 편제되어 있는 문제점도 있어 조속한 해결을 요한다. 정부 조직개편 방식에는 통합원리와 분화원리가 있다. 유사한 기능들이 다양한 조직에 산재해 있으면 이를 조정하는 데 비용이 많이 들고 유기적 협력도 어려워 이를 해결하기 위해 동질적이고 상호 연관성이 높은 기능들은 한 부처에서 몰아서 수행하도록 통합해주는 것이 통합원리이다. 반면 분화원리는 업무의 전문성을 살리고 조직간 견제와 균형을 위해 현재 통합된 기능을 수행하는 조직을 여러 개의 독립된 단위로 분리하는 방식이다.[141]

현재 우리 공직구조상 직군·직렬 간 불균형 현상도 이런 시각에서 좋은 해법을 찾을 수 있다. 예컨대 지나치게 세분되어 있는 직류들(예: 산림자원, 산림보호, 산림이용)은 서로 간에 업무 유사성이 높다. 산림자원을 잘 보호해야 산림을 지속적으로 이용할 수 있다. 원래 자연보호는 자연자원의 지속적 이용을 위한 것이다. 그렇다면 굳이 직류를 나누어 운영하기보다는 산림직렬이라는 대 직렬제로 통합해 업무의 연계성을 도모하는 것이 더 낫다. 반대로 방재안전직렬 등 일부 신생 직렬은 단일 직렬로서 상대적으로 두리뭉실하게 편제되어 있어 분업화의 장점을 살리지 못한다. 이런 경우는 방재직류와 안전직류로의 세분화를 통해 직무 전문성을 개별적으로 확보하게 하고 인력도 나누어 보강할 필요가 있다.

2) 직무배치 전환의 필요성: 지루하니? 일이 잘 안 맞니? 다른 일 해보자

일과 사람의 궁합 맞추기는 직위분류제의 운용만으로 끝날 일이 아니다. 미국의 경영사상가 드러커(P. Drucker)는 "일자리 배치는 복권 추첨과 같다"라고 말한다. 복권 당첨은 모두가 원하지만 추첨의 결과가 당첨을 원하는 모두를 만족시킬 수 없다. 마찬가지로 일과 사람의 궁합 맞추기도 직장인 모두가 원하지만 그렇다고 그들 모두를 한꺼번에 다 만족시킬 수는 없다. 그래서 궁합 맞추기는 단 한 번으로 끝날 일이 아니다.

일과 사람의 궁합이 잘 맞지 않으면, 직무 재배치를 통해 다시 궁합을 맞춰볼 기회를 제도적으로 보장해주어야 한다. 직위분류제를 통해 특정 직렬을 선택해 공직에 들어와도 막상 일해보면 그쪽 일이 생각처럼 본인에게 잘 안 맞을 수 있다. 그렇다고 아무 기약도 없이 자신에게 맞지 않는 일을 정년이 될 때까지 억지로 하게 하면 조직과 개인 모두에게 손해이다.

직무 재배치 혹은 배치전환을 통해 자신에게 잘 맞는 다른 일을 찾아볼 수 있는 새로운 도전의 기회를 주어야 한다. 또 하던 일에 너무 변화가 없으면 사람은 나태해지고, 그렇게 되면 조직 전체가 고인 물이 되어 썩어들어가기 쉽다. 따라서 나태해진 직원에게 조직 내의 새로운 일을 해보게 함으로써 스스로 무사안일을 경계하며 새로운 능력발전 기회를 부여받게 하기 위해서도 직무 재배치는 불가피하다. 세무직 등 일부 부서는 한 곳에서 오래 근무하면 생기기 쉬운 부패 고리를 차단하기 위해서라도 배치전환의 필요성이 크다.

문제는 제도의 혁신은 그것이 실현될 문화적 토양과도 궁합이 맞아야 한다는 점이다. 아무리 멋진 제도를 도입해도 그것에 적합한 조직문화가 뒷받침되지 않으면 제도가 뿌리내리기 어렵다. 바로 이런 제도와 문화의 궁합 문제가 직무배치 전환에서도 발생한다.

우리의 직무배치 전환제도로는 같은 직렬 내에서 자리만 바꾸는 전보(轉補)와 직렬 자체를 바꾸는 전직(轉職)이 있다. 전보의 경우는 정적(情的) 인간주의[142]라는 조직 문화적 한계 때문에 이 제도가 상사들이 자신의 고향 후배나 학교 후배를 보직 경쟁에서 더 챙겨주는 연결고리로 악용될 수 있다. 혹은 자신에게 업무적으로 도전해오고 그래서 미운털이 박힌 하위자를 괘씸죄를 적용해 한직으로 보내거나 좌천시키는 처벌 용도로 악용될 수도 있다.

실제로 인사권자와 연줄이 닿아 상사와의 개인적 관계에서 따뜻한 사적 감정이 흐르는 하위자들은 전보 시 승진이 빠른 요직에 배치되는 등 유리한 고지를 점령할 수 있다. 반면 인사권자와 아무런 연줄이 없으면 상사에 대한 정당한 직언에도 불구하고 괘씸죄로 찍혀 한직 발령을 받거나 좌천 인사의 대상이 되기 쉬웠다.

그래서 연고 우선주의가 만연하고, 연(緣) 복지가 중시된다. 연줄을 찾아 직장 안에서 줄서기 문화, 특히 학교 선배나 고향 선배인 상사에게 줄을 대기에 모두가 바쁘다. 연줄이 약하면 상사와 사적 교감이 흐르는 관계라도 맺으려고 하위자들은 직장에서 간과 쓸개를 다 빼놓아야 하고, 상사 모시기 문화에 경쟁적으로 뛰어든다. 때로는 상사의 눈치가 보여 자리를 비우기 곤란해 개인적으로 꼭 필요한 교육 기회도 포기하는 경우가 있었다.

직무배치 전환의 또 하나의 문제는 승진을 전제로 한 잦은 순환보직의 병폐이다. 승진은 낮은 보수하에서 공직생활의 행·불행을 좌우하는 관건이다. 승진은 돈과 권력, 명예를 일거에 얻는 유일한 통로이기 때문이다. 그래서 공무원은 자신의 승진에 조금이라도 더 유리한 보직경로를 밟는 데 몰두한다. 같은 직위라도 요직이라고 불리는 더 좋은 자리에 가려고 보직 경쟁이 심했고 그만큼 순환보직도 잦았다. 즉, 일은 안중에 없는 채 승진에 유리한 자리확보 경쟁이 과열되기도 한다.

〈표 3-1〉 직전 부서에서의 재직 연수[143]

(단위: 년)

연도	구분	평균	1급	2급	3급	4급	5급	6급	7급	8급	9급
2008년	국가직	1.7	-	-	1.4	1.5	1.6	2.2	2.1	1.7	0.4
	지방직	1.9	-	1.2	1.7	2.1	2.2	2.3	2.2	1.6	0.5
2013년	국가직	2.0	-	-	1.5	1.7	1.8	1.8	2.3	2.0	1.0
	지방직	2.2	1.1	1.4	1.9	2.2	2.1	2.1	2.4	2.0	0.7

예컨대 실 · 국장급의 평균 재직기간은 1년 1개월이고 과장급은 1년 2개월이다. 일반직 전체로 봐도 재직기간 1년 미만이 27%나 되고, 재직기간 1~2년의 경우가 전체의 41%나 되어 3명 중 2명꼴로 2년 이내에 대개 자리 이동을 한다. 심지어는 한 사람이 입직 이후 자리를 옮겨 다닌 기록이 3페이지 넘게 빼곡하게 적힌 인사기록 카드도 있다고 한다.

민간에서 오랫동안 인사 전문가로 일하다가 인사혁신처장으로 발탁되어 공직사회의 내면을 들여다본 이근면의 눈에는 우리 공직사회가 매년 한 번씩 돌아가며 센터 포워드를 하는 동네 축구처럼 보였다고 한다. 잦은 순환보직으로 인해 지금 맡은 일이 자신의 업무라는 생각이 약해지니, 인심을 잃을 수 있는 일은 대의(大義)에 부합해도 꺼리게 되고 자기 손에 피 안 묻히려고 폭탄 돌리기나 택배기사 노릇에 분주하다는 것이다.[144]

직무배치 전환과 연관된 상기한 폐단들을 극복하기 위해서는 일정 기간 전보를 금하거나 전직시험을 부여할 필요가 있다. 우리나라 정부는 전보 제도의 폐단을 막기 위해 전보 제한 기간을 2년에서 3년으로 늘리고 이를 필수 보직 기간으로 제도의 이름도 바꾸는 등 보직 기간 준수 의무를 강화했다.

잦은 보직 이동은 관료의 시계(視界)를 단기간으로 고착화해 단기적 성과과제만 선호하게 함으로써 장기적으로 직무 전문성과 정부 경쟁력을 저하시킨다. 하지만 잦은 전보와 순환보직을 막기 위해 도입된 보직 이동 제한은 사실상 잘 지켜지지 않는다. 전보 제한 규정의 사문화(死文化)는 각 부처가 승진 때문에 공무원 임용령 예외규정을 남용하고 있기 때문이다. 실제로 기관장들이 보직 관리상 특히 필요하다며 예외사유를 남발하고 있다. 이런 상태에서는 전보 제한 기간을 3년으로 상향 조정해도 그 성과는 회의적이기 쉽고, 월 7만 원 수당을 더 주는 전문직위제[145] 도 그 실효성을 의심할 수밖에 없다.[146]

직무배치 전환과 관련해 무엇보다 중요한 것은 제도 운영자인 사람들의 마음가짐이다. 나쁜 문화적 토양 위에서는 제도로 인해 부당한 인사를 당한 사람들에 의해 이 제도가 더 나쁜(worse) 제도로 인식되기 쉽다. 상사의 편의 때문에 전보 제한 규정이 지켜지지 않거나 특별한 사유 없이 한직으로 좌천되는 경우 등이 그 예이다. 따라서 나쁜 문화적 한계 속에서 배치전환 제도나 전보제한 규정이 더 나쁜 쪽으로 여겨지지 않도록 전보·전직의 원칙이 철저하게 지켜져야 한다. 관리자들도 넓은 마음을 갖고 이 제도의 순기능을 살리는 쪽으로 제도를 공정하게 운용해나가야 할 것이다.

조선 초기의 임금 세종은 역시 명군(名君)답게 인사도 주먹구구식으로 하지 않았다. 그는 수령 교체에 있어 지방수령 6년 임기제 원칙을 고수했다. 즉 한 곳에 최소 6년 동안 근무해 지역사정에 밝은 상태에서 고을을 다스리게 했다. 또 수령 교체의 4원칙을 들어 네 가지 사유(順遞, 徑遞, 罪遞, 不幸遞)[147]에 해당하는 경우에만 자리를 바꾸어주었다. 그러면서도 노부모를 봉양해야 할 처지에 놓인 관원은 부모님 집에서 멀지 않은 곳에 배치해주는 등 상사로서의 인간미도 잃지 않았다고 한다.

제도 개선의 노력만큼 이처럼 인사권자의 마인드 혁신이 무엇보다 필요하다. 기관장들이 보직관리상 필요하다며 보직 이동 제한의 예외사유를 자꾸 남발하지 말아야 한다. 불가피한 경우는 제한을 풀어주되 공무원의 업무 연속성과 전문성을 살려주기 위해 가급적 보직 이동 제한 연수를 지켜주어야 한다. 그래야만 일선 공무원이 전보 · 전직의 원칙에 따라 이루어지는 예측 가능한 보직 부여에 안심할 수 있다. 그러면 직무배치 전환제도가 일과 사람의 지속적 매칭을 통해 공무원의 개인적 성장을 돕고 아울러 조직의 성과도 높이는 상생의 제도로 연착륙할 수 있다.

3) 경력개발 차원에서의 자기주도적 직무이동: 더 큰 너로 키워주마

현대의 조직구성원들은 직업을 전체론적(holistic) 관점에서의 경력으로 인식한다. 즉, 교육훈련을 통해 개개인의 직무상 자격요건을 좀 더 갖춘다는 종래의 단순한 차원을 넘어 자신의 경력개발을 전 생애 활동의 일환으로 생각한다. 따라서 그들은 더 많은 직무 경험과 승진 기회, 보람있고 책임 있는 과업수행 기회 등 직장생활과 업무의 질에 관심이 많고,

조직 내에서의 경력개발과 직무의 결정에서 자신이 좀 더 자율성을 갖기를 원한다.[148]

그러나 공무원에게 내부승진에 유리한 쪽으로만 보직경로를 밟게 하고 현업을 이유로 하위자들의 교육훈련 기회도 박탈해온 그간의 공직사회 현실에서는 공무원 자신이 원하는 방향으로 경력경로를 설계하고 직무를 자율적으로 결정하기가 쉽지 않았다. 따라서 차제에 자기주도적 능력개발을 시도하기 위한 새로운 직무배치 제도가 마련될 필요가 있다.

경력개발제도(career development plan)의 가치는 바로 이런 점에서 빛을 발한다. 경력개발제도는 입직 시부터 퇴직 때까지 전체론적 관점에서 조직과 조직구성원이 머리를 맞대고 직원의 전공, 적성, 특기를 고려해 희망부서와 희망하는 능력육성 경로를 선정하는 인재육성제도이다. 즉 정기적 · 체계적 직무 이동을 통해 경력 수평선을 마련하고, 또 희망하는 능력육성 경로를 수직적으로 길게 밟아나가면서 그 과정에서 교육훈련, 직무평가, 보수관리 등 모든 인사제도를 능력육성 경로에 맞춤형 식으로 연결해주는 종합적 인재육성제도이다.[149]

우리 공직사회에서는 2006년부터 경력개발제도가 도입되었는데, 주된 경력경로 유형은 공(工)자형이다. 공직의 경우는 하는 일이 정책조정이나 갈등관리에 해당하는 업무가 많아서 거시적 전문성을 고려해, 폭은 좁은 대신 경로가 긴 I자형보다는 경로는 짧지만 폭이 넓은 공(工)자형 경력경로가 더 의미 있다.[150] 즉 처음에는 다양한 경험을 쌓게 하고, 관리자급에서는 한 분야의 전문성을 폭넓게 가져가되, 고급 공무원이 되면 나무와 더불어 숲도 균형감 있게 보며 정책 조정을 도모하기 위함이다.

경력개발제도의 시행 결과는 조직과 조직구성원 모두에게 윈-윈의 결과를 가져다줄 확률이 높다. 조직의 입장에서는 장기간에 걸친 성장과 개발을 거쳐 사람을 키운 뒤 승진 기회를 체계적으로 제공할 수 있는 장점이 있다. 직장인 개개인의 입장에서는 평생고용 신화가 깨진 현시점에서 능력개발을 통해 직업 안정성을 추구할 수 있다는 점에서 이 제도가 유용할 수 있다.

문제는 현재 39%의 공무원이 자신의 경력경로가 능력 발휘와 관련해 바람직하게 운용되고 있다고 생각하지 않는 점이다. 특히 업무가 과다한 직위와 한가한 직위 간의 편차가 너무 크다는 지적이 많다. 향후 직무별 업무량을 잘 조정해야 하고, 선호하지 않는 직위에 대해서는 더 많은 승진 기회와 인센티브를 제공할 필요도 있다. 직무 전문성을 위해 7~5급은 3년, 4~2급은 2년으로 최소 임기제도 유지해야 한다. 상사들은 하위자들의 경력개발을 위해 각종 지원체계, 즉 교육훈련, 성과평가, 승진 및 보수인상 시스템에 좀 더 관심을 가져야 하며 하위자들의 경력개발 수요에 맞게 각종 지원체계를 적시에 제공해주어야 한다.[151]

4) 구조조정기의 인력 재배치: 어려울 때도 직원들의 자존감을 세워주며 재배치하자

조직의 태평성대 때는 경력개발제도가 주목을 받고 실현될 가능성도 높다. 하지만 경제가 어려워 조직이 난관에 부딪힐 때는 반대로 구조조정을 통한 정리해고가 불가피할 수도 있다. 이 경우도 상황이 어렵다고 해서 무조건 인력을 감축하는 등 고용보장이 완전히 물 건너가게 해서는 안 된다. 인력도 대폭 줄이고 인적 자본에 대한 투자도 전혀 하지 않는 것보다는 인력 재배치를 통해 인력 정예화를 도모하면서 정예화된 조직구성원들에게는 인적 투자도 계속해야 한다.

조직의 위기 시에 어떤 인력은 줄이고 어떤 인력은 더 보강해야 하는가? 이를 위해서는 미래지향적 · 체계적 직무분석을 한 뒤 그 과학적 결과를 갖고 인력 재배치를 도모해야 한다. 즉 직무 다위니즘 원칙에 따라 퇴화할 가능성이 높은 직무는 기계로 대체하고, 거기서 발생하는 잉여인력은 직업 재훈련을 시켜 진화직무의 새 일자리로 이동시킬 필요가 있다.

인력 재배치는 조직의 위기에 따라 발생하는 또 다른 차원에서의 일과 사람의 궁합 맞추기이다. 그래서 함부로 할 수 없다. 구조조정기라고 해도 정리해고를 너무 당연시하지 말고 최소한이라도 인간에 대한 예의를 보이는 쪽으로 인력 재배치가 이루어져야 한다.

그것이 가능하려면 몇 가지 전제조건이 요구된다. 즉, 타 부서로 가거나 새로 어려운 일을 부여받는 직원에게는 반드시 재교육 기회를 주어야 한다. 인력을 받아들이는 타 부서에도 인력 재배치에 대한 동의를 구하는 절차가 필요하다.[152] 그래야 갈등의 내재 없이 구조조정 결과에 모두가 승복하고 다 같이 양보와 희생을 하며 구조조정의 어려움을 함께 극복해나갈 수 있다.

최악의 조건에서 이루어지는 인력 재배치 과정에서도 인간에 대한 예의가 큰 무리 없이 반영되려면, 평소에 체계적으로 데이터베이스를 구축해놓을 필요가 있다. 즉 직원들의 희망부서와 경력개발 경로를 반영한 자기신고 및 관리자 지도평가표를 평소에 잘 작성해놓는 것이다. 신고서와 평가표에 직원 개개인의 성장목표와 희망하는 경력개발 경로, 희망직무내용, 직무전환 희망시기를 기재해놓으면[153] 아무리 조직을 둘러싼 외부환경이 불확실하고 시간에 쫓기더라도 평소 축적해놓은 데이터를 근거로 인력 재배치를 좀 더 원만하게 할 수 있다. 또 구조조정 대상자들의 의견을 묻고 그것을 가능한 한 반영하고자 고민하며 구조조정을 하면 최소한 인간의 얼굴을 한 인력 재배치가 좀 더 가능해진다.

5) 자율복무제의 활성화: 근무시간, 근무지를 자율적으로 조절하되 책임을 다하라

과거에는 가정과 직장을 물과 기름의 관계처럼 결코 융합될 수 없는 것으로 보았다. 그러나 한 조사에서 보듯이, 직장인들은 일상생활 중 가장 의욕을 느끼는 생활 분야로서 직장(22.8%)보다는 가정(31.2%)을 더 꼽고 있다. 직장인의 이런 태도 변화는 예컨대 한 기업에서 우수인력을 타지역으로 배치하려고 하자 아예 퇴직해버린 경우가 재배치 대상자의 26%에나 이른 점에서 극명하게 드러난다.[154] 즉, 직장생활보다는 개인 생활과 가족이라는 가치가 우선시되고 있다.

사람은 자신이 어려운 입장에 처해 있을 때 직장이 자신의 처지를 이해해주고 따뜻하게 배려해주기를 원한다. 하지만 직장이 그렇게 해주지 않으면 점차 직장생활에 회의감을 품고 직장을 향한 마음에도 녹이 슬기 쉽다. 직장의 매정한 모습은 어렵게 확보한 인재들이 충원 이후의 과정에서 변질하여 둔재로 전락하는 빌미를 제공하기도 한다. 따라서 인재의 지속적 유지(retention)를 위해 직무수행과정에서의 인간적 배려와 근무 형태의 자율성 부여 등 자율적 인재육성에 걸맞은 자율복무제를 점차 확산할 필요가 있다.

조직의 인간화 · 민주화 추세에 따라 시차출근제, 압축근무제, 원격근무, 부부 공무원의 동일 근무지 배려 등 자율복무의 형태를 다각도로 도입해야 할 것이다. 그중에서도 직원들이 자신의 출퇴근 시간과 근무지를 자율적으로 조절하는 유연근무제의 활용이 자율관리 제도의 일환으로서 적극 검토될 필요가 있다.

유연근무제는 직원 개개인의 선택에 따라 근무시간과 근무지 환경을 자율적으로 조절할 수 있는 제도를 말한다. 유연 출퇴근제는 조직 내의 전 직원이 동시에 업무 자리를 지키는 핵심 근무시간(core time)은 준수하되, 자신에게 편리한 시간을 자유롭게 정해서 출근하고 정해진 시간만큼 근무하는 제도이다. 이외에 직장으로의 통근 없이 집에서 근무할 수 있도록 하는 재택근무제나 원격근무제도 이에 해당한다.

근무시간의 자율적 조정을 통해 자기계발 시간을 더 확보하기 위해서는 압축근무제(compressed work-weeks)도 적극적으로 검토할 필요가 있다. 이는 유연근무 형태의 일종으로서 주당 법정 근로시간인 40시간을 크게 넘지 않는 범위에서 근로자들이 근무일을 줄이는 대신 근무하는 날에는 더 일하도록 하는 것이다.

미국의 경우 주 5일 8시간 근무에서 탈피하여 주 3~4일 10~12시간 근무를 도입하는 기업이 늘고 있다. 프랑스의 화장품회사 로레알(L'Oréal)도 기혼 직장여성을 배려하는 유연근무제를 운용한다. 즉 프랑스의 교육체계에 맞게 수요일만 쉬는 주 4일제, 수요일에는 재택근무를 하는 주 5일제를 지원한다. 프랑스의 사회통합총국은 유연근무제가 고용 창출 효과는 물론 업무효율과 출산율도 높일 수 있다고 주장한다.[155]

우리나라는 2010년 7월부터 전 중앙부처와 지방자치단체에까지 유연근무제를 확대 실시하고 있다. 물론 공공조직의 특성상 압축근무제, 재택근무제 등 유연근무제의 광범위한 동시 시행은 곤란하다. 하지만 업무의 성격상 자율적 근무의 기본취지가 조직성과나 조직혁신에 유리한 단위 부서나 소관 업무부터 이를 제도적으로 시행해볼 수 있다.

공무원의 삶의 질과 근무의 질을 동시에 확보해주기 위해서는 다음과 같은 자율복무 문화도 도입해볼 만하다.[156] 첫째, 슬로 워킹 문화이다. 단위업무별 마감시간을 정해놓는 것이 아니라 단위업무를 포괄적으로 묶고 그 안에서 근무시간을 자율적으로 조절하게 하는 것이다. 둘째, 가치 창출 평가이다. 근무한 시간의 길고 짧음보다는 창출해낸 가치를 기준으로 공무원의 업무실적을 평가하는 문화가 필요하다. 물론 이를 위해서는 감독 없이 스스로 일할 수 있는 자율 인간의 육성이 전제되어야 한다. 또 근무상황보다는 결과물에, 감독보다는 자율적 근무 수행에 평가의 초점을 두어야 한다. 셋째, 근무지의 자율적 이동을 위해 초기에는 스마트 워크센터 근무를 원칙으로 하되, 이후에는 점차 재택근무로 전환하도록 한다. 원격근무를 활성화하기 위해 2030년까지 사무실 근무와 원격근무를 5 대 5로 이원화하도록 국가공무원복무규정을 개정해야 한다는 의견도 제기된다.

8

직장은 일하며 열심히 배우는 곳, 또 자기계발의 도움터

1) 지식기반경제의 새로운 생산요소와 디지털 디바이드, 세대 비약론 현상

산업화 시대의 대표적인 노동자 이미지는 아무래도 육체노동자였다. 즉, 머리를 쓰는 지식노동자의 인지 및 정보처리 능력보다는 몸으로 일하는 육체노동자의 근력을 더 필요로 했다. 그러나 정보화 시대와 지식사회화 시대에는 노동력이라는 단순한 생산요소를 지닌 육체노동자보다는 똑똑한 머리를 가진 인적 자본으로서의 지식노동자가 주목을 받기 마련이다.

바야흐로 지식자본주의 사회이자 정보화 시대를 맞이하고 있다. 모든 것이 광속(光速)으로 변하고 있다. 지식과 기술의 생명주기가 워낙 짧아져서 뭘 하나 알게 되어도 그것이 금방 낡은 지식, 시대에 뒤처진 기술이 되고 만다. 대형 할인마트의 상품 진열대에 놓이는 신상품조차 소비자의 주목을 받지 못하면 일주일을 못 버티고 바로 진열대에서 사라진다.

직무 다위니즘에 의하면, 공무원 업무 중 행정직도 퇴화직무가 될 운명에 가깝다고 한다. 즉, 기계나 인공지능(AI)에 의해 대체될 가능성이 크다. 행정업무가 그나마 살아남으려면 고도의 질과 격을 갖춘 새로운 업무 스타일이 나와야 한다. 그러기 위해서는 공무원이 환경의 변화에 걸맞은 새로운 지식, 기술, 정보를 끊임없이 습득해야 한다. 새 일터에 걸맞은 새로운 지적(知的) 무기와 더불어, 인공지능이 도저히 흉내 낼 수 없는, 예컨대 사람을 사랑할 줄 아는 따뜻한 마음씨 등을 필히 장착해야 한다.

공 · 사 조직을 불문하고 다수의 직원이 업무에 필요한 최첨단 지식이나 기술, 또 새로운 업무 관련 정보를 갖고 있지 못하면 디지털 디바이드 현상이 쉽게 나타난다. 즉, 직원들이 소지한 지식과 정보의 격차가 봉급의 격차를 낳고 승진 속도에도 지대한 영향을 미친다.

현재 나이가 많고 직장 내 지위가 높다고 해서 마냥 안전지대에 있을 수도 없다. 상사가 하위자에 비해 업무에 관련된 지적 무기를 많이 갖고 있지 못하면 세대 비약론의 대상이 된다. 직장 내에서 아무리 지위가 높아도 그 자리에 걸맞은 지식이나 정보, 기술을 보유하지 못하면 윗사람 구실하기 어렵다. 그러면 효과적 의사결정이나 부서의 진두지휘가 어려워지고 자꾸 하위자의 눈치를 보기 시작한다. 결국에는 업무상 하위자들에게 의존하게 된다.

공부는 이제 학생만의 전유물이나 의무사항이 아니다. 직장인들도 세대 비약론이나 디지털 디바이드의 대상이 되지 않기 위해 늘 자신의 역량과 기술을 업그레이드해야 하고 자신의 정보와 지식을 업데이트해야 한다. 우리나라의 경우도 예외는 아니다. 일부 기업에서 대학 졸업자들을 채용해도 당장 현장에서 써먹을 수 없다고 불평하며 '교육도 산업'이라는 말을 한다. 이는 대학이 산업 현장의 수요를 더 많이 반영하는 실용적 직업교육을 해달라는 점에서 십분 이해가 가는 말이다. 하지만 대학교육이 기술인력 양성과 전인(全人)적 교양 교육의 균형점을 저버릴 수 없는 점에서 이는 절반은 맞고 절반은 틀린 말이라고 생각된다. 특히 위에서 지적한 직장교육의 필요성을 음미해보면, 교육도 산업이지만 '산업도 교육'이다.

산업의 활성화와 지속 가능성을 위해 소속직원을 대상으로 한 직장교육훈련이 핵심과제로 대두하고 있다. 일례로 미국 GE사 인사정책의 핵심은 최고 인재의 확보(people first, strategy second)이다. GE의 전 CEO 잭 웰치는 "내 업무의 70%는 인재확보와 관리에 쏟는다"라고 말했다. 실제로 이 회사는 조직의 규모를 줄여야 할 때도 직원 연수원 재건축 공사에는 무한대의 투자를 아끼지 않았다고 한다.

지금 제4차 산업혁명의 물결이 몰려온다고 난리이다. 제4차 산업혁명은 로봇이나 인공지능을 이용해 실재와 가상현실을 통합하여 사물을 자동적 · 지능적으로 제어할 수 있는 산업 시스템을 구축해가는 것을 일컫는다. 따라서 미래의 인간은 로봇과 협업하며 높은 생산성을 만들어내야 한다. 제4차 산업혁명 시대에는 IT 기술혁신을 기반으로 한 창의적인 융합인재의 육성이 긴요해진다.[157]

이제 '아는 것이 힘이다'를 넘어 '제대로 알아야 생존할' 수 있다. 알지 못하면 디지털 디바이드 현상에서 불리한 위치에 서게 되고 세대비약론의 희생양이 되기 쉽다. 이제 직장은 더 이상 일만 하는 일터여서는 안 된다. 생존과 발전을 위해 일하며 배울 수 있는 학습조직이자 사이버 사내 도서관(knowledge warehouse)이 되어야 한다. 일 따로 배움 따로가 아니다. 배우기 위해 어디 멀리 교육기관을 늘 찾아가야 하는 것도 난센스이다. 학습조직답게 항상 직장 안에 배움의 물결이 흘러야 한다. 직원들이 일하다가 막히면 사이버 사내 도서관에 접속해 업무에 필요한 지식이나 정보, 기술을 바로 다운로드받아 업무에 실시간으로 적용할 수 있는 그런 전자화된 직장교육 시스템이 마련되어야 한다.

2) 교육훈련의 정부 인력관리적 의미: 당장의 훈련에서 먼 훗날을 위한 교육까지

그간의 직업세계에서는 교육보다 훈련이라는 용어가 더 흔하게 쓰였다. 훈련(訓練)은 작업 현장에서 당장 필요하기에 바로 써먹어야 할 지식과 정보, 기술을 직원들에게 습득시키는 것이다. 따라서 훈련은 직장인의 현 업무 경쟁력을 유지하기 위해 다소 강제로 부여된다. 반면 교육(教育)은 먼 미래를 내다보고 사람의 긍정적 태도 변화와 역량 구축을 장기적으로 유도한다는 점에서 직장인에게 잠재 역량의 자발적 계발을 주문하는 개념이다.[158]

교육이 먼 미래를 내다보고 사람을 근본적으로 변화시키는 거시적 개념이라는 점에서 훈련보다는 한 수 위의 개념임은 분명하다. 하지만 직장인이 현업에 당장 필요한 지식이나 기술을 재빠르게 갖추도록 요구하는 훈련도 절대 무시할 수는 없다. 따라서 공직사회에서의 공무원 교육은 교육훈련이라는 개념으로 통칭된다. 즉 당장의 경쟁력을 갖출 것을 다소 강제로 주문하는 훈련과 더불어 먼 미래를 내다보고 공무원의 더 큰 잠재력 개발을 자율적으로 유도하는 교육이라는 두 가지 개념의 통합적 개념이 요구된다.

공무원 교육훈련의 정부 인력관리적 의미는 무엇인가? 피교육자가 업무에 필요한 지식과 기술을 습득해 업무효과를 개별적으로 강화하게 하는 것은 직장교육의 개인적 효과이다. 그러나 직장인의 태도나 가치를 변화시켜 직장인 모두의 업무효과를 증진함으로써 결국 조직의 성과를 높이는 것이 직장교육의 조직적 의미이다. 골드스타인(I. L. Goldstein)은 이런 점에서 교육의 학습효과와 전이효과로 교육의 두 가지 함의를 설명한다. 전자인 학습효과는 피교육자의 지식, 기술, 능력, 태도, 행동의 변화를 측정하는 것이다. 후자인 전이효과는 직장인 개개인의 학습효과가 직무성과나 조직 생산성의 제고에 효과적으로 작용했는지를 측정하는 것이다.[159]

《논어》의 〈학이(學而)〉편을 보면, "學而時習之 不亦說乎(배우고 때맞춰 익히면 그 또한 기쁘지 아니한가)"라는 구절이 나온다. 열심히 배우고 때맞춰 익혀서 배움의 기쁨을 느끼고 직장의 성과도 높일 수 있다면 배움의 기쁨은 개인적으로나 직장에게나 다 크고 중요한 의미를 갖는다.

환경의 변화에 걸맞은 시대적 인재를 키워서 교육의 개인적 효과가 조직적 효과로 연결되도록 하기 위해서는 그에 적합한 방향으로 공무원 교육기관의 변신도 요구된다. 그러나 우리 공직사회의 틀 변화는 너무 더뎠다. 공무원 인력관리의 전반적 규정인 국가공무원법은 1982년의 법체계를 그대로 유지하며 그간 소소한 개정만 이루어져왔다. 공무원 윤리헌장은 1980년에 제정된 후 사장(死藏)되었고, 공무원 교육훈련법도

1972년 이후 큰 변화가 없었다.

뒤늦은 감은 있지만, 2016년 공무원헌장이 새롭게 제시되었고, 대표적인 공무원 교육기관이던 중앙공무원교육원을 67년 만에 국가공무원인재개발원으로 개편했다. 그리고 공직가치 교육프로그램의 개발 등 연구개발기능의 강화와 교육기관 3.0의 틀에서 교육기관 간 협업 강화를 도모하고 있다.[160] 현재 국가공무원인재개발원은 7급 신규자 과정과 5급 신임관리자 과정을 운영하고 있다. 9급 공무원의 교육은 각 부처에서 직접 한다. 광역자치단체들도 산하에 공무원 교육원을 두고 자체적으로 지방공무원 교육을 하고 있다.

"공무원 교육이 바뀌어야 공무원이 바뀌고, 그래야 국가의 경쟁력도 바뀐다"라는 공무원 교육기관의 교육 신조 하에 향후 내용별 · 계층별로 다양한 공무원 교육과정이 좀 더 알차게 적시에 제공될 필요가 있다. 그래야 공직사회가 압축성장 이후 시민 삶의 질과 나라의 격도 아울러 갖춘 균형 발전국가를 만드는 데 기여할 수 있다. 나아가 압축성장과 압축민주화의 신화를 낳은 나라에서 한 수 배우기 위해 우리나라 공무원 교육기관을 찾아오는 개발도상국 공무원들의 해외연수 장소로도 더욱 주목을 받을 수 있다.

3) H형 인재와 자율 인간을 키우는 교육내용과 교육기법들

우리가 공무원 교육훈련을 중시하는 것은 현 공무원을 바람직한 공직자상에 좀 더 가깝게 만들기 위한 것이다. 그런 점에서 공무원 교육훈련의 우선적 내용으로 중시해야 할 것이 바로 H형 인재가 되기 위해 공무원이 필히 갖춰야 할 교육요소이다. 기법적 기술(technical skill) 교육, 인간관계 기술(human relation skill) 교육, 개념적 기술(conceptual skill) 교육이 그것이다.[161]

기법적 기술 교육은 새로운 지식과 기술, 바뀐 법령, 새로운 정보를 습득하고 소화하는 것이다. 목표달성을 위한 효율적 과정과 기법을 이해하고 이를 신속히 습득할 수 있는 능력, 예컨대 예산편성 및 재무관리, 인사관리 기법의 숙련 등을 뜻한다.

인간관계 기술 교육은 리더십이나 소통능력 등을 키우는 것이다. 스티븐 코비(S. Covey)의 '인간관계 계좌(relational bank account)'에 의하면, 우리가 타인과의 거래에서 상호 신뢰, 친절, 정직, 호의, 인정, 칭찬, 예의를 지키면, 자신의 인간관계 통장에 신용이 예입된다. 반대로 내가 남에게 불친절, 질투, 약속파기, 중상모략, 무관심, 거만, 무례를 떨면, 내 신용이 인간관계 통장에서 빠져나간다. 중요한 점은 내 계좌에서 1단위가 인출되면 그것을 만회하는 데 무려 4단위의 예입이 필요하다는 것이다.[162] 여기서 민원인을 응대하거나 직장동료 혹은 하위자들과의 원활한 소통과 밝은 근무환경을 조성하기 위해 공무원이 입다운 입을 갖기 위해 인간관계 기술을 습득해야 할 필요성이 좀 더 명백해진다.

상기한 기법적 기술 교육이나 인간관계 기술 교육은 쉽게 이해가 가는 교육내용이다. 반면 개념적 기술 교육은 좀 익숙하지 않은 개념이라서 부연설명이 필요하다. 개념적 기술 교육은 H형 인재의 통합적 사고력, 즉 공무원이 거시적 환경변화를 제대로 인지하는 능력, 또 환경변화에 맞게 조직의 목표와 비전을 새롭게 정립하는 가치 재구성력, 또 새로운 가치에 맞게 조직 전체를 아우르고 재정비하는 통합조정력을 길러내는 것을 의미한다. 이를 통해 공무원이 세상의 변화를 보는 기본 관점을 갖게 하고, 그 메가트렌드를 정확히 읽어내 조직이 추구해야 할 새로운 지향점을 찾게 하는 거시적 차원의 교육이다.

지식자본주의 사회, 정보화 사회에서는 소수의 리더가 다수의 하위자를 이끌어가기가 곤란하다. 광속으로 변하는 세상의 수요와 요구를 직장인 모두가 정확히 읽어내고 조직의 최일선에서 환경변화에 재빨리 대응해야 한다. 그런 점에서 보면 어떤 급박한 문제에 직면해 리더가 모든 상황을 제어하며 하위자들에게 일일이 해법을 제시하고 매뉴얼을 만들어서 따르도록 종용할 시간적 여유가 없다. 모든 하위자, 즉 팔로워들이 셀프 리더(self-leader)가 되어야 한다.

상기한 교육내용들은 계층별 교육과정과도 상관성이 매우 높다. 계층별로 친화력이 높은 교육내용이 별도로 있기 때문이다. 먼저, 기법적 기술 교육은 현 재직자들을 대상으로 이루어질 필요가 있다. 일선 공무원들이 공무를 수행하는 과정에서 부족한 지식이나 기술, 법령정보를 당장 습득해 부족한 역량을 메우고 필요한 정보를 습득하게 해주는 점에서 보수(補修)교육훈련의 형태로 제공될 필요가 있다.[163]

인간관계 기술 교육은 일선 감독자에게 집중해 교육이 이루어질 필요가 있다. 하위자들을 이끌며 단위부서의 업무를 진두지휘해야 할 상급자의 위치에 막 오른 사람에게 리더십, 소통 방법을 습득하게 하는 것은 시의적절한 교육이 될 수 있다. 사람을 '노동력'이라는 생산요소로만 보면 마치 창고에 쌓여 있는 한낱 재고품처럼 관리의 대상으로 인식되기 쉽다. 그러면 상사의 몰개인화된 권력 남용과 하위자에 대한 비인간적 통제가 만연한다. 따라서 이런 시각은 하위자의 자율적 변화보다는 관리방식에 대한 이들의 저항을 낳기 쉽다. 반면 하위자들을 사람이라는 독립적 생산자로 보면, 하위자들은 관리하는 것이 아니라 올바른 방향으로 이끌어주어야 할 미래의 창의적 존재라는 생각이 강하게 들게 된다. 따라서 하위자의 자율적 변화를 위한 상사의 권위와 세련된 인간관계 기술이 요구된다. 그러면 하위자들은 리더의 명령을 자발적으로 수용한다.

개념적 기술 교육은 아무래도 고위 관리자급을 타깃으로 삼아 더 강화될 필요가 있다. 물론 이 기술은 조직구성원 모두 예외 없이 겸비해야 할 필요가 있음은 이미 앞에서 상론한 바 있다. 하지만 아직은 고위 관리자들이 핵심 의사결정자의 위치에 있기 때문에 더 많은 개념적 기술을 발휘해야 하고, 그만큼 이런 교육수요가 가장 많은 계층임은 부정할 수 없다. 그러나 환경변화에 따라 새롭게 추구해야 할 새로운 가치 내용에 대해서는 직원 모두가 숙지하고 있어야 하므로 전 직원을 대상으로 한 기초적 개념 기술 교육은 필히 요구된다.

결국 개념적 기술 교육은 관리자는 물론 모든 직원의 의사결정 참여와 자기결정력을 키우는 것이다. 인간관계 기술 교육도 하위자들의 자발적 변화를 유도하기 위한 상사의 새로운 인간관 형성을 전제로 한다. 그런 점에서 위의 두 가지 교육은 조직 안에서 더 많은 자율 인간을 키워내는 구체적 교육과정으로 볼 수 있겠다.

상기한 다채로운 교육내용들이 계층별로 적절하게 부여되려면, 수준 높은 교육기법들이 골고루 동원되어야 한다. 먼저 직장 선배가 업무 현장에서 바로 후배들에게 한 수 가르쳐주는 실무지도(on the job training)가 있다. 이를 통해 업무 현장에서 당장 필요한 지식, 기술, 정보, 경험 등이 상사에 의해 후배에게 전수될 수 있다.

직장의 선배가 직장 후배와 개인적 연을 맺은 후 퇴근길에 잠시 시간을 내어 차 한 잔 나누면서 직장인으로서의 덕목을 알려주고 응원과 격려의 말을 전하는 멘토링도 필요하다.

실무지도나 멘토링같이 상사에 의한 지식 전수와 인생경험의 전달도 중요하지만, 조직구성원들 간의 수평적 지식공유와 공감을 통해 그들 스스로 방향을 찾아 나가게 하는 교육이 더욱 효과적일 수 있다. 사례연구나 역할연기(role playing), 현장실습 등 현장감 있고 생동감 있는 교육기법을 활용하면 좀 더 획기적인 교육 효과를 도모할 수 있다.

역할연기는 업무상 갈등을 빚기 쉬운 당사자들, 즉 공무원과 시민, 혹은 상사와 하위자 간에 서로의 역할을 바꿔서 대신해보게 하는 것이다. 그럼으로써 양자 간의 역지사지와 역지감지를 통해 역지행지까지 유도해내는 등 인간관계 기술을 습득하는 데 유용한 방법이다. 현장실습은 백문불여일견(百聞不如一見)을 넘어 백견불여일행(百聞不如一行)의 실습 효과를 도모하기 위한 것이다.

인사이동 시 새롭게 옮겨갈 자리에 대한 사전모의훈련이나 가상체험도 필요하다. 가상현실 혹은 현실과 가상의 혼합형태인 증강현실을 활용한 시뮬레이션 교육훈련이 그 방법으로 활용될 수 있다.[164] 그 외에 아래 표처럼 여러 가지 교육기법의 장점들을 모아놓은 혼성학습(blended learning)도 응용할 수 있다.

좀 더 고급스러운 교육기법으로는 피교육자들이 팀을 구성해 문제

〈표 3-2〉 혼합교육을 적용한 핵심 리더 과정 교육 모듈[165]

<table>
<tr><td rowspan="2">사전
학습
단계</td><td>1차 집합교육
(3일)</td><td>온라인교육
(3~4주)</td><td>2차 집합교육
(3~4일)</td><td>현업 적용
(6주)</td><td>최종
집합교육</td><td rowspan="2">수료</td></tr>
<tr><td>-오리엔테이션
-사전 역량진단
-액션 러닝
-학습계획 수립</td><td>-사람관리
-성과관리
-정책품질관리
-변화관리</td><td>심화 교육</td><td>현업을
수행하며
개인과제의
수행</td><td>-결과 발표
-사후 역량
진단</td></tr>
</table>

현장에 가서 필드 스터디, 대상자 인터뷰, 사례분석을 하는 등 직접 발로 뛰며 과제해결의 정답을 스스로 찾아나가는 액션 러닝(action learning)이 있다. 또는 단위조직이 직면하기 쉬운 현안이나 조직을 둘러싼 대내외적 갈등상황을 시뮬레이션하여 그 모의상황을 슬기롭게 헤쳐나가는 혜안과 조정력을 관리자들이 구비하게 하는 역량기반교육도 필요하다.

4) 공적 자아, 디지로그 인재, 자율 인간을 키우는 공직가치 교육, 책임윤리 교육

제4차 산업혁명이 도래한다고 아무리 호들갑을 떨어도 로봇이나 인공지능이 감히 범접할 수 없는, 즉 사람만이 실현할 수 있는 능력이 있다. 사람이 사람을 사랑하는 능력도 그중의 하나이다. 우리는 사랑하는 사람을 행복하게 해주기 위해 그 사람이 직면해 있는 문제와 아픔에 공감하고 그것을 같이 극복하기 위한 방법을 찾아내려고 무진 애를 쓴다. 공무원도 마찬가지이다. 자신이 사랑하는 대상인 부모님, 친구, 형제, 친지들은 물론 자신과 직접적인 인간관계가 없더라도 많은 동료 시민들이 직면해 있는 생활 문제를 해결하는 데도 자기 일처럼 발 벗고 나서야 한다. 공무원과 시민은 근본적으로 우리-관계이기 때문이다. 그래서 공무원은 사랑하는 대상이 많아야 한다. 시민의 생활 문제를 자신의 문제처럼 역지감지할 수 있는 공적 자아로서의 소양이 요구된다. 그것이 대표시민으로서의 직업소명이기도 하다.

지금 우리 사회는 초고령사회로의 진입을 목전에 두고 있다. 2026년

이면 초고령사회로 들어간다고 한다. 한편으로는 청년실업 문제가 심대하다. 시장진입을 쉽게 허용하지 않는 사회에 대한 젊은이들의 불만 표출은 절규에 가깝다. 자칫 노인을 위한 나라도, 청년을 위한 나라도 없을 수 있다. 따라서 노인의 바람과 청년의 욕구를 모두 조화시킬 수 있는 디지로그 공무원을 육성하여 이 문제를 해결해나가지 않으면 안 된다. 생활고의 시름에 젖은 대중의 정서(popular sentiment)를 읽어내 그 치유책을 제시해주려고 고민하는 따뜻한 마음씨의 소유자가 더욱 요구된다. 그런 점에서 새로운 디지털적 기술과 따뜻한 아날로그적 정책 감수성을 겸비한 디지로그 인재를 육성하기 위한 로드맵을 만들고 실천에 옮기는 교육과정이 필히 설계되어야겠다.

공무원이 사랑하는 대상의 폭을 넓히려면 공익, 형평성 등 공직가치에 대한 이해의 폭이 넓어야 한다. 모든 정책에는 가치 배분 강제성과 부분이익 선택성이 반영되어 있다.[166] 즉, 모든 사람이 100% 다 찬성하고 모든 사람의 이익을 골고루 다 도모해주는 그런 완벽한 정책은 현실적으로 불가능하다. 그래도 공무원은 어떤 방향으로 나아가는 것이 사회 일반이익에 더 가까운 결과를 낳는지 진지하게 고민해야 한다. 또 정책의 사각지대에 갇혀 불합리하게 소외되고 차별받는 사람들을 찾아내어 그들의 문제해결에 좀 더 애정을 갖고 임해야 한다. 그리하면 부분이익들의 선택 폭을 더 넓힐 수 있어 정책의 가치 배분 강제성을 좀 더 줄일 수 있다.

공직가치는 공무원이 자신의 직업소명에 충실하기 위해 의사결정 순간에 필히 참고해야 할 판단기준이자, 공무원들이 공무를 수행하면서 반드시 준수하고 추구해야 할 행동의 대원칙(principle of action)이다. 그렇다면 입직 당시 공적 자아나 자율 인간으로서의 잠재 역량과 마음가짐이 잘 준비된 공무원일지라도 자기 직업의 사회적 의미와 직업적 가치에 대해 늘 반추하고 자신의 역할 정체성을 계속 유지하도록 공직가치 교육을 꾸준히 받게 할 필요가 있다. 공직생활 중에도 개인-조직 적합성을 계속 유지해나가도록 하기 위해서이다.

최근 범정부 차원에서 공직가치 교육이 강화되고 있는 점은 이런 점에서 무척 다행스러운 일이다. 정부는 중앙부처 5급 승진자들에 대해 6개월 교육과정의 15%를 공직가치 함양과 관련지어 시행하고 있다. 국민권익위원회의 청렴연수원은 공무원에게 맞춤형 청렴 교육을 제공하고, 지방자치단체 소속 인재개발원은 공무원 개개인의 공직가치 변화를 유도하기 위해 단기교육 과정을 실시하고 있다.

공직가치 교육은 정부가 나아가야 할 규범적 방향을 논하는 것이기에 자칫 교육내용이 딱딱하고 추상적이기 쉽다. 따라서 공직가치 교육의 효과를 도모하기 위해서는 교육기법의 혁신도 요구된다. 즉 모바일을 통해 일상 속에서도 수범(垂範) 사례를 교육하고, 공직가치 구현 우수 사례들을 직장 내 알림 기능, 웹툰 형식이나 동영상으로 보급할 필요가 있다. 공직 가치 교육이수 시간제 설정도 필요하다.[167]

일의 결과에 대한 자율적 책임 의식을 높이기 위한 공직윤리 교육도 중요하다. 전문적 직무능력은 물론 성실성, 책임성, 청렴성 등이 공무원에게 요구되는 기초 자질이다. 하지만 다음의 표에서처럼 공무원의 청렴성뿐 아니라 성실성, 책임성, 무사안일 면에서 국민과 공무원 간 인식의 차이는 매우 크다.

흔히 정치인을 "교도소 담장 위를 걷는 사람"이라고들 말한다. 하지만 공무원 업무의 상당 부분이 인허가를 내주거나 가치 배분과 관련된 결정이나 집행과 관련되어 있다는 점에서, 공무원들도 부정부패의 유혹에

〈표 3-3〉 공직윤리 수준에 대한 공무원과 국민의 인식 차이[168]

(단위: 점)

인식 대상	공무원	국민	평균 차이
성실성	4.06	2.82	1.24
책임성	4.08	2.86	1.22
청렴성	4.28	3.14	1.14
무사안일	3.49	2.22	1.05
정치적 중립성	3.98	3.06	0.92
친절 봉사성	3.83	3.03	0.80
애국심(국가충성)	3.74	2.95	0.79
조직 헌신도	3.67	2.91	0.76
근무의욕(조직몰입)	3.63	2.94	0.69
전문성(업무능력)	3.45	2.89	0.56
창의성	3.27	3.22	0.05

서 쉽게 벗어날 수 없는 위치에 있다. 공무원도 모든 사람이 탐하는 꿀 항아리를 하나씩 들고 있는 셈이다. 그런데 그 꿀 항아리를 잘못 관리해 쏟아버리거나 꿀을 받을 자격이 없는 사람에게 부당하게 꿀을 나눠주면 항아리가 금방 빈다. 그러면 공무원도 교도소 담장 안으로 떨어지기 쉽다. 물론 이에 대한 책임을 회피하고 싶지만, 이 세상에 숨을 곳은 많지 않다. 모두 다 수목 한계선(above timber line) 위에 서 있다. 그렇기에 공무원이 직업인으로서 자율적으로 갖춰야 할 정신적 덕목들, 즉 청렴성, 성실성, 공정성, 책임성 등을 내면화하기 위한 책임윤리 교육이 더 중요해진다.

5) 콩나물시루의 물이 오래 남아 있게 하기 위한 교육훈련의 적합성 설계

“교육은 콩나물시루에 물을 주는 것과 같다”라는 말이 있다. 콩나물시루 바닥에는 구멍이 뚫려 있어 물이 쉽게 빠져나갈 수 있다. 따라서 시루에 부어진 모든 물이 콩나물을 키우는 데 다 연결되는 것은 아니다. 마찬가지로 교육자의 의지와 적절한 교육 방법, 그리고 교육에 임하는 피교육자의 태도 등 여러 가지 요인이 서로 잘 맞지 않으면 교육 효과를 도모하기가 그만큼 어려운 점을 잘 비유한 말이 아닌가 싶다.

쉽지는 않지만 콩나물에 물을 천천히 적당량 부어주면 그래도 시루에 부어진 물이 오래 남아서 콩나물을 키우는 데 좀 더 유용할 수 있다. 따라서 콩나물시루에 적절하게 물을 주어야 하는 것처럼 교육훈련의 적합성을 도모해야 한다. 즉, 피교육자가 필요로 하는 교육내용이 적절한 시점에 적절한 속도와 적정량으로 전달되게 하는 것이 교육의 핵심이다.

교육이 콩나물시루에 알맞게 물을 부어주는 것과 같다면, 누가, 언제, 어디서, 무엇을, 어떻게 교육하는가가 매우 중요해진다. 지금은 많이 좋아졌지만 얼마 전까지만 해도 교육기관들이 자신이 제공하고 싶은 교육훈련 내용만, 그것도 합숙 교육을 시켜가며 강제로 주입해왔다. 교육훈련 시점도 피교육생들이 업무에 한창 바쁜 때를 고려하지 않은 채 획일적으로 교육정원으로 차출하거나, 승진을 코앞에 두고 교육이 이루어져 그들이 승진에 유리한 훈련성적에만 집착하게 하는 등 염불보다는 잿밥에 더 관심을 두게 하는 폐단에서 쉽게 벗어나지 못했다.

공무원 교육훈련이 성공하려면 일차적으로 정확한 교육훈련 수요조사가 필요하다. 즉, 일상적인 업무성과가 낮아 그 부족한 부분을 메우기 위해 재직자 보수(補修)훈련이 필요할 수 있다. 감독자를 대상으로 한 인간관계 기술 교육처럼 승진하자마자 새롭게 교육수요가 발생하여 이루어져야 할 교육훈련도 있다. 또 조직의 먼 미래를 내다보며 그것이 요구하는 새로운 인력수요를 예측해 그것에 맞게 교육훈련 계획을 세밀하게 짜내는 것도 중요하다.[169] 미래에 멋진 숲을 만들기 위해 숲에 심을 나무 하나하나를 잘 심고 키우기 위한 장기적 교육과정이 필요하다.

향후에는 그런 점에서 교육대상인 개별 공무원에게 교육 바우처(voucher)를 주거나 교육수요가 있는 일선 행정기관에 예산을 직접 나누어주어 공무원들이 자신이 원하는 방향으로 직접 교육과정을 설계하고 교육예산도 자율적으로 집행하게 할 필요가 있다. 그러면 공무원 교육기관들이 자신이 팔고 싶은 교육 콘텐츠만 고집할 수 없고 교육 수요자들이 사고 싶어 하는 교육 콘텐츠 개발에 더 고민하고 노력하게 될 것이다.

교육은 인적 자본에 대한 투자라는 점에서, 현대전자에서 실시했던 자성(自省) 휴가제 같은 것을 도입해 막 승진한 사람들이 편안한 마음으로 스펀지같이 교육내용을 흡수하게 하여, 후일의 업무와 하위자를 다루는 과정에서 자신이 교육받은 내용을 적절히 응용하게 하는 지혜도 필요하다.

교육내용과 교육과정도 좀 더 피교육자에게 맞춤 형식으로 제공될 필요가 있다. 즉, 공무원 개개인이 업무에 필요로 하는 것을 쉽게 접하고 이용할 수 있도록 교육의 개인화를 도모해야 한다. 이왕이면 교육내용이 입체적으로 구성되면 좋겠다. 《아학편(兒學編)》을 저술한 다산 정약용의 문제 제기처럼 《천자문》 내용에는 진짜 문제가 있다. '하늘 천 따지' 하다가 갑자기 '검을 현 누를 황'이 이어지는 것은 곤란하다는 것이다. 같은 족류(族類)끼리 혹은 대조가 되는 내용끼리 묶어서 한 번에 가르쳐야 입체

적 교육 효과가 커진다.[170]

교육장소의 경우 당장 필요한 지식이나 기술을 가장 잘 전수해줄 수 있는 교육기관을 피교육자 스스로 고르도록 선택지를 주는 것이 중요하다. 공무원이 무엇을 배우기 위해 교육기관을 찾아갈 바에는 자신에게 맞는 교육내용을 제공해주는 교육기관을 스스로 골라서 찾아갈 수 있도록 교육기관의 자율 선택권을 부여해주어야 한다. 현행 공무원 교육훈련기관들에서의 교육 콘텐츠가 마땅치 않으면, 교육 경쟁력이 있는 민간 교육기관이나 인근 대학과 파트너십을 연계해 그곳에 가서 자율적으로 배울 수 있도록 교육비를 쿠폰 식으로 지원해주는 교육 바우처 방법이 있을 수 있다.[171] 대학, 민간 교육기관, 사이버교육센터 등 다양한 교육 공급처를 선택하게 해 필요한 지식과 기술을 실시간으로 습득하게 하는 기민성이 필요하다. 직원들이 사내 전산망 접속을 통해 업무에 필요한 새로운 지식이나 법령, 정보, 기술을 검색해 바로 업무에 반영하게 하는 지식관리체제(knowledge management system)도 요구된다.

교육시기의 타이밍을 확보하기 위해서는 지식 저장고의 업데이트 말고도 직업 생애주기를 반영한 체계적인 교육코스를 마련해 운영할 필요가 있다. 특히 신입 공무원의 입직 직전 교육은 대단히 중요하지만, 그 효과는 실제로 많이 떨어진다고 한다. 현재 과중한 수업 시간, 빡빡한 교육 일정, 지나친 간섭과 통제로 인한 강압적 교육 분위기, 시간 채우기식의 막연한 강의, 기존 공무원과 신세대 교육생 간의 세대차이와 갈등이 신입 공무원의 교육 만족도를 저하하는 주요 불만 요인으로 지적된다. 따라서 신세대의 특성을 고려한 입직 직전 교육의 재설계가 필요하고, 기존 공무원과 신세대 입직자들의 상호이해를 바탕으로 한 참여 중심 교육 거버넌스를 도입할 필요가 있다.[172] 신규 공무원들의 입직 직전 교육 이후에도 재직자들에 대한 상사의 현장 실무지도가 더욱 알차게 이루어질 필요가 있다. 그리고 관리자 양성을 위해 각자의 경력개발에 필요한 교육내용을 골라 들을 수 있는 선택형 연수, 또 지역전문가 양성을 위한 선발형 연수 등도 체계적으로 병행되어야 한다.[173] 앞에서 언급한 자성 휴가제처럼 막 승진한 사람에게 마음의 여유를 갖고 교육내용을 스펀지처럼 빨아들이게 하는 교육 시기상의 배려도 중요하다.

상기한 것들이 시간적 여유를 두고 체계적으로 공무원 교육현장에 반영될 때, 우리는 다양한(variety) 교육내용과 교육장소, 적시의 교육 타이밍(instant), 자성 휴가제 등 피교육자의 마음 평화(peace)까지 확보할 수 있는 VIP식 교육훈련을 기대할 수 있다.

6) 자기계발 지원제도와 자기주도적 업그레이드

직장인들은 과거의 정형화된 교육과정, 특히 업무 현장과 괴리된 채 일방적으로 제공되는 단순 전달식 교육에 대해 강한 거부감을 표출한다. 따라서 교육 효과를 도모하기 위해 개개인의 필요에 따라 본인 스스로 참여하고 체험하는 성인교육, 또는 본인이 학습활동의 주체가 되는 자기주도적인 자기계발의 중요성이 한층 커지고 있다.

공무원 교육기관들이 공무원이 필요로 하는 모든 교육내용을 그들의 교육시기와 찰떡궁합으로 맞춰 다 제공할 수는 없다. 따라서 공무원이 필요로 하는 교육내용과 교육시기, 교육장소를 스스로 선택해 자율적으로 활용하게 하는 자기계발 지원제도가 전략적으로 뒷받침되어야 한다. 이에 따라 자기주도적 학습에 대한 다음과 같은 제도적 지원의 역할이 오늘의 공공조직에 요구되고 있다.[174]

첫째, 관심 분야 연구회 지원제도이다. 이는 관심 분야를 같이하는 3인 이상의 구성원이 업무수행에 도움이 되는 학습주제를 선택해 연구회를 구성한 뒤, 상교(相教) 학습을 통해 자기계발과 조직발전을 도모하는 조직 내 스터디그룹이다. 직장은 매달 그룹 활동비와 스터디 장소를 지원해주고, 연구회의 학습 결과물을 조직의 공식적 제안제도로 반영시킬 필요가 있다.

둘째, 관리능력 테마 교육이다. 이는 조직구성원 각자가 직장생활에 필요한 관리능력을 자발적 수요에 따라 언제든지 손쉽게 계발할 수 있도록 도와주는 것이다. 그 특징은 직급별로 학습대상자를 제한하거나 지정하는 것이 아니라 본인의 자발적 의사를 최대한 존중해주는 것이다. 예컨대 창의력 개발 테마, 기획과 논리력 향상 테마, 의사결정 스킬 테마, 인간관계 향상 테마, 갈등관리 테마, 부하 코칭 스킬 테마, 문제 해결형 회의 스킬 테마 등 다양한 주제를 둘 수 있다.

셋째, 자기계발 지원금 지급제도이다. 직장이 교육 수요자에게 맞게 각종 제도를 마련한다고 해도 다 충족되지 못하는 경우도 있다. 그런 경우 직원들의 다양한 욕구를 충족시켜주기 위해 자기계발에 의욕적인 직장인이 스스로 원하는 대로 다른 교육기관에 가서 자기계발에 쓸 수 있도록 재정적 지원을 일부 해주는 조직의 배려가 지원금 지급제도이다.

지금까지 직장이 교육훈련 기관을 운영해 교육 콘텐츠를 직접 제공해주거나, 그것이 여의치 않으면 자기계발을 지원해주는 시스템을 소개해보았다. 그러나 자기계발 지원체계마저 예산 문제 등 직장의 여러 가지 사정으로 인해 여의치 못할 수도 있다. 그렇다고 해서 직장인으로서 필히 요구되는 자기 업그레이드와 업데이트를 스스로 포기할 수는 없다.

자신을 둘러싼 제도적 환경 탓을 하자면 한이 없다. 누가 안 도와줘도 자기식의 맞춤형 교육, 자기주도적 학습은 얼마든지 가능하다. 예컨대 평소에 돈을 아껴 저축했다가 읽고 싶은 책을 사서 읽거나 관련 학원에 가서 개별적으로 배우는 방법도 있다. 혹은 인근 도서관에서 책 몇 권과 DVD 몇 편씩을 주 단위로 정기적으로 대출해서 읽고 보는 등 스스로 인문적 교양을 쌓고 직장인으로서의 자기계발을 도모하는 방법도 얼마든지 있다.

여행도 마찬가지이다. 쇼핑여행, 맛집여행도 좋지만, 외국의 소문난 식당 앞에서 몇 시간씩 기다려 겨우 밥 한술 사 먹고 그곳을 찍은 인증샷을 SNS에 올리기에 급급한 소비적 인정투쟁은 자신을 진화시키는 참된 여행이 못 된다. 그 시간에 방문국가의 장소적 의미가 큰 곳에 가서 그 장소성과 주변 분위기를 읽고 느끼며 그 나라를 이해해나가는 견문여행, 윤리여행이 한 인간으로서나 직장인으로서 커나갈 수 있는 자기주도적 자기계발의 또 다른 기회가 될 수 있겠다.

9

승진은 미래의 큰 일꾼을 뽑고 더 키우는 과정

1) 승진의 개인적 의미와 조직적 의미: 개인의 영광인가, 조직의 일꾼 뽑기인가

승진(昇進)은 한자 뜻 그대로 '위로 올라가고 앞으로 나아가는' 것이다. 승진은 위로 올라가는[昇] 것이기에 직장인들 중에 승진을 싫어할 사람은 아무도 없다. 특히 우리나라처럼 부, 권력, 명예 등의 사회 가치가 미분화된 사회에서는 직장에서의 승진 여부는 직장생활의 행·불행을 좌우하는 최대 관건이다. 승진해서 한 계단 더 올라가면 월급이 늘고, 부하도 많아지고, 명함에 그럴듯한 직함 하나가 추가된다. 즉 부와 권력, 명예가 한 번에 다 따라오니 이것을 마다할 사람이 누가 있겠는가.

승진 당사자는 개인적으로 행복하다. 위에서 말한 부, 권력, 명예가 일거에 생기는 것은 물론, 카펫이 깔린 큼지막한 개인 사무실, 전용 승용차, 비서 등 여러 지위상징(status symbol)이 뒤따른다. 그래서 그간 직장생활을 하면서 고생한 것에 대한 인정감의 획득과 더불어 만인의 부러움을 사며 사람들 앞에서 폼 좀 잡을 수 있다.

승진에는 승진 당사자의 이런 개인적 영광뿐 아니라 승진을 시켜준 직장이 노리는 조직적 의미도 있다. 조직의 입장에서 볼 때 승진은 직장의 미래를 책임질 일꾼을 뽑는 과정이다. 즉, 역량과 마인드 면에서 남보다 더 잘 준비되어 있고 실제로 실력이 검증된 사람을 조직의 큰 일꾼으로 키우기 위해 입사 동기들보다 한 걸음 더 앞으로 나아가게[進] 하는 과정이 바로 승진이다. 실제로 서구의 경우는 CEO 등 지위가 높은 사람들이 가장 먼저 출근하고 가장 늦게 퇴근한다고 한다. 그래서 일은 하위자들에게 다 시키고 자신은 도장만 찍는 우리와는 달리 '일하는 리더(work leader)'라는 말도 생겼다. 조직의 입장에서 보면 승진은 조직의 일꾼으로 커나갈 사람의 본(本)보기를 보여주는 경로이기도 하다. 즉, 이런 사람들이 조직의 부름을 받아 조직을 책임지고 이끌어나갈 일꾼으로 성장한다는 예시를 직장 후배들에게 보여주는 그런 본보기의 기능도 갖는다.

승진에는 이처럼 위로 올라간다[昇]는 개인적 의미와 더불어 조직의 일꾼으로 키우기 위해 입사동기들보다 한 발짝 앞으로 나아가게[進] 한다는 조직적 의미가 있다. 그래서 정말 조직 안팎으로 자타가 공인하는 사람이 승진해야 한다. 승진에 연줄이나 관운(官運)이 지나치게 크게 작용해서는 안 된다. 그래서인지 《주역》에도 승진에 대한 의미심장한 해석이 담겨 있다.

'동양고전 독법'이라는 부제가 붙은 《강의》의 저자 고 신영복 교수에 의하면, 《주역》에서 말하는 '위(位)'라는 한자가 매우 중요하다. 자리의 크기나 위상에 걸맞은 사람이 그 자리를 차지해야 한다는 것이다. 자리에 비해 사람이 너무 작으면 억지로라도 그 자리를 지키기 위해 자신에 대한 충성심이 강한 후배를 자기 밑에 포진시키려고 연줄 인사에 지나치게 의존하게 된다. 때로는 자신의 지위 권력을 남용해서라도 그 자리를 지키려고 무리수를 둔다. 그래서 자리의 크기나 위상에 맞는 사람이 그 자리를 차지해야 한다. 반대로 사람에 비해 자리가 너무 협소할 때도 있는데, 이 또한 격에 맞지 않는 인사이다. 그 결과 사람들은 불만을 품고 조직을 떠나거나 복지부동한다.

상기한 논의는 그만큼 자리에 걸맞은 사람이 그 자리에 앉느냐 앉지 못하느냐가 개인은 물론 조직의 행 · 불행을 좌우하는 관건임을 잘 말해준다. 따라서 개인-조직 모두에게 긍정의 결과를 가져오는 포지티브섬 게임 상황으로 가기 위해서는 승진의 조직적 의미와 개인적 의미의 비율이 8 : 2(최소한 7 : 3) 정도로 승진의 두 측면이 조화를 이루어가는 것이 좋겠다.

2) 승진의 기준과 방식: 승진시험에서 심사승진으로

현실적으로 직장 안에서 승진을 둘러싼 내부경쟁은 매우 치열하다. 아니 치열하다 못해 승진 대상자들의 입장에서는 사활을 건 피 말리는 싸움이 되어가고 있다. 즉, 자신이 앉을 자리를 차지하지 못하면 바로 낙오하는 것이다. 우리나라의 공공조직들이 이제는 더 이상 조직의 외형이 확대되지 않는 조직 안정기에 깊숙이 들어와 있고, 작은 정부(small government)를 지향하는 세계적 개혁흐름에 역행할 수 없어 승진을 위한 자리 늘리기도 이젠 쉽지 않다.

〈표 3-4〉 일반직 공무원의 평균 승진 소요 연수[175]

직급	고위←4급	3급←4급	4급←5급	5급←6급	6급←7급	7급←8급	8급←9급
소요 연수	11년 1월	8년 10월	8년 11월	9년 7월	7년 3월	6년 7월	3년 10월

인사적체가 심해 9급에서 5급까지 직급승진 하려면 최소 25년에서 최대 30년까지 걸린다고 한다. 9급에서 7급까지는 근속(勤續) 승진제로서 규정한 연수(年數)를 채우면 모두 승진하지만, 7급에서 6급으로의 승진부터는 직렬별로 승진 소요 연수의 차이가 크게 나타난다.

그러니 승진의 기준과 방식이 공직사회에서는 초미의 관심사가 된다. 그래서 승진 대상자들에 대한 옥석(玉石) 가리기가 잘되어 승진의 결과가 공정하고 타당해야 한다. 인사 결과를 놓고 설왕설래나 잡음이 있어도 안 되며, 승진의 조직적 의미를 살리기 위해서는 인사철의 승진 결과가 향후의 조직성과로 반드시 연결되어야 한다.

종래에는 공무원 승진과정의 객관성 확보를 위해 주로 승진시험을 봤다. 그런데 상사들이 승진 대상자인 하위자들에게 승진시험을 준비하라고 일을 안 시키고 자리를 오래 비워도 눈감아주기도 했다. 또 일부러 한직으로 발령을 내 시간적 여유가 있는 자리에서 시험 준비를 하게 하기도 했는데, 이는 조직의 입장에서 문제가 크다. 조직을 위해 정해진 시간 동안 일해야 할 의무가 있는 자를 개인적인 승진시험 준비를 위해 특혜를 베풀어준 꼴이다. 그러면 조직의 생산성에 문제가 생기기 쉽고 구성원들 간에 위화감이 조성될 수 있다. 특히 그렇게까지 하여 승진시험을 잘 봤다고 해서 승진한 자리에서 그가 업무능력을 100% 발휘한다는 보장도 전혀 없다.

승진시험의 이런 문제점을 해소하기 위해 심사승진 방식이 병행되고 있다. 하위직 공무원들의 근무성적과 경력 등을 상사가 심사해 승진자를 결정하는 것이다. 공무원 성과평가 등에 관한 규정 제30조에 의하면, 일반승진의 경우 5급 이하 승진후보자 명부는 근무성적평정 점수 반영비율 70%, 경력평정 점수 반영비율 30%, 가산점 5%로 작성된다. 여기서 근평 점수는 상위자들의 심사에 의해 부여된다.

최근에는 현장 중심 자율인사의 일환으로 기관장에게 위의 세 가지 승진심사기준을 조직의 실정에 맞게 자율적으로 조절하여 반영하는 방식으로 전환되고 있다. 근무성적평정 점수 비율은 95%까지 가산해 반영할 수 있고, 경력평정은 5%까지 감산(減算)해 심사에 반영할 수 있다.

3) 공무원 심사승진의 문화적 한계: 나쁜 문화가 제도를 잠식하다

문제는 시험승진이 줄고 심사승진 방식이 일반화되면서 또 다른 부작용이 적지 않게 나타난 점이다. 여기에는 제도의 하자도 있겠지만, 아무리 좋은 제도라도 그것이 뿌리를 내릴 수 있는 문화적 토양이 갖춰져 있지 않은 점이 더 큰 문제이다.

먼저 연고주의 인사, 연줄 인사의 폐해를 지적하지 않을 수 없다. 물론 조직의 장(長) 입장에서는 믿을 만한 고향 후배나 학교 후배를 측근에 앉혀놓고 함께 일하고 싶어 한다. 같은 고향, 같은 학교 출신이 친근하면

〈표 3-5〉 정부별 초대 장관의 출신지 비교[176]

(단위: %)

	영남	호남	충청	경인	강원	제주	북한
김영삼 정부	23.8	14.3	23.8	23.8	4.8	-	9.5
김대중 정부	26.3	31.6	21.1	10.5	-	-	10.5
노무현 정부	36.8	21.1	10.5	15.8	5.3	5.3	5.3
이명박 정부	26.7	20.0	13.3	13.3	13.3	-	13.3
박근혜 정부	19.0	9.5	9.5	42.9	-	-	-

서도 든든하게 느껴지는 것은 인지상정으로, 그래서 어쩔 수 없는 것으로 생각될 수도 있다. 특히 설립된 지 얼마 안 된 조직이나 조직의 위기 시에는 이를 헤쳐 나가기 위해 상사들이 자신에게 절대 충성하며 자신의 분신 같이 행동해줄 고향 후배나 학교 후배를 요직에 승진시켜 측근에 두는 것이 불가피할 수 있다.

위의 표에서 보듯이 역대 정권의 조각(組閣)에서도 연고 우선주의가 강세를 보여왔다. 영남 출신 대통령 때는 영남 출신 장관이, 호남 출신 대통령 때는 호남 출신 장관의 비율이 높다. 조명성의 조사에 의하면, 김영삼 정부의 조각 당시 서울대 출신이 75%나 차지했고, 이명박 정부의 조각에서도 고려대 출신이 13%를 차지해 대통령과 같은 학교 출신의 초대 장관이 많았던 것도 사실이다.

연고 우선주의 문화가 만연하면 '콩쥐와 팥쥐' 일화가 현실화된다. 콩쥐가 가정경제에 대한 기여도, 외모, 나이 등 뭐로 봐도 팥쥐보다 훌륭하다. 하지만 친딸인 팥쥐가 매사에 친엄마의 사랑을 독차지한다. 바로 이런 점이 인사권자와 지연, 학연, 혈연을 같이하는 자가 승진에서 항상 유리한 고지를 점령하는 연줄 인사의 맥락과 흡사함을 부정할 수 없다.[177]

연줄 인사, 지역주의 인사는 능력 위주의 승진원칙을 크게 침해할 수 있다. 한 조사에 의하면, 서울시 공무원의 45.1%가 인사고과가 공정하지 못하다고 응답했고, 경기도 공무원의 80%도 인사 시스템을 불신한다. 남녀 모두 능력이나 성과보다는 상사와의 관계, 학연, 지연 등 연줄이 가장 큰 문제라고 지적한다. 인사권자의 정치적 성향에 따른 승진과, 친인척 등 특정인의 승진을 위한 인위적 승진조작 문제점도 승진을 둘러싼 공무원들 불만의 씨앗이다.[178]

연고 우선주의가 가치사슬 구조의 독식을 낳고 있는 것이다. 그러니 웬만한 근무성적과 경력은 금상(錦上)이고, 학연이나 지연을 통해 인사권자와 사적 감정이 형성되어야만 첨화(添花)라는 말이 생긴다. 관운(官運) 있는 사람을 부러워하는[179] 이상한 행태마저 나온다.

문제는 연줄 인사에 따른 개인적 이익 추구가 사회 전체적으로는 매우 비합리적인 결과를 가져오는 점이다. 연줄은 사적이어서 모두에게 다 친밀하지(intimacy for all) 못하고 개방적이지도 않다. 그래서 인사에서 특혜의 소지를 낳고 실적주의와 충돌할 우려도 크다. 능력이 안 되는데도 연줄에 의해 높은 자리를 차지한 사람에게 실적과 성과를 기대하는 것은 연목구어(緣木求魚)의 상황이 되기 십상이다.

연줄문화와 더불어 연공서열(年功序列) 의식도 우리 공직사회에서 가장 크게 노정되는 문화적 한계이다. 물론 조직에 오래 몸담아온 사람이 조직의 현실과 나아가야 할 방향을 가장 잘 알 수도 있다. 오래 근무했기에 조직에 음으로 양으로 기여도 많이 했을 것으로 생각되어 그에 대한 지위 보상이 불가피할 수도 있다. 그러나 한 분야의 전문가가 됨에 있어 오랜 근무경력은 필요조건이지 충분조건이 아니다. 능력개발을 위해 매사에 도전적으로 일을 추진하는 실험(experiment) 정신이 항상 뒷받침되지 않는다면 단순 경력만 갖고는 전문가가 될 수 없다. 그런 점에서 경력이 많다고 해서 반드시 조직에 실질적으로 기여를 많이 했다고 볼 수는 없다.

승진 지상주의, 승진 만능주의 문제도 짚고 넘어가야 한다. 우리 사회는 사회 가치가 미분화되어 있어서 지나치게 승진에 딸린 메리트가 많다. 승진 한방이면 돈, 힘, 명예 등 모든 것을 일거에 얻을 수 있는 이른바 승자독식 사회(winner takes it all)이다. 그러니 모두가 '노량도'에 가서 공무원시험 준비를 해 공무원이 되려 하고, 이후에는 공생, 협력보다는 각자도생식의 무한경쟁 승진전략이나 자신의 승진에 결정적 영향을 미치는 상사 모시기 문화에 너도나도 경쟁적으로 편승한다.

4) 인사적체감 해소를 위해 새 문화풍토를 만들자: 지위 권력에서 전문가적 권위로

일선 공무원이 심리적으로 만족할 수 있는 최소 승진기준은 5급이라고 한다. 그러나 현재 공무원들 중 66.7%가 인사적체를 불만 요인으로 꼽고 있다.[180] 인사적체가 너무 심해 5급까지 승진하는 데도 시간이 오래 걸린다는 이야기이다. 그렇다면 승진에 대한 만인의 열망과 인사적체의 불만 요인을 교통정리 하며 승진을 둘러싼 여러 문화적 한계를 슬기롭게 극복해나갈 필요가 있다.

인사적체감(感)이라는 단어는 원래 현실에서 성립하기 어려운 말이라고 한다. 이 세상의 어떤 조직도 신입사원 100명에 사장도 100명인, 그래서 모두 다 사장이 될 수 있기에 인사적체를 전혀 걱정할 필요가 없는 정사각형 모양의 조직 형태는 없다. 신입사원 모두가 사장까지 승진할 수 있는 인사적체율 제로인 직장은 없다. 위로 올라갈수록 폭이 좁아지는 피라미드 조직 형태가 일반적이다. 따라서 특정 직위부터는 승진 병목 현상이 불가피하다. 인사적체는 어느 조직도 피할 수 없는 하나의 사실이다.

우리에게는 왜 인사적체를 쉽게 수용하지 못하는 인사적체감, 즉 인사적체를 사실로 받아들이지 못하고 그것에 불만을 터뜨리는 사적 감정의 문제가 생긴 것일까? 또 그것이 공직사회에서 큰 문제가 되는 것일까?

앞에서 이미 살펴보았듯이, 우리 공직사회에는 3P의 전성시대가 있었다고 한다. 오랜 관존민비 문화에서 나오는 힘(power)과 국가주도적 산업화를 이끈다는 직업적 자부심(pride) 외에 정부조직의 팽창기 때는 승진(promotion)도 잘되었다. 즉 행정기구가 계속 생기고 늘어나면서 조직의 상층부에 빈자리가 많이 생겼다. 그러나 이후 조직 안정기에 들어서면서 서서히 승진에 브레이크가 걸리자, 승진이 잘되었던 직장 선배들에 비해 후배들이 인사적체감, 즉 승진이 잘 안 되는 데서 오는 상대적 박탈감을 더 느끼게 된 것이다. 또 그런 불만을 해소해줄 수 있는 다른 대안적 인사제도가 부족하고, 그것을 더 크게 느끼게 하는 문화적 한계도 적지 않았다.

조직이 피라미드 형태를 띠는 한 인사적체는 불가피한 사실이고, 인사적체감이 문제일 뿐이다. 하지만 상대적 박탈감에서 기인하는 인사적체감이 공직사회에 만연하면, 승진 병목 현상에 대한 불만이 공무원들의 열정을 앗아가고 복지부동을 낳을 우려가 있다. 따라서 어느 정도는 그것을 해소해주기 위한 대안 찾기가 필요하다. 특히 승진에 대한 새로운 조직문화가 공직사회에서 보편화하여 공무원들이 인사적체감에 대해 새로운 마음가짐을 갖도록 도와주는 다음과 같은 인사제도들이 필요하다.

인사적체감 해소를 위해 직급정년제나 명예퇴직제가 불가피하다는 주장이 있다. 모두가 승진하려니 조직을 자꾸 쪼개어 자리를 만들고 늘리는 등 위인설직(爲人設職)이 횡행한다. 일의 전문화를 위해 조직이 합리적으로 분화되는 것은 용인할 수 있지만, 승진을 위해 불필요한 자리를 자꾸 만들거나 조직을 자꾸 쪼개는 것은 큰 문제가 있다. 이런 사회 전체적인 비합리성을 줄이기 위해서는 직급정년을 두어 특정직급에서 더 이상의 승진이 어려우면 후배들에게 길을 터주기 위해 선배들이 직장을 떠나는 것이 불가피하다. 이를 순조롭게 하려면 직급정년이 되어 조직을 떠나거나 명예퇴직을 하려는 사람들에 대한 금전적 보상이 강화되어야 한다.

평생법관제처럼 승진하지 못하더라도 현재 수행하는 직무의 가치를 반영해 그 사람의 역할을 높게 평가해주는 문화적 쇄신이 긴요하다. 즉, 조직 내 지위 권력(position power)은 낮아도 그 사람이 오랫동안 축적해온 전문가적 권위(professional authority)를 존중해주는 조직문화의 확립과 금전적 보수 등 인사 처우의 뒷받침이 요구된다. 평생고용 신화가 깨지면서 앞으로는 승진 기회보다는 직무 전문성에서 오는 고용 안정성이 더 중시되는 시대가 온다. 즉, 어떤 높은 자리에 있느냐보다는 어떤 일에 전문성이 있어 그쪽으로의 직업을 더 오래 유지할 수 있는지를 따지는 시점이 온다. 그렇다면 지위 권력보다 전문가적 권위의 순기능적 가치를 더 인정해주고 살려주는 새로운 조직문화가 요구된다.

그래도 승진이 불가피하다면 다음과 같은 승진경로의 이원화(二元化) 논의도 필요하다.[181] 계선(line)과 막료(staff)의 투 트랙을 인사적체감 해소에 응용해보는 것이다. 기존에는 승진이 주로 관리직계의 계선라인에만 치우쳐서 승진이 라인상의 높은 자리로 올라가 많은 부하를 거느리고 현장에서 지휘권을 향유하는 것으로 해석되었다. 즉, 승진을 지위 권력의 확대 위주로 이해했다. 하지만 계선으로의 승진만이 능사는 아니다. 날로 복잡다기화해가는 공공 문제를 해결하기 위해 맞춤형 정책개발이 더 많이 요구되는 시점이다.

그렇다면 정책개발 쪽인 막료(staff)조직에서의 승진경로도 존중해주어야 한다. 일례로 연구원 → 전문연구원 → 부연구위원 → 연구위원 → 선임연구위원 순으로 승진시키면서 정책연구 개발 쪽에서의 전문가적 권위를 조직이 활용하는 것도 의미가 있다. 그러려면 그들이 정책 전문가로서 응당 받아야 할 대접을 해주며 정책연구개발의 전문성을 쌓아나가도록 도와주어야 한다. 정책 전문가들이 고위 관리자로 성장하지 않더라도 정책연구 경력에 상응하는 인사상의 정당한 처우를 받게 해주는 보수제도의 쇄신이 있어야겠다. 특히 지위 권력은 약해도 연구경력에 걸맞은 전문가적 권위를 존중해주는 새로운 문화풍토가 조성되어야겠다.

5) 심리적 계약위반을 막기 위해 공정승진 방법을 더 강구하자: 콩쥐-팥쥐 이야기의 새 버전

벼슬을 숭앙하는 유교 문화의 영향에다가 돈, 권력, 명예 등 사회 가치의 미분화로 인해 우리 공직사회에서 승진이 주는 메리트는 매우 크다. 그러니 승진은 공무원이 가장 관심을 쏟는 사안이다. 따라서 정부가 공정한 승진 잣대를 마련해 누구나 열심히 노력하면 승진할 수 있다는 지각된 믿음을 갖게 하는 것은 심리적 계약 차원에서 매우 중요한 요소이다. 공무원들이 열심히 일하면 승진할 수 있다는 굳건한 믿음 아래 직장의 승진 절차에 대해 제도적 신뢰를 보낼 만큼 공정승진에 대한 호혜적 약속이 공직사회 내에서 반드시 지켜져야 한다.

그런 점에서 보면 그간 상사 위주의 평가 잣대에 의해 진행된 숱한 승진 결정은 적지 않은 문제를 안고 있다. 연고 우선주의와 연공서열 및 온정주의가 가미된 심사승진의 불합리한 문화적 관행이 너무나 뿌리 깊었다.

우리 공직사회에는 일을 잘하는 사람보다는 성격이 좋은 사람이 더 높은 평가점수를 받아왔다. 창의적으로 일하는 사람을 '튄다'고 보고, 바른말을 잘하는 사람보다는 세상을 두리뭉실하게 사는 사람을 더 좋은 사람으로 칭송하기도 했다. 무슨 일이든 뿌리를 뽑듯이 근본적 자세로 일하는 사람은 처세에 어두운 사람으로 혹평한다.[182] 이런 조직 분위기에서는 심사승진제도가 로비의 귀재만 승진시키기 쉬워 승진과정에서 최소 한 번은 시험승진이 필요하다는 의견도 있었다.[183] 그러나 승진시험을 잘 보았다고 해서 그것이 바로 상위직에서의 근무능력을 100% 담보해주지도 못한다. 타당성 결여라는 승진시험 제도의 근본적 한계와 더불어 시험준비를 둘러싼 여러 가지 부작용도 있음은 이미 앞에서 설명한 바 있다.

결국 시험승진으로 완전히 되돌아갈 수는 없고, 심사승진 방식의 합리화와 내실화를 통해 공정승진을 더 도모하는 쪽에서 해답을 찾아 나갈 필요가 있다. 승진기준으로서 근무실적 점수나 성과지표를 강화하는 쪽으로 심사승진의 객관성을 제도적으로 확보해나가면서 연고주의나 낙하산식 인사 관행을 청산해나가는 것이 필요하겠다. 열심히 일하면 본인도 승진할 수 있다는 심리적 계약을 이행해주고, 특히 조직의 일꾼으로 크기 위해 자기계발에 진력하는 자율 인간을 발탁승진시켜주기 위한 승진의 공정성 확보책을 자세히 논의해보자.

첫째, 승진의 합리성과 공정성을 제도화하기 위해서는 무엇보다 인사권자의 마인드 혁신이 필요하다. 오늘날의 조직경쟁 시대, 성과주의 시대에서는 꼭 자기와 연줄이 있어 충성심을 보이는 하위자들만 승진시켜 자기 밑에 두는 상위자는 도태되기 쉽다. 오히려 자신과는 아무 연줄도 없지만 실력과 능력으로써 보필해줄 수 있는 하위자들을 자기 밑에 포진시키는 것이 더 나을 것이다. 이러한 하위자들은 글로벌 무한경쟁 시대에 조직성과와 단위부서의 업적으로 경쟁해야 할 오늘의 상위자들에게는 천군만마(千軍萬馬)와 같은 존재로 작용할 수 있다.

똑똑한 하위자가 언젠가 자신의 자리를 노리는 새끼 호랑이가 될 거라고 상사가 미리 겁먹고 경계하기보다는, 그를 천군만마로 맞아들여 부하직원과 합심해 조직의 성과를 올리겠다는 상사들의 두둑한 배짱과 지혜의 리더십이 필요하다. 로스텐(L. Rosten)의 말처럼 "1등 인간이 1등 인간을 고용하고, 2등 인간이 3등 인간을 뽑는" 법이다. 상사가 하위자로부터 권위를 인정받을 만큼 업무와 리더십에 자신이 있다면, 아첨이나 인맥 위주의 방어형 하위자보다는 실력으로써 상사를 보필해줄 공격형 하위자가 더 유용하다. 그런 점에서 팥쥐의 생모가 비록 의붓딸이기는 하지만 가정경제에 기여하고 여러모로 출중한 콩쥐의 실력과 역량을 더 인정해주고 전략적으로 배려해주는 것이 콩쥐와 팥쥐 이야기의 21세기형 새 버전으로 요구된다.

몇 년 전 라디오 칼럼에서 들은 이야기가 있다, 신참 공무원들도 "이왕 공무원 할 거면 한 부처의 수장인 장관까지 올라가 보겠다"라는 남다른 포부를 갖고 자기 직업세계를 시작해야 한다는 얘기이다. 그래야 처음부터 직장인으로서 해야 할 처신을 잘해 부패의 유혹에 빠지지 않는 등 자기관리를 잘 해내고 자리에 합당한 역량을 습득하는 데 최적화되도록 열심히 노력해 정말 역량 있는 상사가 될 수 있다.

둘째, 심사승진의 공정성 확보를 위해 승진심사위원회 구성에 있어 외부 전문가들을 필히 참여시켜야 한다. 승진 대상자의 성과와 업무실적, 직무수행 능력 및 직무 태도 등을 다년연기(多年連記) 방식으로 꼼꼼히 기록하고 데이터로 축적해 승진심사의 기본 자료로 이용할 필요가 있다. 각 기관의 실정에 맞게 승진심사 평가 기준과 평정 요소들을 자유재량으로 정하게 하는 자율평정도 필요하다.

셋째, 마치 '낙타가 바늘구멍 통과'하듯이 매우 어렵게 승진심사 프로세스를 다단계화한 뒤 그 단계를 다 밟아내며 통과한 진정한 승진 후보자만이 승진의 문턱을 넘게 만드는 방법도 있다. 예컨대 다음과 같은 발전적 사례들을 참고할 수 있다.[184]

먼저 '승진심사 카드제' 사례이다. 과거 정보통신부에서 추진한 이 제도는 승진과정에서 함께 경쟁한 동료 모두가 인정하는 사람, 혹은 외부회의나 파견 등 외부 어디에 내놓아도 전혀 꿀릴 것이 없는 쟁쟁한 사람을 승진시키자는 조직 내 분위기에서 나온 것이다. 이를 위해 민간 헤드헌터의 도움을 받아 직무 전문성, 조직관리 능력, 문제해결 능력, 의사전달 및 협상 능력, 공직자로서의 마음가짐과 태도 등을 측정한 뒤, 승진 후보자들이 헤드헌터의 면접평가, 선후배 동료의 다면평가, 공무원 경력 스캔을 통한 검증분석, 감사 담당관의 윤리성 평가 등 다단계 프로세스를 거치게 한다. 승진 후보자들이 "차라리 승진을 포기할까?"라는 생각이 들 정도로 까다롭고 엄격한 승진 절차를 밟게 하고 그 과정에서 발생한 모든 사항을 기록해두는 엄밀한 심사단계를 유지하는 것이다.

'승진 시 업무계획 발표 및 토론면접제' 사례도 한 번쯤 참고할 만한 가치가 있다. 일례로 특허청의 경우 과장 승진 후보자들이 다면평가단 앞에서 지금까지의 업무추진실적과 향후 직무수행계획을 발표한 후 다양한 질의, 응답 등 토론식 면접을 거치게 했다. 또 승진자의 비전 제시 능력, 리더십, 협상력 등을 설문 문항으로 만든 뒤 직원들을 대상으로 승진 적임자 추천 설문조사를 실시하고 이를 반영해 기관장이 최종 승진자를 결정하는 등 여러 단계를 밟아나갔다.

'승진심사 참관제' 사례도 공정승진 확보책으로서 눈여겨볼 만하다. 일례로 기상청은 승진자를 미리 내정해놓고 심사위원회를 형식적으로 구성하던 그간의 폐단에서 벗어나 직원들이 참여하는 승진심사 참관제를 실시함으로써 승진 심사과정을 밀실에서 광장으로 개방했다. 이를 통해 심사의 공정성과 공무원의 자기계발 욕구가 고취되었다. 승진하려면 어떤 능력과 실적, 기여도가 필요한지에 대한 기준이 직원들 사이에 충분히 전파되어 직원들 간에 선의의 경쟁도 유도할 수 있게 되었다.

'종합역량검증제도' 역시 공정승진을 유도하는 좋은 제도다. 일례로 병무청은 "승진은 여전히 본청 순, 고참 순"이라는 그간의 냉소와 불신 분위기에 대처하기 위해 승진 시 기획력, 발표력, 그룹토론, 다면평가 결과를 종합해 승진자를 결정하는 종합역량검증제도를 도입했다. 이에 따라 승진자의 평균연령이 낮아지고 업무실적 우수자가 발탁되기도 했다. 특히 사무관 승진 시 후보자 명부 2, 3번은 탈락하고, 명부 순위는 비록 47번이지만 30년을 끌어온 고질민원을 해결한 혁신 활동 우수자가 발탁되기도 했다.

넷째, 고위직으로의 승진에서는 실무능력만 보지 말고 직무수행 역량에 리더십, 경륜, 인품 등을 종합 평가해 실력은 물론 리더로서의 비전과 경륜, 덕성을 겸비한 사람이 높은 자리에 올라가도록 크로스 체크할 필요가 있다. 이를 위해서는 하위자들도 승진 투표제에 참여해 정말 자타가 공인하는 사람이 높은 자리로 승진해 경륜과 책무감을 갖고 조직에 기여하게 하는 제도가 필요하다.

〈표 3-6〉 승진과제의 종류와 내용[185]

구분	내용
자기계발 리포트	조직의 주요 업무내용 전반(제품, 업무)에 대한 전문지식
직무개선 논문	담당 직무 및 직장 관련 제반사항에 대한 개선내용
know-why 연구논문	생산기술원리, 업무상 문제에 대한 근본적 접근 및 해결사례
업무 매뉴얼	현재 담당 직무에 대한 표준화 및 지침서 작성
특허(실용신안) 출원	특허, 실용신안 2건 이상 제출
연구성과 우수논문	연구활동 성과를 담은 논문

다섯째, 승진시험 대체 방식에 대한 고민도 요구된다. 최근 심사승진에서의 연줄 인사 병폐가 커지면서 승진시험으로 회귀해야 한다는 주장이 제기되기도 한다. 하지만 승진시험의 병폐도 크기 때문에 승진시험 제도로 다시 돌아가기는 쉽지 않다. 그 대신 현장에서 일하면서 체득하거나 업무 과정에서 익힌 노하우를 정리해 승진자료로 제시하게 하는 승진시험 대체 방식이 설득력을 가질 수 있다. 예컨대 직무개선 논문을 제시하거나 업무 노하우 리포트를 제시하게 하는 것이다. 이런 시험 대체 방식을 통해 승진의 객관성, 공정성을 확보하면서 승진 결과의 타당성도 아울러 챙기는 방법도 가능하겠다.

상기한 여러 방법을 잘 조합해 공정승진 확보책을 튼실히 마련해내면, 승진의 잣대와 프로세스가 좀 더 공정해질 수 있다. 특히 승진 절차의 다단계화는 승진의 공정성 확보와 역량 있는 조직일꾼의 발탁이라는 좋은 결과로 이어지며 승진 프로세스의 권위를 확보해낸다. 그러면 연줄은 없어도 맡은 일만 열심히 하면 자신도 승진할 수 있다는 공무원의 믿음이 공정승진에 대한 조직의 호혜적 약속과 만나 조직-조직구성원 간에 심리적 계약이 잘 이행될 수 있다. 승진 절차에 대한 제도적 신뢰도 그만큼 축적될 수 있다.

6) 승진신청제 등 자기강화 기제의 제도화: 저 준비됐어요. 조직의 큰 일꾼으로 써보세요

승진의 자격 조건인 직무수행 능력과 리더십을 갖추기 위해 자기강화 및 자기결정 기제의 일환으로 다음과 같은 제도들도 적극 응용될 필요가 있다. 일례로 다국적 제약회사인 한국 MSD가 실시했던 승진신청제를 눈여겨볼 필요가 있다.[186] 이 회사는 직원들 본인이 열심히 역량을 개발하고 근무실적을 쌓아 스스로 승진할 자격이 있다고 생각하면 스스로 승진을 신청하게 했다. 이 제도는 연공서열 문화를 없애고 인사의 공정성과 합리성을 확보하기 위해 말단사원에서 차장까지를 승진신청의 대상으로 하고, 자신의 최근 공적, 능력, 승진 시의 특장(特長)을 승진신청서에 기재하게 했다. 이 회사는 인사고과에서도 팀장 평가는 물론 피평가자를 잘 아는 동료 5~6명에게서 의견서를 받고 이를 바탕으로 고과했다.

바로 앞에서 논의한 승진시험 대체 방식도 일종의 자기강화 및 자기결정을 통한 승진신청제도로 응용해볼 수 있다. 직무개선 논문, 업무 노하우 리포트, 특허 출원 등은 공무원이 오랫동안 맡아온 일에서 더 좋은 결과를 얻기 위해 스스로 창의적으로 실험하며 절차탁마해온 생생한 흔적이 데이터로 정리된 것이다. 그렇다면 그런 자기강화의 흔적을 꾸준히 쌓아온 준비된 사람에게 조직의 큰 일꾼이 될 수 있는 자리에 한 발짝 더 다가갈 수 있도록 승진기회를 신청하게 하는 것은 너무나 당연하고 바람직한 자기강화 및 자기결정의 기제이다.

자율관리의 실례로 이미 살펴본 중견 여행사 '여행박사'의 승진방식도 참고할 만하다. 이 회사에서는 함께하는 경영을 실천하기 위해 팀장, 임원, 대표도 직원들이 직접 투표로 뽑는 승진 투표제를 운영한다. 누구든지 공약을 내걸고 직원 과반수의 찬성을 얻으면 그 자리로 승진할 수 있다. 뜻과 실력만 있으면 리더 자리에 도전해볼 길이 활짝 열려 있다.

위의 사례들에서 우리는 승진신청제라는 직원 개개인의 자기강화 및 자기결정 기제와, 승진 투표제라는 직원들의 자율평가 기제의 연결고리를 찾아낼 수 있다. 이것이야말로 일선 직원들의 집단지성과 집합적 행동에 의거해 자율적 승진 질서를 만들어나가는 자기조직화 체제(self-organizing system)의 생생한 실례가 아닐 수 없다. 직원들이 열심히 노력해 일정한 경지에 올랐다고 스스로 판단하면 조직의 큰 일꾼으로 일할 기회를 스스로 신청하게 하고, 동료와 후배직원들은 승진 신청자의 자격요건을 잘 헤아려 가장 잘 준비된 사람에게 자율투표로 승진 기회를 부여하고 있기 때문이다.

과거 정보통신부에서 추진한 '과학적 승진심사 카드제'도 자율적 승진 질서 구축 차원에서 다시금 음미해볼 필요가 있다. 이 제도는 승진과정에서 함께 경쟁한 승진 후보자들 모두가 인정하는 당당한 능력의 소유자를, 또 외부회의나 파견 등 어디에 내놓아도 전혀 꿇릴 것 없는 그런 쟁쟁한 동료를 승진자로 인정하자는 조직 내부 분위기에서 나온 것이기 때문이다. 그런 점에서 보면 앞에서 예시한 특허청의 승진 적임자 추천 설문조사와 승진결정에서 그 조사결과를 반영하는 것도 공정승진뿐 아니라 자율적 승진 질서 구축과 자기조직화 측면에서 매우 의미심장한 실례가 아닐 수 없다.

같은 직장 안의 직원들이 각자도생식 승진 스펙 쌓기나 인사권자인 상사 모시기 문화에 경쟁적으로 편승하기보다는, 이처럼 동료의 업무상 장점을 서로 인정(認定)해주고 일의 결과를 서로 칭찬해주며 독려하는 인정(人情)문화를 구축하면, 이런 좋은 과정들이 승진의 공정성 확보와 역량 있는 자율 인간을 조직의 큰 일꾼으로 키워내는 자율적 승진 질서를 구축하는 자생적 토대가 될 수 있다. 나아가 직원 모두 자신들도 노력하면 동료의 인정과 축하 속에 승진할 수 있다는 지각된 믿음이 형성되어 그만큼 공정승진에 대한 제도적 신뢰도 축적될 수 있다.

10

최소 측정 두 번, 정확한 톱질 한 번이 근무평가의 기본

1) 근무성적평정의 정부 인력관리적 의미: 필요악에서 필요선으로 건너가기

이 세상에서 남에게 평가받는 것을 좋아하는 사람이 과연 몇 명이나 될까? 누군가가 일과 관련된 나의 행적을 들여다보고 그것을 토대로 나의 몸값을 매긴다면, 평가받는 내내 귀찮기도 하고 기분이 나쁘기도 할 것이다. 게다가 평가결과가 부당하게 나오면 마음이 언짢고 괜히 분통을 터뜨리게 된다.

하지만 평가가 전혀 없는 세상도 문제는 있다. 직업세계에서 평가제도가 없다면, 일을 위해 응당 서 있어야 할 사람들이 자꾸 앉으려 하고, 앉아 있으면 안 되는 사람들이 자꾸 누우려 할 것이다. 따라서 입사(직)

직후의 역사적 원가주의를 믿지 말고 현시점에서 직장인들의 역량과 조직 기여도를 따져 인사에 반영하는 현가(現價)주의, 시가(時價)주의를 제도화해야 한다. 그래야 사람들은 직장인으로서 자신의 역할 정체성을 잊지 않고 그에 걸맞은 역량과 마인드를 유지하기 위해 자기계발에 진력한다.

많은 사람에게 영향을 크게 미치는 직업에 종사하는 사람들은 더욱더 피영향집단으로부터 평가를 받아야 한다. 평가라는 자극제가 평가대상의 일거수일투족을 긴장시키고 그런 적절한 긴장감이 그의 능력개발을 가져와 결국 피영향집단의 문제해결에도 기여할 수 있다. 그래서 국회의원의 의정활동 평가, 전문경영인의 사업실적 평가, 대학교수의 강의평가는 중요한 의미가 있다.

시민의 삶에 지대한 영향을 주는 공무원 직업도 예외가 아니어서 공무원 평가에 대한 관심도 날이 뜨거워지고 있다. 외환위기와 더불어 출범한 김대중 정부 때부터 공직사회에 대한 평가수요가 폭발해 직무성과계약제, 근무성적평정제, 성과연봉제, 정부 업무평가제도, 다면평가제도 등 무수한 평가제도가 도입되었다.[187]

평가의 필요성은 역사적으로도 입증된다. 조선 건국의 설계자 정도전은 조선 개국(開國)의 기본정책을 규정한 법전(法典)인 《경국대전》에서 고적제(考績制)의 필요성을 강조했다. 일례로 형조(刑曹)의 경우 작은 사건은 3개월간 50건, 중대 사건은 30건씩의 표준건수를 정해놓고 이것을 처리하지 못할 경우 소속 관원의 계급을 한 계급 강등시켰다고 한다.[188] 신료들이 백성을 위해 선정(善政)과 안인(安人)을 구현하게 하는 한 가지 방법으로서, 그들이 일한 결과를 체계적으로 평가하고 그 결과를 인사에 반영한 것이다.

근무성적평정(이하 근평으로 줄임)은 직원들이 달성해야 할 과제나 목

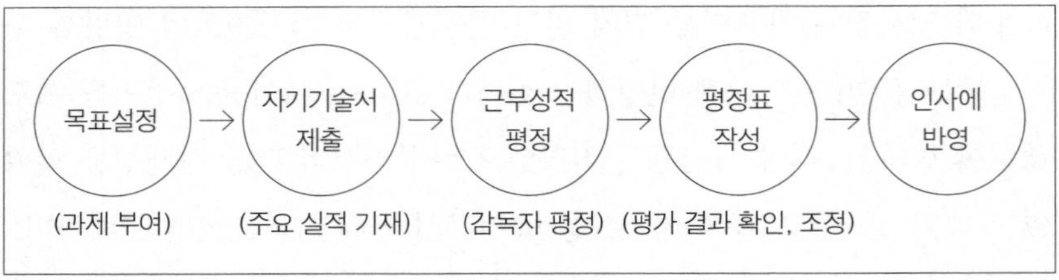

〈그림 3-3〉 근무성적평정의 기본 절차

표(준거 기준)를 정한 뒤 일정 기간이 지난 후 그가 실제로 해낸 일의 결과(실적)를 제시하면(signal), 그 준거 기준과 실적을 비교해 누가 목표를 다 달성했는지, 누가 더 일을 많이 했는지, 누가 더 일을 잘했는지 옥석(玉石)을 가리는 평가(screening)를 한 뒤 평가 결과의 순위를 매기고(ranking) 그에 상응하는 인사상의 처우(carrot or stick)를 해주는 것이다.

공직사회에서는 이런 과정을 근평 혹은 성과평가로, 일반 기업에서는 인사고과 혹은 업적고과로 부른다. 공직사회의 근평은 투 트랙으로 구성된다. 2006년 공무원 성과평가 등에 관한 규정과 공무원 성과평가 운영지침에 따르면, 4급 이상은 직무성과 계약 내용을 토대로 평가하며, 5급 이하는 근무실적과 직무수행 능력을 따지는 근무성적평정을 받는다. 근무성적은 70~95%, 경력은 5~30%, 가점은 5% 비율로 평정에 반영된다.

인사제도로서 근평이 갖는 개인적 의미는 평가 결과를 직원 개개인의 승진, 보수인상, 징계 등 상벌을 결정하는 데 반영하거나 교육훈련 수요의 파악 등 개개인의 능력발전 기초자료로 활용하는 것이다. 반면 근평의 조직적 의미는 평가 결과를 조직의 문제점 진단에 활용하거나 인력계획 등 인사관리에 반영하는 것이다.[189] 예컨대 어느 직원이 능력이 있고 최선을 다했는데도 근평 점수가 낮게 나온다면 현재 맡은 일이 잘 맞지 않는 것으로 보고 새로운 직무를 부여하거나 기존의 직무 내용을 재설계해보는 데 유용한 자료로 활용하는 것이다. 그 외에도 평가 결과는 직원의 임용과 능률향상을 위한 각종 인사행정 기술의 타당성을 평가할 때 필요한 자료도 제시해준다. 시험성적과 근평 결과를 비교해 채용시험의 타당성을 더 높이는 데 활용하는 것이 그 예이다.

평가받는 것을 좋아하는 사람이 없기에 평가는 일단 필요악에서 출발하지만, 위와 같이 평가의 순기능을 잘 살려내면 필요선의 결과를 가져올 수 있다. 평가는 직장인에게 자극을 주어 그들의 긴장감을 유발할 목적으로 불가피하게 시작되지만, 피평가자들이 평가의 참뜻을 수용해 평가 결과를 자신의 발전 기회로 삼아 적극적으로 피드백한다면, 평가자-피평가자 모두에게 좋은 결과를 낳는 선순환 구조로 제도화될 수 있다. 특히 평가는 직원들의 역할 정체성 학습과 역할수행능력 개발의 계기가 될 수 있다. 그러나 평가가 공정성을 잃으면 필요선은 물 건너가고 제도가 절대악으로 빠질 우려도 있다. 평가의 공정성 확보가 절대 중요하며 그것만이 평가가 필요선으로 가는 유일한 길이다.

2) 근평의 구조적 · 문화적 문제점: 허술한 제도, 나쁜 마음

현행 공무원 근평 제도에는 구조적 한계와 더불어 이를 더욱 촉발하는 문화적 모순도 적잖이 내재해 있다. 근평 제도의 구조적 한계부터 살펴보자.

공무원의 근무실적과 직무수행 능력을 측정하는 것은 그리 쉬운 일이 아니다. 업무 자체가 대인(對人)적 숙련성을 포함하고 있고 업무 결과가 집단노력의 산물인 경우가 많기 때문이다. 업무산출 결과가 무형적이어서 계량화도 쉽지 않다. 이런 성향은 정책업무일수록 더 심하다.[190]

평가 대상자가 과거부터 현재까지 일한 결과를 토대로 그가 미래에 높은 자리에 올라가서도 일을 잘할 수 있을지를 측정하는 기본 자료로 삼는 것은 논리적으로 문제가 있다는 지적이 있다.[191] 현재 직원의 경쟁력이 향후에도 언제 어디서나 그의 실력 발휘를 보장하는 확고한 잠재력이 될지를 100% 확신하기 어렵다는 것이다. 그러나 동일 직렬의 상위직으로 올라가는 승진의 경우에는 높은 자리가 요구하는 역량을 사전에 체계적으로 교육받을 기회가 제공된다면 이는 큰 문제는 아닐 듯하다.

평가자-확인자의 2단계를 밟게 하는 현행 근평 절차도 구조적인 문제점을 낳을 소지가 있다. 피평가자의 바로 위 상위자인 평가자는 어느 정도 피평가자의 업무내용, 업무절차, 개인적 특성을 가까운 거리에서 지켜볼 수 있어 평가자로서의 지위에 큰 문제는 없다. 그러나 평가자의 상위자로 구성되는 확인자는 피평가자들과는 물리적 거리감이 있다. 대개 단위부서의 장인 확인자는 말단직원들의 일 모두를 통할(統轄)하고 일일이 평가할 수 있는 가까운 위치에 있지 못하다. 따라서 확인자는 1차 평가자의 평정을 존중하되 사실 누락 등의 오류가 있거나 직무 난이도의 해석에 있어 평가자들 간의 현격한 차이가 있을 때 이를 바로잡는 조정자의 역할에 그쳐야 한다. 하지만 확인자에게 지나치게 평가권을 부여하면 평가과정에서 자의성(自意性)이나 정실이 개입될 여지가 커진다. 평가자보다 상위자이기 때문에 이들이 실질적 영향력을 행사하려 들면 확인자의 의도가 순위 결정에 상당히 중요한 요인이 될 수 있다.[192] 평가내용을 잘 모르는 확인자에 의해 매겨진 직원들에 대한 평정점수 순위가 조직 내 정치나 정실주의 차원에서 뒤바뀔 소지가 있다.

공무원 근평을 둘러싼 문화적 함정도 만만치 않다. 평가자들이 인사에서 챙겨야 할 개인적 측근이나 고향 후배 혹은 학교 후배를 미리 염두에 두고 그가 상위랭킹에 오르도록 내정한 뒤 점수를 꿰맞추는 역산(逆算)을 하는 경우가 적지 않다. 평정이 재직 연수 등 연공서열 문화에 의해 좌우되는 것도 문제이다. 이것 역시 재직 연수가 많은 사람에게 높은 평가점수를 주기 위한 역산 관행을 낳을 수 있다.

연공서열식 평가와 역산 관행 때문에 근평 결과에 대한 공무원의 수용 정도는 그리 높지 못하다. 한 조사에 의하면, 한국 공직사회에서의 근평에 대한 신뢰도는 8%에 불과하다고 한다. 정(情)의 문화에 따른 변칙적 제도 운용과 역산 관행 등 편법이 만연해 있기 때문이다. 그렇다면 현재의 근평 제도에 기초한 성과급의 확대 재생산은 구성원 간의 경쟁과 반목을 증폭시킬 우려가 있다. 그만큼 근평의 객관성과 신뢰성 확보가 시급하다.[193]

때로는 확인자가 평가내용을 잘 모르거나, 평가자가 평가에 대한 소신이 부족해 평가 결과가 중간화나 관대화의 오류에서 벗어나지 못하기도 한다. '좋은 게 좋은 것'이라며 모든 피평가자에게 좋은 점수를 주거나 중간 분포에 해당하는 점수를 과다하게 주는 것이다. 반대로 하위자인 피평가자들을 혼내주거나 트집을 잡기 위해 평가점수를 하위자 모두에게 박하게 주는 엄격화 경향도 종종 나타난다.

평가문화의 부재를 보여주는 또 하나의 문제점은 바로 평가자들이 정밀한 평가를 위한 문서작업을 기피하는 경우이다. 평가의 목적이 상벌 결정의 사정(査定)에서 피평가자의 능력육성 쪽으로 전환하면, 평가자인 중간관리자들의 역할이 확연히 늘어난다. 하위자들의 능력육성까지 고려해야 하므로 평정 요소도 복잡해지고 평가 과정도 더 세밀해져야 하기 때문이다. 그만큼 중간관리자들은 평가에 많은 시간과 공력을 들여야 하므로 평가 자료를 만들고 평가 절차를 밟는 데 따르는 문서작업(paper work)에 시간을 많이 들이는 것에 저항하다가 결국에는 평가 과정을 형식화해버린다.[194]

"악마는 디테일에 숨어 있다"라는 말이 있다. 평정 요소나 평가 절차에 대한 치밀한 고민과 세심한 준비가 생략되어버리면, 그런 형식화된 허술한 평가 시스템으로 인해 공정한 평가는 물 건너가고 연공서열이나 연고 우선의 평가가 더욱 기승을 부리기 쉽다.

3) 근평의 발전 방향: 최소 측정 두 번, 정확한 톱질 한 번의 목수철학 배우기

평가제도는 비록 필요악에서 출발하지만 궁극적으로는 필요선의 길로 가야만 제도로서 의미가 있다. 그래야 조직과 조직구성원 모두에게 이득이 되는 포지티브섬 게임의 결과가 나온다. 그렇다면 현행 근평 제도의 구조적 · 문화적 한계를 치유하고 더 나아가 평가제도가 필요선을 향해 굳건히 나아갈 수 있게 해주는 대안은 무엇인가?

첫째, 피평가자의 실적, 역량과 태도 등을 정확하게 측정하기 위해 평정 항목과 평정 요소를 더욱 차별화 · 세분화해야 한다. 그래야 평가를 정확하게 할 수 있고 인사권자의 주관적 판단도 막을 수 있다. 특히 평가자가 평정 요소의 취지를 잘 알고 평정의 핵심 포인트를 정확히 잡을 수 있도록 평가 체크 포인트가 평정표상에 명확히 제시되어 있어야 한다.[195] 우리나라의 경우는 과거에 비해 많이 개선되었지만, 공무원 근평 자료가 아직도 디테일하지 못해 평정 요소 수가 제한적이고 평정 내용도 일반적 한계에서 벗어나지 못한다. 행정안전부의 2010년 공무원성과 등에 관한 지침을 반영한 공무원성과평가서 서식을 보면, 공무원의 근무실적에 대한 평가자료는 피평가자들이 자신의 성과목표나 단위과제를 평정서에 3개(필요 시 추가 2개) 기록하고 그 주요 실적을 근무시간, 완성도 등을 고려해 양적으로 기재하게 하는 데 그친다. 그런데 이런 근무시간 위주의 단순한 양적 달성도뿐만 아니라, 과정상의 노력도, 정확도, 공헌도, 업적의 질, 업적향상 정도를 근무실적 평정 요소로 더 추가해 측정한다면, 공무원의 일에 대한 결과와 과정상의 노력에 대해 좀 더 정확하고 신중한 평가 결과를 도출해낼 수 있다.

둘째, 시대에 부응하는 새로운 평정 요소를 채택할 필요가 있다. 예컨대 공공 관리 시대의 가치는 경쟁이었지만 후기 공공 관리 시대의 가치는 협업이다. 부서 간 칸막이를 없애고 협업을 강조하는 행정 3.0 시대에 걸맞게 평가의 비전을 공직 생태계에 대한 기여도로 전환해 경쟁과 협업 모두를 평가해야 한다. 그런 의미에서 협업 관련 평가지표를 공무원 근평 평정 항목에 의무적으로 포함할 필요가 있다. 다양한 직렬이 SNS를 매개로 프로젝트에 순간적으로 결집해 자발적으로 협업을 한 후 일이 끝나면 바로 해산하는 태스크 플래시 몹도 평가대상으로 중시할 만하다. 제4차 산업혁명 시대에는 정형화된 업무는 기계가 하고 비정형적이고 창의적인 업무는 주로 사람이 맡게 되므로 공무원의 창의성을 독려하는 창의성 평가지표도 의무적으로 도입할 필요가 있다.[196]

셋째, 근평이 피평가자들을 혼내고 트집을 잡기 위한 것에서 벗어나 직원들의 잘잘못과 부족한 점을 알려주어 인재를 키우는 능력육성형으로 발전하려면, 근무실적은 물론 직무수행 능력과 직무수행 태도 모두를 폭넓게 구체적으로 평가할 필요가 있다. 능력과 태도를 폭넓게 구체적으로 측정하려면 각각의 평정 요소 추가가 불가피하다. 현행 공무원성과평가서 서식을 좀 더 들여다보면, 피평가자의 직무수행 능력은 기획력, 의사 전달력, 협상력, 추진력, 신속성, 팀워크, 고객 지향성을 중심으로 측정한다. 하지만 이에는 직무수행 능력 요소와 직무수행 태도 요소가 혼재해 있다. 예컨대 팀워크와 고객 지향성은 직무수행 능력보다는 직무수행 태도에 더 가깝다. 따라서 양자를 구별해 좀 더 자세하게 평정 요소를 재배치할 필요가 있다. 특히 직무수행 능력의 경우는 이해 및 표현력, 응용 개선력, 정보분석력 등을, 직무수행 태도는 도전의식, 자기계발, 주인의식, 책임감, 협조성, 규율성을 추가로 측정할 필요가 있다.[197] 그러면 승진 등의 인사자료뿐만 아니라 추후 직원들의 능력육성 자료로서 더 유용해진다.

넷째, 평가 결과를 공개하고 피평가자의 이의신청과 피드백 기회를 부여해야 한다. 근평의 목적이 상벌의 결정뿐 아니라 직원들의 능력육성에도 있다면 평가 결과의 공개는 필수이다. 평가 결과를 피평가자 개개인에게 공개해 이의신청 등 소명할 기회를 주고, 평가 이후 개인의 변화를 도모하게 하기 위한 자율적 피드백의 기회로 활용하게 해야 한다.[198]

다섯째, 단일 평정표에 따른 단 한 번의 평가 결과를 모든 인사관리에 반영하는 다(多)목적형 평정보다는 평가 결과를 향후 각종 인사제도의 운용에 맞춤형으로 활용하기 위해 평가제도를 평정 목적별로 가져가는 운용의 묘를 기해야 한다. 즉 근무실적 결과는 조직에 대한 기여 정도에 상응하는 성과급의 결정에, 기타 직무수행 능력이나 태도 고과의 결과는 능력육성을 위한 교육훈련의 기초자료로 삼는 것이다. 또 실적, 능력, 태도 등 세 가지 종합적 평가 결과는 기본연봉 책정, 호칭 부여, 경력개발의 기초자료로 삼는 것이 필요하다.[199] 이처럼 측정을 다각화해 그것에 맞게 평가 결과를 응용하는 것이 필요악에서 출발한 근평 제도가 직원들에 대한 공정한 상벌 결정과 장기적인 능력육성의 기초 자료로 활용되는 등 필요선의 제도로 진화하는 길이다.

여섯째, 맞춤형 평정의 제도화도 필요하다. 피평가자가 수행하는 일의 내용이나 난이도, 또 그의 조직 내 지위에 적합하도록 적정한 평정 요소를 도출해내고 그것들에 의거해 공정한 평가가 이루어지도록 해야 한다. 어려운 일이나 위험한 일을 수행하는 사람이나, 또는 상위자, 중간관리자 등 조직 내 직위 특성을 반영해 맞춤형식으로 평정 요소를 세분화해주고, 특히 난이도가 높은 일을 하거나 책임의 정도가 높은 사람에게는 그에 상응하는 가중치를 부여해 평가하는 방법도 좋은 대안이 될 수 있다.

일곱째, 평정자 훈련도 필요하다. 평가 결과가 공정하지 못하면 멀쩡한 인재가 복지부동하거나 비리를 저지른다. 즉 X_1이 점차 X_2, X_3로 변질한다. 이처럼 평가는 피평가자 개인은 물론 조직발전의 사활을 좌우하는 관건이다. 그만큼 공정한 평가는 조직의 절대적 과제이다. 평정자들이 평정 스킬을 계발할 기회를 부여해, "선무당이 함부로 사람 잡는" 결과를 초래하지 않도록 '최소 측정 두 번, 정확한 톱질 한 번'[200]이 이루어지는 합리적인 평가문화의 정착이 요구된다.

여덟째, 평가자들도 평가를 받아야 한다. 상사만 하위자를 평가하라는 법은 없다. 때로는 고객이 조직을, 동료가 동료를, 하위자가 상사를 평가할 수 있도록 다면평가가 필요하다. 이를 위해 평가권도 분권화되어야 한다. 직무수행 능력 평가나 태도 평가의 경우에는 동료 평가를 추가함으로써 개인의 내면에 숨겨진 잠재력은 출중하지만 상사 앞에만 가면 주눅이 들어 그 잠재력을 다 발휘하지 못하는 내향적 성향의 직원들이 불이익을 당하지 않도록 할 필요도 있다.

현 유비쿼터스 시대는 다양한 사람들이 시간과 장소의 영향을 받지 않고 평가 시스템에 실시간으로 접속해 평가에 참여할 수 있게 해 다면평가의 가능성을 높여준다. 물론 다면평가의 문제점도 만만치 않다.[201] 2012년 현재 중앙행정기관 42개 중 16개 기관만 다면평가를 실시한다. 그 결과도 승진심사 시 참고하거나 역량개발을 위한 교육훈련에 제한적으로 활용할 뿐이다. 현재 다면평가 방식의 신뢰성은 매우 낮다. 피평가자에 대한 자료제공 미흡, 미숙한 제도 운용, 공정한 평가자 구성의 어려움 때문이다. 평가자의 자격 기준도 논란의 대상이 되고는 한다. 특히 다면평가의 경우 인기투표식 · 여론재판식의 평가 오류에서 쉽게 벗어나지 못하고 있다.

평가권의 남용을 막기 위해서는 하위자들에게 다면평가를 하는 목적이 상사들을 이참에 혼내주고 골탕 먹이기 위한 분풀이용이 아니라 단위조직을 이끌어나가야 할 상사의 직무역량과 제대로 된 리더십의 보강 기회를 지속적으로 마련해주어 조직을 살찌우기 위한 점임을 충분히 교육할 필요가 있다. 또 상위자에 대한 다면평가 결과를 당장의 승진자료로 삼기보다는 상위자들 자신이 무엇을 보완하고 더 구비해야 하는지를 성찰해보는 기초자료로 활용하면서 점차 그들의 역량개발 자료나 승진자료로 인정해나가도록 해야 한다. 그래야만 조직과 조직구성원 모두에게 윈-윈이 되는 다면평가 결과가 나올 수 있다.

아홉째, 지방의 경우 평가의 공정성 문제가 더 크게 제기되므로 이에 대한 대책이 필요하다. 먼저 자치단체장의 자의적인 인사를 합리화해 주는 기구로 전락한 인사위원회의 독립성 확보를 위해 외부위원 위촉 시 지방의회 제청권을 절차화할 필요가 있다. 충분한 인력풀 구성이 어려운 경우는 자치단체 간 인사조합의 구성도 필요하다. 자치단체장의 자의적 권한 행사를 막기 위해 5급 이상의 승진에서는 역량평가제도나 직위공모제 도입도 필요하다. 결과 공개 및 이의신청을 권장하기 위한 인사관리 공정성 지수의 개발도 긴요하다.[202]

4) 전략적 업적평가 시스템과 직무성과계약제

최근 전략적 업적평가 시스템 논의가 무성하다. 직원들에 대한 평가 결과를 조직의 발전에 직접 반영하기 위한 것인데, 그 직접적 예로 BSC(Balanced Score Card), 이른바 균형성과관리제도가 있다. 균형성과관리는 성과관리에 좀 더 제도적인 균형을 취하자는 것인데, 이를 위해 평가 기간을 단기에서 중장기로 늘리고, 평가 결과뿐 아니라 평가 과정도 들여다보자는 것이다. 또 양만 측정하지 말고 질도 따지자는 것이 그 핵심이다. 그러기 위해 조직의 성과를 측정할 때 재무 중심 평가지표에만 집착해오던 그간의 경향을 지양하고, 조직 밖의 고객 관점, 내부 프로세스 관점, 학습성장의 관점도 함께 끌어들여 양과 질, 결과와 과정의 제도적 균형을 맞춰보려고 한다.[203] 당연히 평가 기간도 단기에서 중장기적 시각으로 늘리고, 평가 결과 기록도 1년 단기 방식이 아니라 다년연기(多年連記) 방식을 취하는 쪽으로 재조정한다.

우리 정부는 고위공무원단의 책임 의식을 제고하기 위해 전략적 업적평가 시스템의 하나로 2005년부터 직무성과계약제를 시행하고 있다. 직무성과계약제는 정부조직 밖의 고객 관점을 끌어들여 "우리의 고객은 누구이며, 우리 조직은 무엇을 위해 존재하는가?"라는 근원적 물음에 대한 고위공무원의 자기성찰을 중시한다. 그런 다음 조직의 미션과 중장기적 역점과제를 설정하고 이를 바탕으로 조직목표에 연계되는 관리자들 개개인의 성과목표를 설정한다. 또 이를 어떤 질적 · 양적 평가지표를 통해 측정할지를 장 · 차관인 기관 책임자와 피평가자인 실 · 국장, 과장 간의 상호 논의를 통해 결정한다.

직무성과계약제는 기존의 제도에 비해 성과목표의 지향점이 분명해져 실 · 국장, 과장 등 계약 당사자들에게 명확한 목표 의식을 부여한다. 평가에 대한 긴장감도 고취해준다. 특히 핵심성과의 정보가 중장기적으로 축적되면 각 부처가 본연의 임무달성을 위해 무엇에 역점을 두어야 하는지 그 판단기준이 마련될 수 있다.[204]

직무성과계약제는 종래처럼 평가 기간 1년 동안의 밀어붙이기식 목표달성을 지양하고 조직의 정당성 확보 차원에서 정말 조직발전에 기여할 수 있는 직원 개개인의 목표를 장기적으로 실현하는 과정을 강조한다. 이에 대한 이해를 돕기 위해 한 가지 사례를 들어보자.

예컨대 자연환경의 극심한 파괴를 초래한 4대강 정비사업의 주무부처였던 당시 국토건설부는 이미 정부가 맑은 물 대책 차원에서 30조원을 썼는데도 불구하고 4대강 정비사업을 구실로 공식적으로만 22조원의 예산을 또 낭비하고 말았다. 이런 나쁜 사례를 더 이상 반복하지 않기 위해서는 공무원의 단기적 시간관과 영혼 없는 상명하복(SSKK) 태도가 극복되어야 한다. 더 이상 위에서 시킨다고 해서 시키는 대로 단기간의 성과 내기에만 급급해 예산을 낭비하면서까지 생태계를 파괴해서는 안 된다. 이제부터는 장기적 시간관 아래 미래를 내다보는 긴 안목에서 개발과 보전의 균형을 도모하는 정책을 입안, 추진하도록 유도하는 장기적 시각의 평가제도가 긴요하다. 장기적 시간관에 따라 정책수요를 정확히 예측하려는 진지한 고민 없이 졸속, 즉흥적으로 추진된 용인 경전철, 의정부 경전철 사례의 재발을 막기 위해서도 전략적 업적평가 시스템에 따른 장기적 시각의 평가제도가 필히 요구된다.

5) 자율평가와 기관별 자유재량권의 확대

중 · 하위직 공무원의 근평에서도 상사 중심의 일방통행형에서 벗어나 자율평가 방식의 장점을 도입할 필요가 있다. 근무실적을 평가할 경우 피평가자가 근무실적에 대한 자기기술서를 작성해 제시하는 현 수준을 뛰어넘어, 피평가자 본인도 자기가 한 일의 결과에 대한 자기평가의 기회를 부여받음으로써 상사 일변도의 일방적 평가가 초래하기 쉬운 평가오류를 예방해야 한다. 자율평가는 자신의 업무 결과 및 업무 과정의 잘잘못을 스스로 체크해보는 등 자기성찰의 기회로도 작용할 수 있다.

일부 기업들은 자율평가의 장점을 근평이나 그것을 토대로 한 봉급 수준의 결정에 이미 도입한 바 있다. 일례로 현대정공은 업적고과 시 상사평가뿐 아니라 자기평가 조항을 두어 직접 자기 일의 결과에 대한 점수를 매기며 자기성찰의 기회를 갖게 했다. 과거에 불이산업, 신광공업 등에서 시행했던 자기봉급 결정제도에서는 직원들이 열심히 일한 뒤 자신의 근무실적을 스스로 평가해 혁혁한 성과를 냈다고 스스로 판단하면 본봉의 최고 10배까지 신청할 수 있게 했다. 그러자 최고의 성과를 낸 직원도 2배를 신청하는 데 그쳤고, 실적이 좋지 않을 때에는 직원들이 월급을 반환하려 했다고도 한다. 그만큼 자율평가는 직원들의 주인의식을 고취하며 자신의 역할 정체성을 재점검하고 역할수행능력을 재학습하는 계기를 부여하는 등 평가제도가 필요선으로 가게 하는 선순환 구조로 작용할 수 있다.

공직사회에서도 공무원의 주인의식 고취와 윤리적 자기장악력을 높이기 위해 자율평가 등 자기결정력과 자존감을 고취해주는 쪽으로 점차 평가제도의 근간이 바뀌어야 한다. 자율평가를 위해서는 최고위층의 의지가 중요하며, 중 · 하위직 공무원의 적극적인 평가 참여 정신과 자율적 피드백 노력이 직업윤리 차원에서 요구된다.

기관의 실정에 맞게 각 기관에 근평의 자유재량권을 부여하는 것도 중요하다. 최근 이런 측면에서 중 · 하위직 공무원들을 대상으로 한 근평 제도의 개선이 점진적이나마 이루어진 것은 나름대로 중요한 의미가 있다.

새로운 공무원 근평 제도는 정부조직의 성과향상과 개인의 능력발전에 활용하기 위해 근평 제도의 설계와 운영에서 각 부처의 자율성을 확대하는 조치를 취하고 있다. 즉, 근무성적평정 및 경력평정의 구성비율 조정과 평정 요소별 반영비율을 부처가 자율적으로 정하게 했다. 또 근평 반영기간의 확대, 평정제도 운용의 절차적 공정성 확보, 상 · 하위자 간 면담을 통한 목표와 성과측정 방법의 합의, 평가 결과의 공개 및 이의신청 절차의 제도화를 도모했다.

각 기관이 이처럼 재량권을 갖고 평정 요소를 맞춤형으로 설정하거나 조직의 실정에 맞게 성과측정 방법의 합의 절차를 재설계해나간다면,

〈표 3-7〉 근평 제도의 개정 전후 비교[205]

	개정 전	개정 후
◇근무성적평정		
승진 후보자 명부 반영비율	50~70%	70~95% 내에서 부처가 자율 결정
승진 후보자 명부 반영기간	3년	3년 이상에서 부처가 자율 결정
평정 시기	연 2회	연 1회 또는 2회를 부처가 자율 결정
평가항목	근무실적, 직무수행 능력, 태도	3개의 반영 여부는 부처가 자율 결정
◇경력평정		
승진 후보자 명부 반영비율	20~30%	5~30% 내에서 부처가 자율 결정
대상 기간	14년	5년 이상에서 자율 결정
평정 시기	연 2회	1~2회 자율 결정
◇가점		
상한점	가점 7.25점, 경력 가산점 2점	총 5점 이내 각 부처의 자율 결정
◇성과 면담	별도의 절차 없음	연초 성과계획 수립 시, 평가 전 실시
◇결과 공개	〃	종료 후 공무원 요청 시 즉시 공개
◇이의 신청	〃	불복하는 공무원은 제기 가능

직원 모두가 동의하고 수용할 수 있는 맞춤형 성과지표와 참여 지향적 평가 프로세스를 조직이 자율적으로 만들어나가는 길이 열린다. 이것 역시 자율평가의 제도화라는 점에서 자율적 인사관리 및 자기조직화의 또 하나의 사례가 될 수 있다.

향후에도 현장 중심 자율인사 차원에서 평가 지표와 평정 요소의 책정 등에서 각 기관에 좀 더 자유재량권이 부여되어야 한다. 자기평가의 제도화 등 인사권도 좀 더 분권화될 필요가 있다. 물론 피평가자들의 평가 참여 정신과 자율적인 피드백 노력도 직업윤리 차원에서 필히 병행되어야 할 것이다.

근평 과정에서의 자유재량권 부여와 자율평정을 위한 공무원의 참여 노력이 모이고 쌓일 때, "최소 측정 두 번, 정확한 톱질 한 번"의 제도화를 통해 공무원 근평이 선순환 구조로 가며, 조직-조직구성원 모두의 발전에 기여하는 필요선으로 자리 잡을 수 있다.

Part IV

성심으로 공무에 임한 나라 살림꾼에게 정당한 대가를

11

수고한 자에게 의미 있는 보상을

1) 공무원 보수: 수고의 대가냐, 몸값이냐

한때 직장인이 손꼽아 기다리는 날이 있었다. 바로 월급날이다. 월급을 받아 쌀도 사고 연탄도 사고 아이들 학용품도 사고 참 돈 쓸데가 많았다. 그래도 월급봉투를 받으면 신이 났다. 그날 저녁에는 직장동료끼리 술도 한 잔씩 나누었다.

월급은 직장인이 한 달 동안 직장 일에 고스란히 매달려 고생한 것에 대한 수고료, 즉 노동에 대한 대가이다. 그래서 월급날은 직장이 직장인의 노고를 위로하고 보답하는 날로서의 의미도 있었다.

언젠가부터 한 달 동안의 수고료나 노동의 대가라는 의미를 넘어 직장인의 몸값을 한마디로 보여주는 무서운 개념이 등장했다. 연봉(年俸)이 그것이다. 연봉에는 노고에 대한 수고료보다는 직장인이 조직에 경제적으로 기여한 정도, 즉 직장인의 업무실적과 직무성과를 따져 그의 몸값을 매기는 냉혹한 의미가 담겨 있다. 그래서 연봉은 월급이라는 개념에 비해 비인간적 성격이 강하다. 한마디로 일의 결과에 따라 보수에 큰 차별을 두는 계산적 의미가 강하다. 그래서 일면 비정(非情)하기까지 하다.

세월의 흐름 속에 직장인이 받는 보수의 성격이 인간미가 담긴 수고료의 의미에서 몸값이라는 비정한 의미 쪽으로 크게 바뀌고 있다. 사람은 남과의 비교에 따른 상대적 결핍감(comparative need)을 크게 느끼는 동물이다. 따라서 직장이 주는 보수에 대한 느낌이 다 남다르고, 직장 내 동료들 간의 연봉 차이에 따른 심리적 충격 여파도 상당할 것이다.

비교의 대상과 기준이 직장 내에만 있는 것도 아니다. 다른 직장에 다니는 친구들과 비교하는 경우도 많다. 즉 비슷한 시점에서 직장생활을 시작해 나이도 비슷하고 직장에서 하는 일의 내용과 지위도 엇비슷하다면, 친구들끼리 서로 월급이나 연봉 수준을 놓고 도토리 키 재기식 경쟁을 하게 된다. 그리고 그 많고 적음에 따라 누구는 환희의 기쁨을 누릴 수도 있고 누군가에게는 심한 마음의 상처가 남을 수도 있다.

보수는 이처럼 자아존중의 지표가 되며, 임금생활자의 구매력과 사회적 지위를 결정하는 등 사회 심리적으로도 큰 영향을 미친다. 일례로 미국 연방정부 공무원의 32%만이 금전적 보상에 만족하고, 나머지는 자신을 이등 시민(second class citizen)처럼 느낀다고 한다. 보수는 직장인 개개인의 생존과 직장에 대한 그들의 신뢰에도 큰 영향을 미치기에, 자칫 임금 불평등은 조직 내외에서 큰 갈등과 마찰을 야기할 수 있다.[206]

따라서 직장인의 보수와 관련해서는 두 가지 차원의 문제가 대두하는 것에 유의해야 한다. 하나는 직장인이 한 달 동안 직장 일을 하느라 수고한 점에 대한 위로의 차원에서 그들이 먹고사는 데 지장이 없도록 보수 수준을 적실하게 유지해주는 문제이다. 다른 하나는 일한 결과의 정확한 측정을 통해 보수의 차등을 두는 데 있어 누구도 이의를 제기하지 않을 정도의 합리적 기준을 마련하는 것이다.

우리는 상기한 논의를 통해 보수라는 것이 일단은 사람들이 열심히 일하도록 역할수행 여건을 조성해주는 주요 장치임을 인식할 수 있다. 일례로 행정 일선의 하위직 공무원들은 보수가 적고 업무환경이 열악하므로 물질적 · 금전적 보상에 따라 동기부여될 가능성이 더 높다고 한다. 실제로 3년 주기로 시행되는 우리나라 공무원 의식조사에서도 직무 불만의 요인으로 열악한 보수 수준을 지적한 응답자가 53.4%나 된다. 일반직, 경찰직, 소방직 공무원 모두 보수 수준의 열악함을 가장 대표적인 직무불만 이유로 지적한다. 결국 하위직은 외재적 보상을 더 중시하므로 유능한 인력을 유입하려면 금전적 보상을 더욱 강화할 필요가 있다.[207]

반면 연봉제의 관점에서 보면, 보수는 직장인의 몸값을 바로 보여주는 것이므로 직장인의 역할 정체성 학습과 역할수행능력 개발 기회로 작용할 수 있다. 즉 자신의 업무 결과가 바로 보수로 연결되므로 연봉을 높이기 위해서는 부단히 자신의 능력을 개발하려는 마음을 먹게 한다. 그러나 공정하지 못한 기준에 따른 보수의 차등 지급은 공무원에게 열심히 일해 봤자 아무 소용 없다는 자포자기의 심정을 갖게 할 수 있다. 그렇게 되면 불공정한 보수가 다시 역할인지 부조화를 낳는 제도적 원인으로 작용해 많은 공무원이 H형 인재나 디지로그 공무원, 더 나아가서는 공적 자아로 커나가는 데 있어 큰 암초가 될 수 있음에도 유의해야 한다.

보수 수준의 책정이 공정한 잣대에 의해 이루어지지 못하면 보수에 차등을 두는 성과급제도나 성과연봉제가 필요선의 방향으로 가지 못하고 절대악의 제도로 전락하기 쉽다. 그렇게 되면 공무원 대다수가 공정하지 못한 제도에 대해 불쾌감과 위화감을 크게 느끼게 되고, 더 나아가서는 직장이 시행하는 모든 제도에 대해 제도적 신뢰를 거두어들이게 된다.

보수 혹은 임금의 이런 복잡다단한 사회경제적 의미와 공직사회의 보수 변화 맥락, 특히 성과연봉제의 도입이 우리에게 주는 의미는 무엇인지, 또 그것에 어떻게 대응해야 할지를 하나하나 논의해보자.

2) 보수수준의 진단과 그간의 보수책정에 대한 성찰

공직은 근로의 대가에만 집착하는 경제적 의미의 직업(occupation)이 아니라 소명이나 천직(vocation)에 좀 더 가까운 직업이다. 그러나 공무원이 항상 풀만 뜯어 먹고 이슬을 맞으며 잘 수는 없다. 따라서 직업적 소명을 구실로 공무원에게 박봉을 강요하는 것은 현명하지 못하다.

싱가포르 공무원은 민간부문 대비 97~105%의 월급을 받는다고 한다. 이런 경제적 보상이 보장되므로 생산성 높게 일한다. 공무원의 높은 보수가 정부의 생산성을 낳고, 그것이 다시 국가 경쟁력으로 연결되는 점을 상기하면, 공무원 봉급은 경제적 의미의 직업과 소명으로서의 직업 간의 중간 어디쯤에서 그 수준이 적정하게 결정되어야 할 것이다.

흔히 우리나라 공무원이 받는 봉급을 놓고 '박봉(薄俸)'이라고들 말한다. 이 말은 다음과 같은 두 가지 의미가 있다. 즉 월급만으로는 생계가 곤란할 정도로 보수가 절대적으로 적다는 의미와, 여타 직업집단들과 비교한 결과 보수가 상대적으로 적다는 의미가 있다. 우리 공무원의 봉급은 대기업의 70% 수준, 민간부문 평균의 83.4%인 것으로 조사된다. 물

〈표 4-1〉 민간 대비 공무원 보수 추이[208]

(단위: %)

연도	2002	2003	2004	2005	2006	2007	2008	2009	2010	2011	2013	2015
민간 임금 접근율	94.8	95.5	95.9	93.1	91.8	89.7	89.0	89.2	84.4	85.2	84.5	83.4
공무원 처우 개선율	7.8	6.5	3.9	1.3	2.0	2.5	2.5	0.0	0.0	5.1	2.8	3.8

론 지방에 소재한 중소기업 직원들이 받는 봉급에 비해서는 공무원의 봉급 수준이 높을 수도 있다.

공직사회에 박봉 존(zone)[209]이 있다는 말에서 알 수 있듯이, 공무원의 보수 수준이 절대적으로 낮지는 않아도 공무원 월급이 민간부문의 평균 수준에 비해 상대적으로 적은 것은 분명한 사실이다. 이른바 하후상박(下厚上薄)[210] 기조 때문에 공무원 월급은 입직 초기에는 민간 기업에 입사한 친구의 월급과 큰 차이가 없지만, 나이가 들고 직급이 올라갈수록 민간부문과 보수격차가 벌어지기 시작한다. 문제는 40대부터 50대 초 · 중반 공무원의 경우 생애주기상 가장 큰 지출 주기에 들어가는데, 그런 지출을 감당해낼 만큼 보수액이 충분하지 못한 점이다. 그러니 적지 않은 공무원이 그 연령대에서부터 슬슬 들어가기 시작하는 필수적 가계지출, 즉 자녀의 학자금과 결혼 비용은 물론 본인의 노후 대비용 저축에 들어가는 돈을 감당하기 어렵다고 하소연한다.

실제로 우리나라 공무원은 공직생활의 불만 요인을 묻는 조사에서 생계비 부족을 가장 큰 요인으로 꼽는다. 그래서 사기 앙양 요소로는 무엇보다 보수인상을 꼽고, 퇴직 후 노후대책이 가장 큰 고민거리라고 걱정한다.[211] 더욱이 공무원 보수에는 스톡옵션 등 간접임금 요소가 전혀 없어 공무원이 느끼는 보수 수준의 열악함은 더 크게 느껴진다. 특히 물가나 집값이 비싼 대도시의 경우는 미국처럼 지역 특별수당(local pay) 등 추가보수의 필요성이 제기되기도 한다. 그간 인재의 공직 유치에 기여해 온 공무원연금제도마저 기금고갈 위기에 처해 지급액이 줄어들면서 노후에 연금수급이 충분할지 미리부터 걱정하는 공무원이 늘고 있다.

공직은 경제적 의미의 직업이 아니라 소명에 더 가까운 직업이다. 하지만 이에 편승해 그들에게 너무 낮은 보수 수준을 강요하면 오히려 그것이 공직사회의 부정부패를 구조화시킬 빌미가 될 수 있다. 직업소명의식을 다 같이 요구받는 직업이라도 해도 대부분의 성직자는 부양해야 할 가족이 없다. 반면 결혼해서 일가를 이룬 공직자들에게는 부양가족이 있다. 이런 점에서 과거의 안빈낙도(安貧樂道) 문화와 비(非)물질주의 문화가 오히려 구조화된 부패의 온상으로 작용했음을 기억해야 한다. 낮은 수준의 봉급은 경제적 인간으로서의 인간 속성을 지나치게 경시한 것으로서 공무원을 복지부동하게 만들 수 있다. 따라서 직업소명 의식을 받아들일 수 있을 정도의 경제적 여유를 누릴 수 있는 수준으로 보수를 현실화해 공무원을 입지역동하게 해야 한다.

공무원이 보수에 불만이 많으면 스스로 이등 시민처럼 느끼고 행동하게 된다. 특히 민간기업 종사자들과의 봉급 비교에서 지나치게 서운한 감정을 갖게 하거나 물가 상승을 고려하지 않은 신중하지 못한 보수책정은, 공무원의 역할 정체성 해이나 부정부패에 대한 유혹 등 더 큰 윤리적 문제를 낳을 수 있다. 따라서 보수 수준을 현실화해주는 데 더 큰 관심과 노력이 집중되어야 한다.

불행히도 그간 우리나라의 공무원 보수 수준 결정에서는 이런 점들이 충분히 고려되어오지 못했다. 대개 역대 정권 초기에는 강력한 서정쇄신과 공직사정 분위기 조성, 정부예산의 어려운 형편 등 정치적 고려가 공무원 보수책정에서 큰 비중을 차지해왔다. 일례로 IMF 외환위기로 인해 경제가 어려웠던 1998년에는 전 공무원의 기본급 동결, 기말수당의 직급별 삭감 등 연평균 보수 인상률이 -5.0%를 기록하기도 했다.[212] 그러나 역대 정권들은 집권 중기 이후 열악한 보수 수준에 대한 공무원의 반발이 커지면서 관심이반(官心離反)을 우려해 즉흥적으로 공무원 봉급을 한꺼번에 올리기도 했다. 하지만 이것 또한 과학적 보수책정과는 거리가 먼 정치적 보수결정의 단적인 예이다.

3) 보수책정의 기본원칙과 실현 방법: 임금 조사, 생계비 조사, 직무값 계산

공무원 보수 수준의 책정과 관련해서는 여러 가지 관점이 존재한다. 즉 기업에 다니는 친구만큼(상대적 박봉에 대처하기 위한 대외적 균형급) 받거나 자신의 경력만큼(연공급) 받는 방법이 있다. 혹은 먹고살 만큼(절대적 박봉에 대처하기 위한 생활급), 아니면 실제로 일한 양이나 일의 결과만큼(실적급), 또는 어려운 일을 수행한 만큼(직무급) 받는 등 여러 가지 보수책정기준이 있을 수 있다.

물론 공무원의 보수 수준 책정도 정부를 둘러싼 대내외적 환경변화 맥락을 무시할 수 없다. 공무원 보수책정의 주요 기준이었던 선임(先任)권 중시의 연공급, 대외적 균형급, 생활급 등은 과거의 안정된 직업환경의 부산물이다. 이런 임금 안정성 가설은 지금 대외적 역동성과 환경변화의 가설로 급격하게 대체되고 있다.

시겔(G. B. Siegel)은 공직에 대한 현재의 부정적 이미지를 치유하기 위해서는 장기적 고용의 선임권에서 단기적 고용 쪽으로의 시각 전환이 필요하다고 강조한다. 또 성과 지향적 보수와 직무 책무성에 대한 강조, 계약관리 상황에 더욱 적합한 노동 유연화 쪽으로 공무원 충원모델을 재구성해야 한다고 보며, 현 공무원이 상기한 변화 방향에 익숙한 고용인으로 대체되어야 한다고 주장한다.

그러나 아무리 연봉제의 물결이 거세게 밀려와도 직장인의 마음속에는 여전히 한 달간 조직을 위해 수고한 대가로서의 월급 의미가 강하다. 따라서 보수의 생활급적 성격을 전혀 무시할 수 없다. 또 보수가 적어 이등 시민처럼 느끼면 안 되므로 대외적 균형급 요소도 일부 가미되어야 한다. 물론 일을 열심히 해 큰 성과를 낸 사람에게는 성과급을, 또 벽지에서 어려운 일을 묵묵히 해낸 사람에게는 직무급이 지급되어야 한다.

결국 상기한 보수책정기준 중 어느 하나만 강조하거나 그것 하나에만 의존해서 공무원 보수 수준을 결정해서는 곤란하다. 상기한 것과 같이 고용상의 다양한 목적에 기여할 수 있는 다수 기준에 따른 보수책정,[213] 즉 보수책정에 관련된 여러 요소를 효율적으로 종합, 활용하는 통합보수 전략(total compensation strategy)이 다음과 같이 마련되어야겠다.[214]

대외적 균형급: 임금 조사

공무원도 비교의 동물인 사람이기 때문에 일단은 대외적 균형을 맞추는 쪽으로 보수 수준을 책정하는 것을 고려하지 않을 수 없다. 보수에 대한 불만은 보수 절대액의 많고 적음이 아니라 자신이 비교 대상으로 삼고 있는 집단 및 개인과의 비교 결과인 보수의 상대적 수준에 의존하기 때문이다. "자기 동서보다 연봉이 높으면 부자라고 생각한다"라는 미국 속담이 이를 잘 보여준다. 앞으로는 이런 점을 성찰해 민간부문에 대한 임금 조사(salary survey)를 통해 공무원의 상대적 결핍(comparative need)을 어느 정도 제거해주어야 한다.

공무원 임금의 적정 수준 여부를 확인하기 위해서는 가능하다면 공무원과 경쟁 노동시장을 갖는 민간부문 근로자와의 임금 비교가 필요하다. 임금 조사는 정부의 다양한 직무 중 일부 직무(기준직무)만 선택하는데, 이때 민간부문에서도 그와 유사한 내용의 직무(비교직무)를 선정하는 것이 중요하다. 특히 기준직무와 유사한 일을 수행하는 근로자 수가 많은 기업이 선정되어야 한다.[215] 이외에도 같은 지역에 소재한 민간기업의 선정, 비슷한 연령대의 직무수행자 선정 등이 비교직무 선정의 추가조건으로 요구된다.

생계비 보장의 원칙: 표준생계비 조사

공무원도 한 가정을 꾸려나가야 할 생활인이므로 그들에게 표준 생계비는 보장해주어 일상생활의 안정을 도모해줄 필요도 있다. 이를 위해 인플레이션에 따른 소비자물가상승률이나 도시 3~4인 가구 기준 표준생계비를 조사해, 그것을 보수 수준을 결정하는 데 활용하거나 지역 특별수당(local pay) 책정에 반영하는 방안이 요구된다. 특히 인플레이션에 대비해 공무원 봉급의 실질적 수준을 유지하기 위해서는 민간부문 임금인상률이나 생산성 증가율, 소비자물가상승률을 조사해 보수 수준의 책정에 반영하는 등 좀 더 과학적인 생계비 조사가 지속적으로 이루어져야 할 것이다.

직무값에 따른 보수 차별화 원칙: 직무급 산정을 위한 직무분석, 직무평가

그간에는 직종별 · 직위별 직무가치와 직무수행의 난이도, 자격요건 등을 고려해 보수 수준을 내부적으로 균형감 있게 결정해오지 못했다. 향후 보수의 합리적 차별화 원칙을 중시하는 직무급을 정착시키기 위해서는, 직종별 · 직위별 직무가치와 직무수행의 난이도나 위험도 등을 체계적으로 분석하는 작업이 계속 이루어져야 한다. 외국 정부들의 직종별 · 직위별 보수 수준을 벤치마킹하는 것도 한 방법이다.[216]

결국 공무원 보수 수준은 정부의 재정력을 상한선으로 하고, 표준생계비를 하한선으로 하여 민간부문과 대등한 선에서, 또 조직 내의 직무가치와 직책의 난이도를 골고루 고려하여 종합적으로 결정하는 것이 좋다.[217] 물론 위의 원칙 하나하나에만 지나치게 치우치지 말고 상기한 제반 보수요인을 종합적으로 고려해 통합보수로서의 위상을 확립할 필요가 있다.

실적 보수제 원칙

공무원 보수와 관련해 한 가지 더 생각해야 할 점은 공무원 보수가 업무를 열심히 한 사람과 일에 게으른 사람을 구별해 차등을 두고 보상하는 역할도 충분히 해내야 한다는 점이다. 이런 점에서 볼 때, 자기가 맡은 업무에 게으름을 피워 조직 발전에 대한 공헌도가 낮은 사람과 맡은 업무에 열정을 보였고 좋은 아이디어도 많이 내 조직의 성과에 크게 기여한 사람 간에 보수의 차등을 적정하게 두는 것 또한 필요하다.

실적 보수제(merit pay system)는 남보다 업무에 열중해 직무 생산성이 높고 성과가 많은 사람에게 보수를 더 주는 제도이다. 이처럼 일의 결과를 보수에 차등을 두는 방식으로 반영한 것이 성과급이다.

대부분의 조직은 조직에 대한 기여도에 따라 직원들을 고성과자, 중위 성과자, 저성과자로 구분한다. 전자는 조직성과의 창출을 선도하는 평가등급 상위 10~20%에 속하는 사람들로서 높은 성과급이나 고액연봉으로 대우해줄 필요가 있는 사람들이다. 중위 성과자는 기대 수준 정도의 성과를 내는 70~80%의 보통 인재들이다. 이들은 지속적 교육훈련을 통해 고성과자로 성장시킬 수 있다고 판단해 역량개발의 주 대상으로 삼는다. 저성과자는 성과나 역량, 자질 모두 기대 수준 이하인 하위 5~10%에 속하는 직원들로서 재교육이나 인력 재배치, 혹은 처우 조정 후에도 발전이 없으면 퇴출 조치도 고려해볼 필요가 있는 대상이다.[218]

대외적 균형 원칙과 생계비 보장 원칙이 임금 방어적 성격에서 소극적 보수행정의 특징을 지니는 데 비해, 직무급과 성과급은 임금의 공격 경영적 의미가 상대적으로 더 큰, 즉 적극적 보수행정으로서의 의미가 크다.

글로벌 성과주의 시대를 맞아 이제 직장인은 좋든 싫든 자신의 역량과 근무실적에 대해 스스로 책임을 져야 한다. 따라서 공무원 성과급제에 대한 인식 전환과 그 효과적 설계 방향에 대한 진지한 고민이 필요하다.

성과급이 자리 잡으려면 우수한 성과를 낸 공무원과 비생산적 행정

〈표 4-2〉 공무원 보수의 두 가지 의미

소극적 보수행정	- 상대적 결핍 충족을 위한 대외적 균형급 - 생활인으로서의 경제적 안정을 위한 생활급	- 임금 조사 - 표준생계비 조사
적극적 보수행정	- 직무의 난이도와 곤란도에 비례하는 직무급 - 성과에 대한 합리적 보상으로서의 실적급 - 글로벌 스탠더드화하는 공무원 성과연봉제	- 직무값 계산 - 성과지표의 적실화 - 연봉제의 신중한 운영

인을 선별해내기 위한 옥석 가리기(screening) 방법이 지속적으로 혁신될 필요가 있다. 이를 위해서는 무엇보다 객관적 · 합리적 성과지표가 명확히 설정되어야 한다. 일례로 건축 허가 처리업무의 평가지표를 건당 소요기간만 책정하지 말고 결정의 타당성, 처리 과정의 합리성, 이용자 만족도를 고려해 정책의 산출, 품질, 비용, 효과성 등이 성과지표에서 종합적으로 반영되어야 한다.[219]

단, 성과급의 무리한 도입은 많은 문제를 낳는다. 특히 계량화된 지표의 지나친 강조 등 성과급 제도로의 급격한 전환은 성과관리의 형식화를 낳기 쉽다. 근시안적 경쟁을 유발하는 성과급의 지나친 차등분배는 경쟁 효과보다는 조직 내에 위화감을 조성하거나 직원들의 심리적 박탈감을 조장하는 등 부정적 효과가 더 클 수 있다. 공공조직처럼 성과측정이 곤란한 경우는 구성원들의 반발이 더 크다. 따라서 제도의 수용성을 높이기 위해 제도 도입단계에서는 평가 결과를 공무원 인사에 제한적으로 활용하면서, 성과지표를 좀 더 디테일하게 만들고 평가의 공정성을 더 확보하려는 노력을 계속해나가야 한다.[220] 이처럼 공무원의 제도 수용성을 점차 높여가면서 성과급 차별의 합리적 기준을 계속 강화해나갈 필요가 있다.

4) 공무원 성과연봉제의 전제조건: 마음의 여유를 갖고 신중히 접근하자

연봉은 직장인의 몸값을 반영한다. 예컨대 프로야구선수는 한해 시즌

성적이 예년만 못하면, 다음 해의 연봉 책정에서 전년에 비해 연봉이 깎이는 마이너스섬 연봉을 받기도 한다. 반면 플러스섬이라고 해서 직원들의 기본 연봉은 보장해주되 그중 잘한 사람에게 성과연봉을 더 주는 방법도 있다.

공직사회에도 이런 연봉제의 논리가 적용될 수 있다. 예컨대 싱가포르의 5년 차 사무관 중 평가등급 상위 20%에 해당하는 공무원의 연봉은 평균 2억 원이고, 장관의 평균연봉은 7억 3천만 원이다. 이 나라의 경우 경제성장률이 8%가 넘으면 최대 4개월 치의 월급이 공무원에게 보너스로 지급된다. 반면 마이너스 성장 시에는 감봉을 면치 못한다.[221]

우리 공직사회에서도 4급 이상 공무원을 대상으로 해 성과연봉제가 시행되고 있다. 연봉제는 그간 직장인의 월급봉투에서 볼 수 있었던 각종 수당내역 등 매우 복잡한 급여항목들을 연봉이라는 단일체제로 통합하고, 봉급계산 방식도 월 단위에서 연 단위로 바꾸는 등의 제도 변화적 의미가 있다. 그러나 그것보다는 직원들의 업무실적 등 조직에 대한 기여도에 따라 그들의 몸값이 결정되고 급여 수준도 큰 차이가 나게 하는 계산적 의미가 더 강하게 담겨 있다.

지금까지 우리가 받던 월급은 한 달간 직장을 위해 고생한 대가로 받는 수고비의 성격을 지녀왔다. 따라서 월급은 오르면 올랐지 떨어지지는 않았다. 혹은 경제 사정이 좋지 않아 일시적으로 동결되어도 직장에 의한 일방적인 급여삭감은 곤란했다. 그러나 연봉은 직장인의 몸값이나 직장 내 자산으로서의 금전적 가치를 의미하므로 직장인으로서의 경쟁력이 떨어지면 연봉이 삭감될 수도 있다.

과연 이 제도가 우리나라의 조직문화와 궁합이 맞는지는 잘 따져보아야 한다. 연봉제를 도입한 기업의 인사 담당자들조차 이 제도의 객관성에 대해 크게 자신하지 못하는 실정이다. 공직사회에서도 이 제도가 소수인 우수 공무원의 사기진작을 위해 다수를 구성하는 평범한 공무원의 사기를 떨어뜨리는 역기능을 초래하기 쉽다는 비판이 끊이지 않는다. 성과급도 공정성 시비, 공무원의 사기 저하 등 여러 가지 부작용을 드러내면서 제도에 대한 불만이 적지 않았다.[222] 상기한 점들을 고려하며 성과연봉제를 우리 실정에 맞게 정착시키기 위해 다음의 조건들을 고려해야 할 것이다.

첫째, 연봉제의 실시목적이 분명해야 한다. 직원들을 혼내주려는 통제 목적이나 임금 절약을 위해 연봉을 깎을 생각만 해서는 곤란하다. 직무성과의 향상에 반드시 기여할 수 있도록 제도의 방향을 잘 설계해야 한다.

둘째, 업무 성격을 고려해 적용대상을 명확히 해야 하며 공직사회 전반에 일률적으로 적용하는 것은 곤란하다. 업무목표의 통제가 쉽고 성과평가가 용이한 대상에 우선 적용해야 한다. 이런 점에서 단순 사무직과 같이 업무목표가 사전에 명확히 규정되어 있어 구성원들의 목표통제 가능성이 낮은 경우는 제도를 적용하기가 적합하지 못하다. 연구직, 고위 관리직같이 자기 능력에 따라 목표를 설정하고 업적을 평가받을 수 있는 직종에는 비교적 적합하다.[223]

셋째, 공정한 평가 잣대가 마련되어야 한다. 불합리하고 공정하지 못한 잣대에 의해 연봉이 깎이거나 연봉 인상에 브레이크가 걸려서는 곤란하다. 앞장에서 살펴본 것처럼 '최소 두 번 측정에 정확한 톱질 한 번'을 가능하게 하는 정교한 평가척도가 마련되어야 한다. 평가의 공정성을 늘 담보하려는 평가자의 올바른 평가 마인드와 세련된 평가 스킬도 요구된다.

넷째, 연봉제의 시행에 무리가 따르지 않도록 제도를 잘 정비해 시행하고 또 대상자들이 적응 기간을 갖도록 시간적 여유를 갖고 천천히 도입해야 한다.

다섯째, 제도적용 대상자들도 새로운 인식을 가질 필요가 있다. 기회임금, 즉 만약에 자신이 현 직장을 그만두고 다른 곳에 가면 받을 수 있는 급여가 현재의 자기 몸값이다. 비록 지금은 급여 수준이 높아도 현 직장을 떠날 경우 기회임금이 0원인 사람이 있을 수도 있다. 그러므로 자신의 두뇌자산, 지식자산에 직장생활의 남은 기간을 곱해 평생 임금을 계산해보는 대차대조표를 만들고 이를 항상 점검하며,[224] 직업인으로서의 역량과 가치를 지켜내기 위한 개인적 노력을 부단히 해야 한다.

5) 공무원의 자기강화를 돕고 자존감을 세워주는 적정보수와 연봉제의 연착륙

공무원이 사명감을 느끼는 순간이 '진실의 순간'이다. 공직의 선지자들은 남다른 위기의식과 감수성, 책무감 때문에 남들이 무심할 때도 혼자 몸이 달고 나라 생각에 잠을 설친다. 이수태는 공직사회 안에 이런 5%의 자존심만 있어도 나라의 장래는 밝다고 말한다. 따라서 그들이 국가의 든든한 공적 자산으로 작용하도록 그들의 사명감을 높이 사주어야 한다.[225]

공무원들이 재직 중 뇌물에 한눈팔지 않고 공무원으로서 본연의 역할을 차분하게 다하게 하려면, 그들의 직업적 자존감을 확보해주는 차원에서 보수 수준을 적정하게 책정하는 방안이 절대적으로 요구된다. 공직 내외의 보수 불균형이 초래하는 사회적 파장도 고려해야 한다. 적절하지 못한 수준의 보수는 역할인지 부조화의 원인으로 작용해 우수한 공무원을 육성하는 데 큰 암초가 될 수 있다.

싱가포르 정부의 공무원 보수정책이 주는 함의는 이런 점에서 매우 크다. 즉, 싱가포르 국립대 졸업생이 공직에 들어가면 민간 기업에 진출한 동료보다 평균 5% 높은 봉급을 받는다. 한때는 9.3%까지 그 격차가 벌어지기도 했다. 이런 보수체계는 직업 안정성, 매력적인 작업 상황과 더불어 최상급의 대졸자들을 공직으로 유혹하기 위한 조치였다. 싱가포르 정부는 민간 대비 정부의 임금 경쟁력이 인재의 공직 유치 및 장기복무 유도에 필수적인 것으로 보고 정기적으로 임금 조사를 한다. 이처럼 정부가 공무원 봉급을 증액해준 데는 하이테크 기술로 이동해가는 싱가포르 국가경제에 대한 공직사회의 기여도와 봉급 증액이 가져오는 부패유혹 차단 효과를 신뢰했기 때문이다.[226]

우리의 경우는 성과연봉제가 공무원의 자존감을 박탈하고 그들의 자기강화를 지체시키는 통제전략으로서의 성격이 강한 문제점이 있다. 예컨대 국립대학 교수를 대상으로 한 상호 약탈식 성과연봉제의 강행은 정말 곤란한 처사였다. 국립대 교원은 일반직 공무원이나 사립대 교수보다 현저히 낮은 보수를 받고 있다. 그런데 여기에다가 연구업적의 질보다는 논문 편수의 계량화에 따른 비합리적 평가 잣대를 들이대며 상호 약탈식 연봉제를 강행했다. 따라서 보수 차별화 조치의 정당성은 희박하고, 국립대 교수들의 반감만 샀다. 보수총액의 증액 없이 평가점수가 낮은 B, C 등급에서 빼앗아 점수가 높은 S, A 등급에 성과급을 더 주는 상호 약탈식 제도는 구성원 간의 유대감만 약화시키기 때문이다.

한 조사 결과에 의하면, 응답자의 84%가 연봉제를 교수 관계를 악화시키고 자부심을 저하시키는 주요인으로 본다. 또 응답자의 88%는 이를 교육부의 국립대학 통제수단으로 생각한다. 응답자의 65.1%는 국립대 교원으로 일하는 것이 자신의 직업철학이나 직업윤리 유지에 도움을 주기에 그간 낮은 보수에도 직업적 자긍심을 느껴왔다고 응답한다. 하지만 이제 그들 중 40%는 사립대로의 이직을 고려하기도 한다. 그들의 직업적 자존감을 살리기 위해서는 성과에 대해 차등 지급하되 연봉제의 상호 약탈적 성격은 제거해야 한다. 이를 위해서는 성과예산을 매년 확대해 그 늘어난 예산을 갖고 평가점수가 높은 등급에 성과급을 더 주는 플러스섬 방식으로 제도적 변화가 이루어져야 한다. 평가 결과도 누적 적용보다는 해당 연도에만 영향을 미치도록 제도화해야 한다.[227]

이는 일반적 공직사회에서도 마찬가지이다. 성과연봉제, 강제퇴출제 등 민간 혁신기법의 무리한 도입은 자칫 몸에 맞지 않는 옷을 무리하게 입히는 꼴이 되기 쉽다. 이런 제도 모방으로 인해 공직사회의 자존감을 붕괴시키는 것보다는[228] 공무원의 자존감을 세워주며 공무원이 자기강화에 전념할 수 있도록 적정한 보수책정 전략과 더불어 연봉제의 연착륙을 돕는 제반 여건이 조성될 필요가 있다.

12

오랫동안 한 우물 파느라 고생 많았네. 연금이 노후에 보탬이 되길

1) 공무원연금의 이론적 바탕과 정부 인력관리적 의미

공무원이 공직이라는 한 우물을 열심히 파고 난 뒤 노후생활이 충분히 보장되어야만 재직 중 그들의 성실한 근무 자세를 확보할 수 있고 부정부패의 유혹에서도 자유롭게 할 수 있다. 이런 점에서 공무원연금의 정부 인력관리적 의미는 매우 크다.

현행 공무원연금제도는 퇴직급여, 유족급여, 장해급여, 순직유족급여 등 장기급여 15종과 요양급여, 부조급여 등 단기급여 3종을 제공한다. 그러나 여기서 중요한 것은 제도의 외양적 화려함이 아니라 제도를 내실 있게 운용하는 것이다. 정부가 공무원연금기금의 합리적 관리와 기금운용의 효율화에 힘써 연금 수급액만으로도 공무원의 노후생활을 실질적으로 보장해줄 수 있어야 한다.

공무원연금의 이론적 바탕은 다양하다. 먼저 공무원연금은 정부와 공무원이 그 비용을 균등부담하게 해 공무원의 노후를 보장하게 한다는 점에서 사회보험의 성격을 갖고 있다. 공무원연금에는 공무원이 자신의 노후보장을 위해 재직 중 월급에서 일정 부분을 떼어내 적립시키는 거치보수설의 성격도 있다.[229] 공무원이 오랫동안 성실히 공무에 전념하고 퇴직하면 그것에 대해 재직 시의 공로를 보상해주자는 공로보상설의 의미도 있다. 물론 공무원연금에는 인재의 공직 유치 및 장기복무 유도를 위한 인사정책적 기능도 포함된다.

공무원연금에는 이처럼 공로보상설, 인사정책적 기능, 사회보험 원리, 거치보수설 등 여러 가지 성격이 복합되어 있다. 실제로 인사혁신처 홈페이지에서는 이를 반영해 "공무원연금은 우리나라 최초의 공적 연금제도로서 직업공무원을 대상으로 하는 특수직역연금제도이다. 그 비용부담을 정부와 공무원이 균등부담한다는 점에서 사회보험 성격이 있고, 재정수지 부족액을 재정으로 보전하는 점에서 부양원리를 혼합적으로 채택하고 있다. 또 유능한 인재 등용을 위한 인사정책적 의의 및 연금에 퇴직금 일부가 포함되어 후불 임금 성격도 갖고 있다"[230]라고 공무원연금제도를 소개하고 있다.

2) 확고한 규범적 근거 없이 시류에 따라 전개된 실제 연금개혁의 혼선

공무원연금은 상기한 바와 같이 복합적 성격을 갖고 있기 때문에 확고한 이론적 · 규범적 근거 위에서 개혁을 도모할 필요가 있다. 그렇지 않으면 연금에 반영된 다양한 성격과 제도를 운용하는 기본 취지들을 놓칠 수 있다. 그렇다면 우리나라 공무원연금은 그간 어떻게 개편되어왔는가?[231]

공무원연금제도는 그 비용을 수급 대상자인 공무원에게도 똑같이 부담시킨 점에서 사회보험 원리에 의거해 출발했다. 그러나 곧바로 연금 지급 개시연령을 없애 20년만 재직하면 연금을 받을 수 있게 했고, 유능한 인재가 공직에 들어오도록 유인하는 취지에서 연금 수급액을 늘리는 등 인사정책적 측면을 강화했다. 하지만 IMF 외환위기 이후 연금 선택률이 급증하면서 공무원이 연금을 타기 시작하는 지급 개시연령이 다시 책정되고, 연금재정 위기에 계속 몰리면서 퇴직 후 소득이 있으면 일부 특권을 제한하는 등 사회보험 성격을 보강했다. 반면 2000년의 법 개정 때는 연금재정 위기를 해소하기 위해 독일, 프랑스 등 대다수의 선진국처럼 정부보전금제도를 도입하는 등 공무원연금에 부양제도로서의 성격이 추가되었다. 그러나 2015년 재정적자 문제가 다시 불거지면서 국민연금과의 형평성을 맞추기 위한 측면에서 사회보험 원리가 재차 부각된다.

우리는 여기서 공무원연금이 확고한 규범적 근거와 개혁모델에 근거해 체계적으로 개편되어온 것이 아니라, 그때그때의 재정 형편과 사회여론에 따라 임기응변적으로 땜질식 개편이 이루어져왔음을 알 수 있다. 공무원연금을 보는 시각이 이처럼 명확히 정리되지 못하고 개혁이 혼선을 빚으므로 공무원연금을 보는 시민의 시각과 공무원의 시각은 사뭇 다르다.

시민은 공무원연금을 사회보험으로 보지만, 공무원은 공무원연금을 인사정책의 하나로 보는 등 양자 간에 공무원연금에 대한 인식 차이가 상당하다.[232] 시민은 공무원연금이 저부담-고급여 구조라고 비판한다. 그래서 재정고갈 때문에 공무원연금 마련을 위해 세금을 갹출하는 것에 대해 대단히 비판적이다. 따라서 공무원연금제도의 이론적 바탕인 공로보상설, 인사정책적 기능에 대한 시민들의 사회적 지지는 점점 낮아진다. 반면 공무원은 국민연금에 비해 더 받기는 하지만 보험료를 더 많이 더 오래 내는 구조이기 때문에 공무원연금이 국민연금에 비해 특혜라는 비판은 무리가 있다는 의견을 내고 있다. 민간에 훨씬 못 미치는 퇴직금과 열악한 보수, 재직 중 영리 목적의 겸직 금지와 공무원 단체활동 금지 등 각종 신분상의 불이익과 노조활동 제한조치를 고려할 때, 또 인재의 공직 유치와 장기복무 유도 측면에서도 공무원연금의 인사정책적 측면을 결코 무시할 수 없다고 주장한다.

3) 2015년의 공무원연금개혁 내용과 그간의 연금개혁에 대한 규범적 평가

연금재정 고갈 문제가 심각해지자 2015년 박근혜 정부는 공무원연금개혁을 단행했다. 동년 5월에 통과되어 2016년부터 시행된 개정 공무원연금법 내역을 살펴보면 다음과 같다.

먼저 매달 내야 하는 보험료인 연금보험 기여율은 2020년까지 현행 기준 소득월액의 7%에서 9%로 늘리고, 은퇴 후에 받게 되는 연금 지급률은 현행 평균기준 소득월액의 1.9%에서 2035년까지 1.7%로 단계적으로 인하한다. 연금지급 개시연령은 1996년 1월 1일 이후 임용된 공무원에 대해 2022년부터 2033년까지 단계적으로 65세로 적용한다. 소득 상한선은 현재 1.8배에서 1.6배로 하향 조정된다. 지급률 중 1%에 대해서는 소득 재분배 요소를 도입해 소득 간 연금격차를 완화한다. 2016년에서 2020년까지 연금급여를 동결시킨다. 기여금 납부 기간은 33년에서 36년으로 연장하는 대신, 연금수급요건은 현 재직 20년 이상에서 10년 이상으로 완화한다는 것이 2015년 공무원연금개혁의 주요 골자이다. 위의 내용을 표로 정리하면 아래 표와 같다.

2015년의 공무원연금개혁에 대해서는 찬반양론이 다양하게 제기되었다. 부담을 늘리고 급여는 낮추되 지급 시기를 늦추는 등 합리적 개혁

〈표 4-3〉 2015년 공무원연금 개혁안의 주요 내용

주요 내용	현재	개정 내용
기여율	7%	9%(2020년까지 단계적 인상)
지급률	1.9%	1.7%(2035년까지 단계적 인하)
소득 재분배	없음	지급률 1%에 도입
소득 상한선	1.8배	1.6배
기여금 납부기간	33년	36년
수급요건	20년	10년
개시연령	2009년 이전 60세 2010년 이후 65세	1996년 이후 임용자는 2022년부터 2033년까지 단계적으로 65세
연금 인상률	물가인상률 반영	5년간(2016~2020) 동결

이었다는 점과, 특히 소득재분배 장치 도입 등 사회 정책적 목표도 포함하고 있다는 긍정적 평가가 있다.[233] 반면 연금 수급액 중 사회보장의 성격과 인사정책적 성격을 분리해 사회보장적 성격을 분명히 하도록 하는 구조개혁이 되지 못하고 지급액의 소폭인하 등 모수개혁에 그쳤다는 비판도 있다.[234] 지급액과 관련해 국민연금과의 형평성 문제에 대한 비판도 적지 않다.

하지만 2015년 연금개혁에서 지급률 1%에 소득재분배 기능이 도입되어, 현 공무원연금구조는 국민연금 상당 부분+특수직역연금과 퇴직금으로 구성되어 일부 다층제적 요소를 내재한다. 따라서 구조개혁이 전혀 이루어지지 못했다는 사회 일각의 비판에는 의문이 든다. 구조개혁을 주장하는 쪽에서는 연금재정 부족 문제를 세금으로 보전하는 이유를 현 공무원연금구조가 저부담-고급여 체계라는 점에서 찾는다. 하지만 기금고갈 위기에 놓인 공무원연금 재정 악화는 사회 일각에서 제기하는 저부담-고급여라는 구조적 문제점 외에도 다음과 같이 매우 다양한 원인에서 기인해온 점도 부인할 수 없다.

(1) 정부의 부당한 기금사용과 낮은 정부지출 수준으로 인한 연금재정 악화 문제

공무원연금 재정적자의 주요인으로는 먼저 평균수명 연장과 연금 선택률 급증을 들 수 있다. 의료기술의 발달로 인해 평균수명이 크게 늘어나면서 공무원연금 수급자 수가 급증했다. 고령화 시대에 대비해 일시금보다는 매월 타는 연금을 더 선호하는 경향도 강해졌다. 특히 IMF 외환위기 이후 대대적인 구조조정의 결과 많은 공무원이 공직을 떠나면서 연금수급자 수가 급증했던 것도 재정부담을 가져온 한 요인이었다.

연금재정 악화를 가져온 주요 원인으로 그간 정부의 부당한 기금사용 문제도 결코 빠뜨릴 수 없다. 공무원연금 설립 당시에는 낮은 평균수명으로 인해 크게 쌓인 연금기금을 정부가 재정 투융자라는 명목으로 시중보다 훨씬 저렴한 금리로 가져다가 경제개발에 활용했다.[235] 이후에도 정부의 연금기금 부당사용은 계속되었다. 2014년 공무원연금관리공단의 국정감사용 제출자료에 의하면, IMF 구조조정 퇴직금 등 기회비용 손실액 9조 6,400억 원, 군복무 소급 부담금 미납, 사망조위금 및 재해보조금 등 부당 사용액 20조 44억 원, 공무원연금 부담금 미납액 1,769억 원 등을 부당하게 사용했다. 그러나 지출금 중에서 기금으로 다시 회수된 돈은 미미하다고 알려져 있다.

무엇보다 공무원연금 재정 악화의 주된 책임은 OECD 평균에 훨씬 못 미치는 정부의 낮은 연금지출 부담수준에도 있다. 외국에서는 공무원연금의 성격에 내재한 부양원리와 인사정책적 기능을 강조해 공무원연금에서의 정부지출 부담률이 상당히 높다. 우리나라 공무원이 부담하는 기여금과 정부 부담금의 비율은 1 : 1.8인 반면, 주요 선진국인 프랑스는 1 : 8, 영국은 1 : 6, 미국은 1 : 5이다. 우리나라의 연금제도 개혁에서 많이 참고가 되는 나라인 일본도 1 : 2.2로서 정부 부담이 공무원의 부담보다 2배가 넘는다. 결국 우리 정부가 말로는 공무원연금의 인사정책적 기능과 부양 제도적 측면을 강조하지만, 실제 지출 부담은 외국에 비해 훨씬 적었음을 알 수 있다. 그런데도 정부는 그런 사실을 애써 숨겨왔다.[236]

(2) 국민연금과의 단순비교가 곤란한 공무원연금의 규범성, 특수성

공무원연금과 국민연금은 같은 공적 연금이지만, 그 성격이 본질적으로 다른 점도 무시할 수 없다. 따라서 사회보장제도적 성격에만 치중해 재정안정 차원에서 소득대체율을 40%로 낮춘 국민연금과의 형평성을 맞추기 위해 공무원연금 지급액을 크게 줄이는 연금개혁에는 적지 않은 무리수가 따르게 된다. 국민연금과의 단순비교가 곤란한 점을 자세히 따져보자.

먼저, 국민연금과의 급여액 차이가 정당화될 수 있는 합리적 이유는 공무원연금의 보호 범위에서의 특수성과 규범성에서 찾을 수 있다. 정부는 공무원을 사회 정책적으로 보호하는 외에도 공무원 근무 관계의 기능 유지, 즉 공무원의 장기복무 유도를 위해 부양의 책임을 지도록 되어 있다. 따라서 공무원연금에는 사회보장 성격 외에 공로보상설과 부양제도로서의 성격이 포함되어 있다. 그래서 같은 공적 연금이지만 법 규범적 측면에서 보면 공무원연금과 국민연금을 완전히 동일한 성격의 제도로 보기는 어렵다.[237] 또 노동3권 등 공무원의 법적 제약이 심하고, 퇴직 후의 취업제한이나 재직 중 겸업 금지 등 공무원의 기본권에 제약이 많아 일정한 대상(代償) 또는 보상조치를 필요로 한다. 공무원연금 지급액이 국민연금보다 높은 것은 이런 특별 희생에 대한 보상이라는 점에서 헌법적 정당화가 가능하다.[238]

둘째, 공무원의 퇴직금은 재직 연수에 따라 민간기업의 6~39% 수준으로 매우 열악한 실정이다. 따라서 공무원연금에는 그들의 노후생활을 보장해주기 위한 후불 임금 성격이 규범적으로 반영되어 있다. 공무원연금에는 공무원이 민간에 비해 보험료를 더 많이 더 오래 내는 등 거치 보수설의 성격도 훨씬 강하다. 따라서 국민연금과의 형평성만을 위해 지급액을 깎는 식으로 전개되는 공무원연금개혁에 반대해온 공무원노조의 주장에도 일리가 있다.

(3) 세대 간 비형평성 문제와 이로 인한 인재유치 곤란 문제

국민연금과의 형평성 차원에서 신규 공무원을 아예 국민연금에 가입시키자는 논의가 자주 제기된다. 실제로도 더 내고 덜 받는 방향으로 추진된 2015년 연금개혁으로 인해 장기적으로 볼 때 신규 공무원의 연금 수익비는 크게 저하될 것으로 예측된다. 예컨대 1996년 임용공무원의 경우 7급의 수익비가 2.47배, 5급이 2.35배인 데 비해, 2016년부터 임용되는 신규 공무원의 경우 7급의 수익비는 1.48배, 5급은 1.42배로 상대적으로 낮은 것으로 나타난다.[239]

신규 공무원의 연금에 차별을 두면 인재의 공직 유치 및 장기복무 유도에 어려움이 생긴다. 그러면 국가 경쟁력에도 적신호가 켜지고, 공무원이 부정부패에서 쉽게 벗어날 수 없어 그에 따른 사회경제적 비용도 우려된다. 연금수익비 면에서 손해를 보는 신규 공무원의 보수와 퇴직금의 조속한 현실화가 그만큼 절실해진다.[240]

4) 자율관리와 심리적 계약을 위한 공무원연금의 모수개혁 방향성

(1) 공무원제도의 성격에 따른 모수개혁으로의 방향성과 구조개혁의 규범적 문제점

공무원연금개혁 유형은 기존 제도의 기본 틀은 유지한 채 부분적으로 손질하는 모수개혁(parametric reform)과 현행제도의 틀을 바꾸는 구조개혁(structural reform)으로 나뉜다. 전자는 수급연령과 수급조건 조정, 기여율과 기여조건 조정, 급여산식 등을 조정하는 것인 데 비해, 후자는 확정급여에서 확정기여로의 전환, 부과(pay-as-you-go)에서 적립(reserve-financed)으로의 재정방식 전환 등 근본적인 틀의 전환을 뜻한다.[241]

한국의 공무원연금에 대해서는 저부담-고급여 체제를 바꾸지 않고 모수개혁으로 일관해 재정고갈을 초래했다는 지적이 많다. 따라서 공적연금제도의 투명성을 내세우며 국민연금과의 통합이나 미국식의 다층구조 개편안 등 구조개혁의 필요성이 주장되고는 한다. 그러나 한 나라의 공무원연금개혁 방향은 그 나라 공무원제도의 성격을 고려하지 않을 수 없다.

우리나라 헌법은 제7조 제2항에서 "공무원은 국민 전체에 대한 봉사자이며, 공무원의 신분과 정치적 중립성은 보장된다"라고 규정해 신분제적 공무원제도를 전제한다. 유럽대륙의 공무원제도가 일본을 거쳐 도입되어, 우리의 공무원제도는 신분제적 요소가 강한 직업공무원제도로 볼 수 있다. 우리나라 공무원연금은 이런 공무원제도의 영향을 받는다. 국가공무원법 제77조는 "공무원이 질병, 부상, 폐질, 퇴직, 사망 또는 재해를 입으면 본인이나 유족에게 법률로 정하는 바에 따라 국가가 적절한 급여를 지급한다"라고 규정해 공무원연금제도가 신분제적 공무원제도에서 파생했음을 보여준다.[242]

〈표 4-4〉 공무원제도와 공무원연금개혁 방향의 관계성

공무원제도	국가-공무원 관계	공무원연금의 성격	연금개혁 방향
신분제	공법상 근무성실관계, 직업공무원제	부양원리, 인사정책적 고려, 퇴직 후 생활수준 유지	국민연금과 독립형태, 계수조정 등 부분적·점진적 개혁
고용제	사법상의 근무계약제, 직위분류제	소득재분배 등 사회보험 원리, 생존수준의 확보	국민연금과의 통합이나 다층제로의 전환 등 본질적 개혁

전통적으로 신분제적 공무원제하에서 독립형 특수직역연금으로 공무원연금이 발달해온 나라들은 부양원리와 인사정책적 기능을 지속하기 위해 연금의 기본 틀을 유지하면서 기여율, 지급률, 지급 개시연령의 계수조정을 통해 연금재정 안정을 도모하는 모수개혁을 채택한다. 따라서 우리의 공무원연금개혁도 모수개혁에서 그 방향성을 찾을 필요가 있다.

구조개혁은 단기적 재정 안정화에는 유리하지만, 부실한 노후보장, 공무원의 질적 저하와 인재유치 곤란 등 공무원연금의 공로보상설이나 인사정책적 기능과 충돌할 여지가 적지 않다. 따라서 구조개혁에 따른 다음과 같은 규범적 문제점들을 부양원리와 인사정책적 기능 등 공무원연금의 이론적 근거 위에서 재조명해야 한다.

공무원이 연금을 많이 받는 것에 대한 사회적 비판은 강하다. 그러나 앞에서 살펴본 바처럼 공무원연금이 국민연금보다 수급액이 많은 것은, 노동3권 등 기본권 제한과 신분상 불이익에 대한 대상(代償)이라는 점

에서 헌법적 정당화가 가능하다. 공무원연금은 인간다운 생활을 할 권리와 직업공무원제에 헌법적 근거를 두므로 연금수급권은 헌법상 기본권적 보호를 받는다. 공무원의 기여금은 일종의 재산권이어서 국민연금과의 통합은 그들의 재산권을 침해할 소지가 있으며, 특히 구조개혁의 일환으로 신규 공무원을 국민연금에 가입시키는 안은 임용 시기를 이유로 차별하는 것으로 헌법의 평등원칙에 위배되고 직업공무원제의 본질을 훼손할 우려도 있다. 국민연금이 소득대체율을 40%로 낮추는 등 재정 안정화에만 치중해 급여 적정성을 훼손한 현실에서 국민연금과의 형평성 논의는 자칫 공무원연금을 지나치게 축소하는 하향 평준화의 논거로 활용될 위험도 크다.[243]

국민이 납득할 수 없을 정도로 공무원연금 수급액이 많으면 특권으로 비칠 수도 있다. 그러나 우리나라는 공무원이 기여금을 오랫동안 많이 납부하는 점에서 지급액을 세금으로만 충당하는 비기여 형태의 독일 공무원연금에 비해 특혜가 과하지 않다는 의견도 있다.[244] 따라서 연금재정 위기나 국민연금과의 형평성 차원에서 공적 연금 통합이나 다층구조로의 전환 등 구조개혁만 추진할 것이 아니라, 헌법에서 제도적 보장으로 규정한 신분제적 직업공무원제도의 정착을 위해 적절한 모수개혁을 도모해나갈 필요가 있다. 즉 거치보수설에 의거해 공무원이 실제로 연금기금 조성에 더 기여한 몫을 인정해주고, 공로보상설과 대상(代償)임금설에 의거해 공무원의 헌신과 봉사를 유도하기 위한 인사정책적 기능을 보강해나가야 한다.

미래의 국가 운영에서 공무원의 정책 지혜와 자율적 직무수행이 요구된다면, 공무원 직업의 공공성 확보와 자율관리의 제도적 유인책으로서 공무원연금에 대한 더욱 전향적인 이해가 요구된다. 인사정책적 요소

등 공무원연금의 규범적 기능을 더 살려주어 자율 인간들을 공직에 적극적으로 유치하고 그들의 장기복무 유도를 통해 정부 경쟁력을 높여나가면서, 자기절제적 윤리의 내면화를 통해 부정부패의 유혹도 공무원들 스스로가 차단해나가도록 연금개혁 방향을 잡아나가야겠다.

(2) 통합형 구조개혁의 전환비용 문제와 심리적 계약 등 모수개혁의 현실적 불가피성

2001년에 재정보전이 시작된 이래 연금재정 악화가 계속되어 공무원연금 재정보전 문제를 시급히 해결해나갈 필요가 있다. 그러나 구조개혁에 따른 막대한 전환비용도 무시할 수 없다. 국민연금과 통합할 경우 현 공무원연금 수급자에게 지급할 연금액과 미적립 충당 부채를 정부가 부담해야 한다. 그런데 연금충당부채는 2013년 말 현재 484조 3,892억 원에 이른다.[245] 전환비용이 막대한 것이다. 연금을 통합하면 상대적으로 넉넉한 국민연금 기금에서 오히려 기금이 고갈된 공무원연금을 지원해야 하는 일이 발생해 국민연금에 손해일 수도 있다는 의견도 많다.

민간보다 낮은 현 공무원 보수 수준도 구조개혁보다는 모수개혁이 불가피한 현실적 이유가 된다. 한국노동연구원의 《민-관 보수 수준 실태조사》에 의하면, 2004년 95.9%에 이르던 공무원 보수의 민간임금 접근율은 2005년부터 계속 떨어져 2015년 현재 83.4%로 민간에 비해 16.6%나 낮다. 준거집단을 일반직 공무원에 한정하면 민간 접근율은 76.0%로 격차가 더 벌어진다. 구조개혁을 하려면 보수와 퇴직금 현실화 등 인사정책과 급여체계의 큰 변화를 꾀해야 한다. 하지만 공무원 처우

개선율은 매우 낮아 2015년 3.8%, 2018년 2.6%에 그쳤다.

하향 평준화식 구조개혁은 공무원연금 수급액의 축소를 초래해, 가뜩이나 열악한 보수와 퇴직금, 각종 신분상 불이익을 감수하며 공직이라는 한 우물을 팠는데도 노후보장이 충분치 못할 것이라는 우려 등 공무원의 불안감을 증폭시킬 수 있다. 그러면 직무몰입 저하와 부정부패의 유혹에 쉽게 빠지는 등 자칫 공무원이 심리적 계약을 위반하게 할 소지를 낳는다. 따라서 공직이라는 한 우물을 팠을 때 노후가 확실히 보장된다는 심리적 계약의 이행 차원에서도 연금 수급액의 대폭삭감을 전제로 하는 구조개혁은 피해야 할 현실적 이유가 확인된다.

단, 연금재정 부족 상태를 극복하기 위해 기여율의 탄력적 조절, 납부 상한액과 납부 기간 상향조정, 지급 개시연령 연장 등 더 내고 더 오래 내고 더 늦게 받는 쪽으로 섬세하고도 치밀한 모수개혁이 지속해서 추진될 필요가 있다.

5) 모수개혁의 진정성 확보를 위한 전제조건과 공직사회의 자기개혁

모수개혁을 지속하더라도 재정 안정화 및 국민연금과의 사회적 연대를 위해 공무원연금 지급액을 적정 수준으로 축소하려는 노력은 필요하다. 단, 형평성을 이유로 공무원연금을 국민연금 수준으로 대폭 줄이면, 열악한 보수 및 퇴직금 문제가 인사개혁으로 당장 해결되지 않는 한 공직사회의 사기 앙양과 부정부패 면에서 큰 문제를 야기할 수 있다. 지급액을 줄이되 보수의 부족분과 신분상의 여러 불이익을 감수할 수 있도록 공무원이 수용할 만한 선에서 지급액을 적정 수준으로 점차 축소해야 한다.

모수개혁이 정착되려면 추가적인 재정 안정화 조치가 필요하다.[246] 특히 기 수급자들을 재정 안정화에 동참하도록 유인할 필요가 있다. 일례로 그리스처럼 세대 간 연대세를 통해 수급자가 연금액의 일정 부분을 납부하게 하거나, 오스트리아처럼 재정 안정화 기여금을 부담하게 하는 방법이 있다. 수급자들의 동의하에 연금 인상률의 동결 기간을 좀 더 연장할 필요도 있다. 사회적 연대 차원에서 고액수급을 방지하는 다양한 조치도 필요하다. 독일과 이탈리아처럼 조기퇴직 범칙금을 부여해 실질적으로 정년퇴직을 권장하는 방법도 있다. 인재의 장기복무 유도를 위해 2015년의 연금개혁에서 10년으로 줄어든 수급 자격요건을 다시 적정 수준으로 확대할 필요도 있다. 이는 기여금의 고정적 확보 등 재정 안정화에도 필요한 조치이다.

연금개혁에 대한 사회적 합의 과정을 제도화할 필요가 있다. 연금개혁이 성공하려면 이해관계자들 간의 사회적 대화가 필수이다.[247] 공무원의 공감을 구하는 명확한 합의 절차를 통해 연금개혁이 진행되어야만 공무원이 심리적 계약 차원에서 연금제도를 신뢰하며 공직에 전념하고 부패의 유혹을 극복할 수 있다. 시민사회도 사회적 합의 과정에서 공무원연금의 이론적 근거를 충분히 숙지하여 공무원연금에 대한 이해도를 높여야 한다. 그러면 공무원연금이 공무원 직업의 공공성 확보와 정부 경쟁력 강화에 순기능적으로 작용하도록 연금개혁과정을 더 잘 견제할 수 있다.

모수개혁이 사회적 정당성을 가지려면 공무원의 직업의식 제고 등 자기개혁과 적극적 공직윤리를 구현하기 위한 노력이 뒷받침되어야 한다. 오스트리아에서는 퇴직공무원도 공무원 신분을 유지해 연금수급 기간 중에 일정 수준 이상의 법적 처벌을 받을 때는 연금수급권을 박탈하는 등 강한 책임을 묻는다.[248] 우리나라의 경우도 파면이나 형벌로 인한 퇴직 시 연금 퇴직수당을 1/2로 제한하는 등 불이익 조치가 있기는 하다. 그러나 이런 법규준수 위주의 소극적 공직윤리 수준으로는 모수개혁의 정당화 논거가 약하다. 공직사회의 제대로 된 자정(自淨) 노력이 요구된다. 공무원은 자신이 대표시민임을 자각하고 공적 자아답게 시민의 문제를 자기 문제처럼 해결하기 위해 적극적으로 나서야 한다. 법규준수라는 소극적 윤리준수에 그치지 않고 열정을 갖고 공무에 전념해 시민 생활 문제를 적극적으로 해결해나가는 등 책임윤리 구현에 힘쓰는 공무원을 양성하도록 공직윤리 교육을 강화할 필요도 있다. 결국 공무원이 대표시민이자 공적 자아임을 명심해 시민의 아픔을 자기 아픔으로 여기며 적극적 윤리의 구현에 힘쓸 때, 정부의 정책 산고(産苦)가 시민의 행복으로 연결된다. 이처럼 공직사회의 자기개혁이 선행될 때, 공무원연금의 모수개혁도 그만큼 사회적 지지와 합의를 이끌어낼 수 있다.[249]

13

좀 더 인간의 얼굴을 한 직장복지제도가 되자

1) 직장복지로서의 공무원 복리후생제도의 의미

직장복지는 일종의 부가급여(附加給與, fringe benefit)이다. 여기서 fringe는 여성들이 어깨에 두르는 숄 끝에 달린 술, 즉 여러 가닥의 실을 의미한다. 술이 숄의 끝에 달림으로써 숄은 더 예쁘게 보이고 미약하나마 보온 효과도 더 생긴다. 이처럼 월급에 부가급여가 더 붙으면 간접적 임금 상승 효과가 있어 봉급쟁이들의 마음이 따뜻해지고 직원들에게 부가급여를 주는 직장은 더 멋진 직장으로 보일 수 있다.

대기업들은 직원들의 대학생 자녀 등록금이나 가족 의료비를 지원해주는데, 이는 실제로 굉장한 금전적 혜택이 된다. 직장이 매일 발생하는 직장인의 필수지출 내역, 예컨대 통근 비용을 지원해주거나 통근버스를 운행하는 것, 또 점심 식사 문제를 해결해주기 위해 구내식당을 운영하는 것도 금전적 · 심리적으로 큰 혜택이다.

우리나라의 경우 직장의 복리후생제도에 대한 직장인의 관심은 매우 높은 편이다. 그만큼 직장복지제도의 부가급여 효과가 크다. 따라서 경제가 호황일 때는 각 직장이 경쟁적으로 직장복지제도를 도입하고 확대해나간다. 그러나 직장복지는 어디까지나 부가급여이기 때문에 경제가 어려운 불황 시에는 가장 먼저 축소되는 운명에 놓이기도 한다.

2) 심리적 계약 효과를 도모하기 위한 복리후생제도의 원칙

목돈이 크게 들어가는 병원비나 대학생 자녀의 등록금, 또 매일매일 직면하게 되는 통근수단과 점심 식사를 직장이 복리후생 차원에서 지원하고 제공해주면, 직원들은 직장과의 관계를 장기적 관점에서 바라보게 되고 그만큼 직장에 충성하며 직무에 몰입하게 된다. 이는 직장 복리후생제도에 장기적 직업 안정성 등 관계적인 심리적 계약요소가 크게 담겨 있음을 잘 보여준다.

복리후생제도가 심리적 계약요소의 효과를 충실히 도모하려면 일정한 원칙하에 운영되어야 한다. 먼저 적정성 원칙이 있다. 복리후생제도는 월급의 부족분을 보충하는 부가급여라는 점에서 직장인의 얇은 주머니 사정을 조금이라도 더 보완해주고 그들의 가계에 실질적인 도움이 되어야 한다. 따라서 직원들의 가계지출 내역을 충분히 반영하는 쪽으로 제도를 꼼꼼히 설계해야 하고, 그만큼 직장복지 예산도 더 확보해야 한다.

생애주기 원칙도 중요하다. 직장인의 경우 각자 연령대에 발생하는 특유의 금전적 수요가 있다. 나이가 든 사람은 병원비, 젊은 직장인은 자기계발비나 여행비, 중견 직장인은 주택구입 보조금이나 자녀 학자금 지원 등 각자의 생애주기에 걸맞은 도움의 손길이 긴요하다. 이를 연령대로 풀어보면, 20대는 학력보강과 자기계발, 30대는 주택 마련, 40대는 사회적 지위의 증진과 대학생 자녀의 등록금 등 자녀교육, 50대 직장인은 자녀 결혼과 의료비 전액 지원 등 연령대별 직장복지 수요가 판이하다.[250]

상기한 원칙들에 충실하고자 카페테리아식 복리후생제도가 도입되고 있다. 선택적, 맞춤형 복리후생제도들이 그것이다. 일반적으로 뷔페식당은 음식 종류의 구색은 잘 갖춰져 있지만 실제로는 손님 손이 한 번도 안 가는 음식도 적지 않다. 하지만 갖가지 음식 구색을 갖추려다 보니 손님에게 높은 식사비를 지불하게 한다. 반면 중국집이나 한정식집의 코스요리는 메뉴 선택의 자율성 여지는 어느 정도 있다. 하지만 역시 식사비용이 만만치 않다. 단품 요리 식당은 음식 하나의 맛은 최고이지만 다른 요리를 곁들여 맛볼 수 없다. 이에 비해 카페테리아는 소비자의 수요를 반영해 기본 메뉴를 잘 갖추고 소비자에게 음식 선택의 자유를 부여해 꼭 필요한 음식만 선택하게 하므로 비용부담을 적절하게 해준다는 점에서 상대적 장점을 지닌다. 즉 카페테리아식은 단품 요리, 코스요리나 뷔페와 달리 자기가 원하는 음식만 골라서 꼭 필요한 음식을 비교적 저렴한 가격에 먹는 방법이다.

3) 맞춤형 복지제도답게 복지항목 선택의 자율성을 좀 더 부여하자

카페테리아식 맞춤형 복리후생제도로는 세 가지 방식이 가능하다. 먼저 플러스 옵션(plus option) 형이다. 이 제도는 기본 지출항목을 정해놓고 남은 돈의 범위 내에서 필요 품목을 자율적으로 선택하게 하는 방법이다. 두 번째는 패키지(package) 형이다. 이는 예산의 범위 내에서 비교적 많이 선호되는 품목들을 묶어서 패키지로 만들어놓고 그중 하나를 선택하게 하는 방법이다. 마지막으로 어카운트(account) 형이 있다. 일단 복리후생비를 통장에 다 넣어주고 그 범위 내에서 자신이 알아서 골라 쓰게 하는 방법이다.

좋기로는 직원들이 알아서 복지비를 지출하도록 자율성을 많이 부여해주는 어카운트 형이 바람직하다. 하지만 현재 우리 공무원에게는 첫 번째 유형인 플러스 옵션 형 제도가 시행되고 있다. 즉 조직의 안정성을 위해 전체 공무원이 의무적으로 선택하는 생명/상해보험, 의료비 보장보험 등 필수 기본항목이 있고, 기관장이 정책적 필요에 따라 설정하는 가

〈표 4-5〉 선택형 복리후생제도의 유형별 장단점[251]

유형	플러스 옵션 형	패키지 형	어카운트 형
장점	-기본적 보장에 따른 안정감 -직원의 선택권 보장 -상대적으로 단순한 설계	-직원 선택 용이 -특정항목 편중 현상 방지 -관리의 편의성	-최대한 선택 권한 부여 -설계의 단순성 -신규 도입이 용이함
단점	-특정 항목 편중 -운영 관리상의 복잡성	-복리 항목 선택의 경직성 -패키지 설계의 어려움	-직원 선택의 어려움 -운영관리의 복잡성
도입 조건	효율적 운영을 위한 정보 시스템 필요	-제도 도입 초기에 유용 -직원 특성별 그룹이 명확해야	-직원의 충분한 판단력

족 의료비보장보험, 임대주택 지원 등 선택 기본항목이 있다. 그 외에 자기계발, 건강관리, 여가 활용, 가정 친화 용도로 복리후생비를 사용하고 후에 정산해주는 자율항목이 있다.

우리 공직사회가 운영하는 맞춤형 복지제도는 플러스 옵션 형이어서, 공무원이 복리비 사용에서 자율성이 많이 떨어지는 문제점과 더불어 설정된 복리후생비 총액이 너무 적은 근본적 문제가 있다. 복리후생비가 기본 점수에 근무연수, 가족 구성원 수를 더해 책정되지만 절대액이 너무 적다. 기관별 예산액을 감안해 기관의 장이 따로 정할 수는 있지만, 인사혁신처 예규에 따르면 기본 복지점수로서 전 공무원에게 400점을 일률 배정하고, 근속 복지점수는 1년당 10점씩 최고 300점까지 배정한다. 가족 복지점수는 배우자 100점, 직계 존비속 1인당 50점(둘째 자녀는 100점, 셋째 자녀는 200점)을 배정하도록 되어 있다. 물론 자녀의 경우는 미성년자만 해당하고 부모님도 집 주소를 같이해야만 복지점수를 부여한다.

구색 맞추기 차원에서 제도의 외양은 화려한 듯 보이지만 후생비의 측면에서 보면 그 내실은 형편없는 것이다. 물론 부족한 복리후생비를 보충하기 위해 복지 급여차감 플랜이 도입될 수 있다. 이는 급여의 일부를 복리후생 용도로 사용하면 그만큼 급여에서 세금 공제 혜택을 주는 것이다. 하지만 부가급여로서의 복리후생제도의 취지를 고려하면, 복지급여 차감 플랜은 근본적인 해결책이 되지 못한다. 어차피 급여 범위 내에서 복지비를 충당하는 것이고 세금혜택도 크지 않다.

향후 부족한 봉급 수준을 보완하기 위해서는 적정성 원칙에 더 충실하도록 복리후생비가 증액되어야 한다. 실제로 20세가 넘은 자식도 취업을 못한 경우가 더 많아 그들의 부모인 공무원이 계속 부양해야 한다. 주소를 같이하지는 않지만 실질적으로 부모님의 생계비를 도맡는 공무원 수도 적지 않다. 그렇다면 부양가족의 실질적 범위를 재조정해 복지점수를 확대하는 것이 적정성 원칙에 맞다. 아니면 기관장의 정책적 필요에 따라 거의 강제적으로 설정된 의료비보험 가입 여부의 선택권을 공무원에게 자율적으로 부여하는 것도 복리후생비 증액의 작은 방편이 될 수 있다. 얼마 안 되는 돈이지만 공무원이 더 필요한 것을 자율적으로 책임지고 구매해 생활에 보탬이 되도록 하기 위해서이다.

Part V

나라 살림꾼의 기를 살려주고 고충에 귀 기울이기

14

공무원의 기를 살려주려면 맞춤형 사기 앙양책이 필요하다

1) 도덕과 사기의 상관성: 모럴과 모레일은 동반자 관계

사기(士氣)는 영어로 morale이고, 도덕은 moral이다. 두 단어 간에 단 한 음절의 차이가 말해주듯이 모레일과 모럴 간에는 큰 연관성이 있다. 사기는 직장인의 근무 의욕을 말한다. 어떤 직장인이 자기 일에 최선을 다할 때 우리는 그가 사기가 높다고 말한다. 사기가 높아야 직업윤리 수준도 높다. 누가 시키지 않아도 직장인으로서 지켜야 할 것은 지키며 자신이 맡은 일에 열정을 갖고 최선을 다한다.

높은 직무 만족에 따른 직무몰입과 직무혁신을 도모하려면 사기 앙양책이 필요하다. 만일 그것이 여의치 않으면 바로 직장의 윤리와 도덕에 적신호가 켜진다. 공무원이 근무의욕을 잃으면 바로 노력 회피 성향을 보이고 신분보장과 연금 등 황금 수갑(golden handcuffs)에만 연연하게 된다. 뇌물수수 등 부패 유혹에 빠지기도 쉽다. 공무원이 입지역동하도록 다양한 사기 앙양책을 제도화해야 하는 이유는 이에서 연유한다.

2) 공무원을 입지역동하게 하는 맞춤형 사기 앙양책들

공무원의 사기 앙양 제고와 관련해 참고할 만한 이론으로 무엇이 있는가? 허즈버그(F. Herzberg)의 위생(衛生)-동기부여 이론은 금전적 보수가 과연 동기부여 요인인가 하는 점과 관련해 의미 있는 조사 결과를 보여준다. 그는 보수나 작업환경은 위생 요인으로서 직무 불만을 없애주는 것에 불과할 뿐 사람들을 입지역동하게 하는 요인은 아니라고 한다. 오히려 일에 대한 주체적 참여, 일에 대한 영향력 행사, 일에서의 자율적 권한 등이 동기부여 요인이라는 것이다. 그러나 앞에서 이미 논했듯이, 하위직 공무원의 경우에는 보수가 어느 정도 동기부여책으로 작용한다. 단, 평가의 객관성을 상실해 공정하지 못한 성과급제도는 오히려 동기부여를 구축(驅逐)하는 것으로 조사되었다.

최근 일과 삶(work-life)의 심리적 균형, 즉 듀얼 라이프 스타일이 인사관리의 새로운 화두로 대두하고 있다. 조직의 인간화 시대를 맞아 임금, 승진 등의 외재적 보상보다는 즐거움, 행복, 재미를 추구하는 내재적 보상이 가능하도록 가족 친화적 근무환경을 조성해줄 필요성이 제기된다. 이에 따라 일-가족, 조직의 성장-개인 성장, 일-여가의 균형을 중시하는 밸런스 경영이 강조된다.[252]

상기한 논의들은 경제적 보상만이 동기부여 요인의 전부가 아니라는 점을 잘 말해준다. 그렇다면 보수 등 경제적 유인 외에 공무원의 사기앙양에 큰 영향을 미치는 일반적 동기부여 요인들로는 무엇이 있는가?

스티븐슨(N. Stevenson)은 도전적인 일 자체, 융통성 있는 근무시간, 직장 소속감, 편한 복장, 학습기회, 승진, 재택근무제, 창조적이고 매력적인 작업환경, 직장에서의 신임[253] 등을 일반적 동기부여요인으로 들고 있다. 라울러 3세, 코헨과 창(E. Lawler III, S. Cohen & L. Chang)도 의미 있는 일 자체, 승진기회, 의사결정 참여기회를 직원들이 직장에 계속 머무르게 하는 요인으로 강조한다.[254]

오늘날 고성과자(high performer)들은 도전적인 일 자체, 조직 내에서의 성장기회, 적절한 보상, 작업할당의 자율성 등을 직장에 요구한다. 그러나 그들을 옭아매는 각종 규칙, 규정과 장시간 회의는 정말 싫어한다.[255] 하지만 각국의 정부조직은 이런 고성과자들을 유혹할 만한 동기부여 요인들을 제대로 갖고 있지 못하다. 참고로 미국의 한 설문조사 결과에 의하면, 고성과자들은 부가편익, 직장의 안정성, 가족지원정책, 동료애 등의 측면에서는 연방정부에서의 일자리를 좋아한다. 그러나 일의 내용과 절차, 직업상의 자유 쪽으로 갈수록 공직에 낮은 점수를 매긴다.[256] 이는 정부조직이 높은 성과를 내는 사람들에게는 아직은 동기 유인을 적절하게 제공해주지 못하는 현실을 잘 보여준다. 그러나 정부조직 역시 날로 복잡다단해지는 사회 문제를 해결하기 위해 총명한 젊은 인재들을 필요로 한다. 따라서 젊은 인재들이 정부에 진입하고 머무르게 만드는 동기유인 전략이 어느 때보다 절실하다.

다음의 표에서 보듯이 도전적 직무에 대한 책무성, 공공사(public affairs)에 대한 영향력 발휘 등이 임금이나 부가급여, 직업 안정성에 못지않게,

〈표 5-1〉 미국 시정부 공무원의 공직 진입 및 공직 유지 요인[257]

(5점 만점)

동기부여 요인	진입 요인	유지 요인
임금	3.06	3.78
부가급여	3.20	3.73
도전적 직무에 대한 책무성	4.47	4.54
직업 안정성	3.16	3.26
공공사에 대한 영향력 발휘	3.78	3.87

아니 오히려 더 공직에 대한 진입 및 유지를 결정짓는 주요 요인으로 대두하고 있음을 염두에 둘 필요가 있다.

도전적 직무의 기회 부여와 관련된 일례로서, 여론조사기관인 '해리스 인터액티브'가 2011년에 실시한 한 조사에 의하면, 21~31세 청년 중 3/4은 의미 있는 일을 하는 것을 자신의 성공적 커리어를 위한 주요 요소로 보고 있다. 또 자신이 직장에서 전진(前進)한다고 느낄 때 내적 동기가 커지는 등 전진의 원리를 중시한다. 따라서 업무 순환을 장려하고 직장 내 잡 포스팅 같은 공모 제도를 통해 젊은 공무원들이 의미 있는 일을 해 볼 수 있는 새로운 기회를 제공하고, 또 도전적 일을 찾아 자신의 자리를 계속 이동해나갈 수 있도록 적극적으로 지원해줄 필요가 있겠다.[258]

3) 자율관리와 심리적 계약을 고려한 리더십 스타일의 변화: 헤드십에서 슈퍼 리더십으로

업무에 대한 상사의 지원, 즉 리더십도 맞춤형 동기부여 요인으로서 무시할 수 없다. 리더십은 자율관리와 관계적인 심리적 계약의 차원에서 매우 중요한 요소이다. 온라인 취업 사이트인 '사람인'과 리서치 전문기관인 '폴 에버'가 직장인 1,895명을 대상으로 2006년에 시행한 공동조사에 의하면, 직장인이 가장 본받고 싶고 존경하는 상사는 인격적으로 성숙한 상사(36.9%), 리더십 있는 상사(23.8%), 부하직원을 신뢰하는 상사(13.2%), 자기계발에 노력하는 상사(12.1%), 업무능력이 뛰어난 상사(11.3%) 순이다. 또 상사의 조건으로는 부하직원의 업무 상황을 이해하고 경청해주는 태도(31.7%), 부하의 잠재력을 유도하는 리더십(25.1%), 칭찬과 격려(16%), 비전을 갖고 노력하는 자세(13.2%), 업무지시와 감독 능력(13.2%) 순으로 중시되었다.

참고로 미국계 인사컨설팅 회사인 '타워스 페린'이 16개국 직장인의 의식과 생활상을 조사한 결과, 응답에 응한 1,016명의 한국 직장인이 상사에 대해 평가한 결과는 최하위 수준이었다. 그러니 "회사 보고 입사한 뒤 관리자 보고 나간다"라는 말이 나온다.

여기서 리더십 스타일 변화의 중요성이 대두된다. 이를 위해 리더십 효과성이라는 개념을 자율관리와 심리적 계약의 차원과 연관지어 좀 더 논의해보자.[259] 조직 효과성은 조직의 물리적 성과를 의미하지만, 리더십 효과성은 조직의 성과를 만들어내는 과정에서 하위자들의 자율적 발전과 심리적 안정감도 더불어 확보하려는 리더의 적극적 역할을 가리키는 개념이다.

리더십 효과성은 리더가 조직구성원들에게 자기 일에 대한 의미를 부여할 기회를 주는 등 하위자들의 자기결정력을 확보해주는 것을 중시한다. 그래서 자율관리 차원과 매우 연관성이 높은 개념이다. 하위자들은 상사로부터 지원과 격려, 인정을 받고 있다고 느낄 때 상호관계에 몰입하며 조직 신뢰에 긍정적 반응을 보인다. 조직구성원들은 조직에 충성심이 있으면 직장에 불만이 있어도 조직을 떠나기보다는 조직발전을 위한 발언을 먼저 한다. 이런 점에서 리더십 효과성은 상사지원 인식 등 관계적인 심리적 계약과도 밀접한 연관성을 지닌다.

리더의 주요 임무는 조직구성원들을 명령이나 처벌의 위협으로 다스리는 것이 아니라, 그들이 자발적으로 조직목표를 성취하는 데 최선을 다하도록 유도하는 것이다. 《서번트 리더십》의 저자 제임스 헌터(J. Hunter)는 "사물은 관리하는 것이지만 사람은 리드하는 것이다"라고 말한다. 따라서 하위자들과 소통, 공감하려는 리더의 역할이 중요하다.

그간 리더들의 모습은 리더십이라기보다는 억압적 성격이 강한 헤드십에 가까웠다. 하위자들의 심정은 고려하지 않은 채 명령 하나로 모든 것을 해결하려고 했다. 따라서 이는 하위자를 밑에 두고 군림하는 분모경영 방식이다. 이런 리더십하에서는 당근-채찍 위주의 타율적 관리가 일반화되기 쉽고 하위자들의 생산성은 높을 수 없다. 반면 고부가가치 리더십은 하위자들의 마음을 스스로 움직이게 만드는 변혁적 리더십(transformational leadership)이다. 하위자들에게 힘을 실어주고 스스로 움직이게 한다. 그다음은 그들이 힘을 합해 스스로 문제를 해결하도록 후원한다. 이게 바로 분자경영 방식의 리더십이다. 여기서는 자율관리의 가능성이 커지고 생산성도 높아질 확률이 높다.

리더는 조직 성패의 열쇠를 쥔 하위자들이 스스로 자신의 잠재력을 끌어내도록 도와주어야 한다. 그들의 잠재력이 조직 안에서 발휘될 수 있도록 권한을 부여해야 하고, 하위자들이 자신을 스스로 리드할 수 있는 셀프 리더(self leader)가 되도록 육성해야 한다. 하위자들을 셀프 리더로 만드는 리더가 바로 슈퍼 리더이다.[260]

슈퍼 리더가 되기 위해 리더는 귀다운 귀를 갖고 하위자들의 업무계획과 고충 사항을 적극적으로 경청해주어야 한다. 그리고 하위자들이 새로운 도전과 계획을 추진하는 것에 대해 두려움을 갖지 않도록 실패할 자유(freedom to fail)를 듬뿍 보장해주어야 한다. 그들에게 자신감을 심어주는 등 입다운 입으로 말할 줄도 알아야 한다. 자고로 귀다운 귀와 입다운 입을 가진 사람만이 남을 이끄는 위치에 있을 수 있다. 이는 동양 사회에서 이상적 인격체로 칭송받아온 성인(聖人)의 한자어 중 성(聖)이 耳+口+王의 합자(合字)인 점에 잘 반영되어 있다.[261]

하위자들 또한 셀프 리더가 되기 위해 자기계발에 대한 열정을 가져야 한다. 조직구성원으로서의 제대로 된 역할 정체성을 자율적으로 학습할 때 스스로 셀프 리더가 될 확률이 그만큼 높아진다.

조직구성원들을 이렇게 잘 대해주면 그들이 배은망덕(背恩忘德)하게 나오지 않을까 걱정하는 상사들도 있을 수 있다. 그러나 동양에는 결초보은(結草報恩)이라는 사람들 간의 관계윤리가 있고, 서구에는 사회적 교환 이론이 있다. 즉 "주고 받는다"라는 기브 앤 테이크 원리가 조직과 조직구성원 간에도 통용될 수 있다. 그렇다면 하위자들의 자율관리와 셀프 리더십을 육성해주는 리더십 효과성에 따른 인간적 처우과 심리적 계약의 이행이 결초보은이라는 직장-직장인 간의 선순환 구조를 얼마든지 낳을 수 있다.

15

권익과 개혁을 위해 집합적 목소리를 내되 정당하게 주장하라

1) 개인 차원의 고충 토로와 창의적 제안에 적극적으로 귀 기울여주기

하위자들에 대한 상사지원 인식과 슈퍼 리더십은 자연히 의사결정 과정에서 하위자들의 참여 기회를 제도화해주는 문제와 연관된다. 의사결정 과정에서의 참여를 보장해주는 민주적 · 자율적 직장 분위기 조성이 또 하나의 사기 앙양책으로 중시될 필요성이 여기에 있다.

《무엇이 관료들을 동기부여시키는가》의 저자 골든(M. M. Golden)에 의하면, 공무원을 움직이게 하는 주요 요인들로는 ① 그들의 합리적 이기심에 호소하는 경제적 유인책, ② 조직문화, 규범 등 기관맥락과 관료들의 제대로 된 역할인지, ③ 관료들의 일탈을 적절히 통제하기 위한 대통령의 행정 통할권(administrative presidency) 발동 등이 있다. 그러나 그는 ④ 조직 내 민주주의, 즉 공무원의 의사결정 참여와 발언 기회를 제도화시켜 주는 것을 동기부여 요인으로 매우 중시한다.[262]

골리앗 같은 큰 덩치의 직장이 직장인 개개인에게 부당한 명령이나 비인간적 처우를 가할 때 상대적으로 작디작은 존재인 직장인 개개인이 취할 수 있는 대응책에는 무엇이 있는가? 허쉬만(A. Hirschman)에 의하면, 이탈(exit), 묵종(loyalty), 이의제기(voice) 등이 그 방법이다.[263] 조직이나 상사의 부당한 명령과 비인간적 처우에 기분 나쁘다고 사표를 내봤자(exit) 얼마 안 가서 아무 소용이 없음을 알게 된다. 문제는 하나도 해결되지 않은 채 실직자로서의 현실적 고단함만 더해진다. 혼자 대든다고 세상이 꿈쩍이나 하겠냐며 묵종(loyalty)하면 진짜 세상은 하나도 변하지 않은 채 그를 더욱 강압해온다. 힘들어도 부당한 명령과 비인간적 처우에 이의를 제기하며 현실적 개혁을 강구하는 다윗의 목소리 내기(voice)가 필요하다.

문제는 혼자서만 목소리(individual voice)를 내느냐 아니면 공동 문제에 직면한 직원들이 공동의 치유자 입장에서 집합적으로 문제 제기(collective voice)를 하느냐이다. 물론 직장인 혼자만의 문제이거나 또는 그렇게 생각되어 개인적 문제를 해결하기 위해 혼자서만 목소리를 내야 하는 경우도 있다. 아래의 방법들이 그런 경우에 해당한다.

첫째, 고충(grievance)처리제도는 일과 관련해 근무 조건이나 개인 신상과 관련된 고충을 직장에 호소해 문제해결의 도움을 받는 것이다. 근로조건(예: 보수, 근무시간, 근무환경, 후생복지)이나 인사관리(예: 승진, 전보, 전직, 각종 평정 및 교육훈련, 상훈, 제안), 기타 개인 신상 문제(예: 직장 내 차별대우, 정신적 · 심리적 · 신체적 장애로 인한 사항)에 불만이 있을 경우, 그 불만요인을 직장 내 고충심사위원회에 접수해 그 심사 결과를 갖고 기관장이 필요한 조치를 취하게 해

애로사항의 해결책을 강구하는 것이다.

둘째, 소청(appeal) 심사는 징계처분 등 공무원 자신의 의사에 반하는 위법, 부당한 권리침해로부터 공무원을 보호하고 궁극적으로 공직사회의 안정을 도모하는 제도이다. 이는 행정의 자기통제 효과를 도모하는 것이며, 사법 보완적 기능을 통해 임용권자의 위법, 부당한 인사처분의 취소, 변경을 유도해 공무원의 권리구제와 신분보장을 강화하는 것이다.

셋째, 제안제도는 개인적 아이디어를 창안해 제시하는 것이다. 즉, 일을 수행하는 과정에서 더 좋은 방법이나 절차가 있으면 그것을 체계적으로 정리해 새로운 제도로 제안함으로써 작업환경을 주도적으로 개선해가는 것이다.

앞의 두 제도가 개인적 억울함에 대한 신호를 직장에 보내 문제해결을 요구하는 것이라면, 마지막의 제안제도는 개인적으로 건설적인 제안을 하여 제안의 결과를 조직발전에 반영하는 것과 더불어 개인의 특별승급이나 승진의 기회로 활용하는 것이다.

2) 자율관리 및 자존감 고취 차원에서의 소신발언 여건 조성과 퇴(退)의 철학

정부조직에서 자율관리를 정착시키기 위해서는 공무원이 소신껏 발언할 수 있고, 또 일의 결과에 대해 스스로 책임지게 하는 것도 필요하다. 관료들의 동기부여 요인을 연구해온 골든은 앞에서 언급했듯이 동기부여 요인으로서 조직 내 민주주의를 강조한다. 민주적인 분위기에서 일과 관련된 진실을 소신 있게 말할 수 있게 해주는 것이 사기 앙양 차원에서 매우 중요하다는 것이다.

관료들의 소신발언(voice)과 항의 차원에서의 사임(辭任) 표명은 정책 이슈에 대한 사회의 주의를 환기시키고 정책 토의와 심의를 증진시킨다. 특히 경력직 공무원들은 그들의 지식, 전문성과 경험에서 우러나오는 전문적 기억력과 정책 문제에 대한 통찰력을 일정 부분 갖고 있다. 따라서 공무원들과 장관 간의 자유롭고 개방적인 대화와 아이디어 교환이 필요하다.[264] 또 그 과정에서 요구되는 관료들의 소신발언은 조직개혁과 더불어 공무원 자존감 살리기의 한 방법이다.

제자인 자로가 임금을 섬기는 방법을 묻자 공자가 "속이지 말고 덤벼들라(諫)"라고 했다는 이야기는 이미 앞에서 언급한 바 있다. 상사의 마땅한 명령만 따르는 것이 충(忠)이라는 것이다. 공무원 행동강령 제4조에서는 상급자가 공정한 직무수행을 해치는 지시를 할 경우 그 사유를 상급자에게 소명하고 지시에 따르지 않도록 규정하고 있다. 상사의 위법, 부당한 명령에 대해서는 하위자가 따르지 않겠다는 소신발언의 여건이 이미 조성되어 있다.

공무원이 소신발언을 할 수 있는 권리는 그에 상응하는 자기 책임지기의 자율적 속박 장치가 있을 때 비로소 빛을 발한다. 자존감 지키기 및 자기 책임지기 차원에서 공무원 본연의 퇴(退)의 철학도 필요하다. 우리는 퇴의 철학을 조선조 선비문화에서 발견할 수 있다. 일례로 정약용은 언제라도 벼슬을 버린다는 뜻으로 '기(棄)' 자를 벽에 붙여놓고 아침저녁으로 들여다보았다고 한다. 즉 벼슬살이의 원칙으로 4기(棄)를 제시했는데, 행하는 데 장애 되는 일이 있으면, 또 마음에 거슬리는 일이 있으면, 또 윗사람이 무례하면, 마지막으로 자신의 올바른 뜻이 행해지지 못하면 벼슬을 버리라는 것이다. 예(禮)와 의(義)가 함께 온전해야 벼슬살이가 제대로 가능하다는 생각에서, 만일 그것이 지켜지지 못하면 바로 벼슬을 내버릴 수 있는 사람임을 알린 뒤에라야 목민관 노릇이 가능하다고 본 것이다. 단, 사표를 던지고 돌아설 때도 말씨와 태도를 온순하게 가져가고 울분의 기색이 없도록 예를 갖출 것을 강조했다.

조선의 선비 관료들은 자신의 잘못을 부끄럽게 여기고 스스로 물러나는 길을 택하기도 했다. 사대부에게 가장 무거운 벌은 부끄러움을 스스로 느끼게 하는 것으로서 그들은 스스로 벌 받기를 자청했다. 타인이 벌을 내리기 전에 자신이 먼저 벌을 받는 것이 조선의 처벌문화였다.[265] 채찍이나 처벌 등의 강제효과보다는 스스로 부끄러움을 느끼고 그에 대해 자율적으로 책임을 지는 자각 효과가 더 효과적이다.[266]

3) 공무원의 권익옹호와 행정개혁을 위한 집합적 목소리 내기로서의 노조활동

현행 공무원 고충처리제도와 소청 심사제도는 개인 차원의 이의제기로서, 또 제안제도는 의사결정 과정에서의 개인적 참여제도로서 나름의 의미가 있다. 하지만 고충처리제도와 소청 심사제도는 주로 미시적 직장생활의 질(micro quality of working life)을 확보하기 위한 것에 불과하다. 고충처리제도는 공무원의 개인적 신상 문제와 개인적 애로사항을 해소하는 차원에서만 그 효과가 제한되기 쉽다. 소청 심사도 공무원 개개인에게 가해진 위법, 부당한 인사처분의 개별적 변경을 주목적으로 한다. 따라서 이들 제도는 다수의 공무원이 공동으로 직면해 있기에 그들을 동시에 괴롭히고 옥죄는 공동의 직장생활 문제들에 대해서는 실질적인 도움의 손길을 주기 어렵다. 특히 이들 제도에 의존해 하위자가 자신의 문제를 개인 차원에서만 해결하려고 할 경우, 관리자층의 각개격파 전략에 의해 직원들이 개별적으로 포섭(包攝)당할 위험의 소지도 생긴다.

관리자층은 "먹을 것을 달라고 짖어대는" 개별 직원의 목소리(individual voice)에만 귀를 기울여 그런 개인적 문제는 해결해주면서 이 제도에 참여하지 않는 다수 직원의 무언(無言)의 항변은 무시하기 쉽다. 속된 말로 '개의 사회학(dog sociology)'이다. 그나마 조직 내 민주주의가 일천한 상황에서는 공익제보를 위한 내부 고발자(whistle-blower)들의 소신발언이 전혀 보호받지 못할 수 있다. 오히려 그들이 왕따를 당하거나 실직의 위협을 느끼는 등 개인적 희생만 강요당할 소지도 있다.

많은 직장인이 공동으로 직면하는 문제는 그들 공동의 노력으로 대응할 때만 해결된다. 또 거시적 직장생활의 질(macro quality of working life)[267]도 쉽게 확보된다. 즉 전체 직원의 임금상승, 경력개발제도 확립, 승진제도의 공정성 확보문제는 이 문제에 공동으로 직면하는 다수의 구성원들이 집합적으로 한 목소리를 강하게 낼 때 상대적으로 더 잘 확보될 수 있다.

바로 여기서 올바른 이의제기 및 집합적 표출(collective voice) 통로로서 공무원 노조활동이 적정선에서 허용될 필요가 있다. 공무원노조는 공무원이 근로조건 개선과 후생복지 증진, 그리고 그들의 정치 · 사회 · 경제적 지위 향상을 위해 자주적으로 단결해 만든 공무원 집단이다.

스켈리(B. Skelley)는 정치적 개념인 민주주의를 조직 내 권력배분 문제에 응용한 '작업장 민주주의(workplace democracy)'라는 개념을 제시한다.[268] 작업장 민주주의는 직장, 공장과 같은 다양한 사회경제적 제도들과 조직

수준에서의 의사결정 참여를 말한다. 작업장 민주주의는 직장에서의 일과가 직장인들 삶의 대부분을 차지하며 조직 내 의사결정 결과가 그 구성원들에게 직접적으로 영향을 미치는 점을 전제로 하여 직장인이 조직 내 의사결정 과정에 적극적으로 참여할 것을 옹호한다. 작업장 영역은 조직구성원들의 직접적 이해관계가 반영되는 곳이어서 참여를 유도하기도 쉽다.

20세기 후반에는 작업장 민주주의나 조직 민주주의(organizational democracy)의 각도에서 하층 구성원들의 집합적 목소리 내기의 정당성이 인정되고 그것을 조직 현장에서 실험해보는 여러 실례도 있었다. 옛 유고연방의 자치관리 사회주의(self-governing socialism)와 서독의 노사 공동의사결정(co-determination) 제도가 그 예이다.

그러나 21세기 신자유주의 시대에 들어와 직장은 카우보이 자본주의(cowboy capitalism) 세상이 되고 말았다. 즉 무한경쟁 원리를 토대로 한 상호 약탈식 성과연봉제와 노동 유연화라는 미사여구 아래 파견직, 계약직 등 비인간적 고용제도가 범람하고 있다. 청년을 대상으로 한 열정 페이의 강요 등 끊임없이 고용불안을 조장하며, 사람들을 순응적 조직인으로 만들기 위해 자본의 계급이해와 직장 상층부의 직원 통제전략도 날로 강해지고 있다. 사람들이 이에 조금이라도 개인적으로 저항하면 마치 카우보이들이 방목을 위해 울타리에서 소들을 몰아내듯이 직장이라는 울타리 밖으로 내치는 카우보이 자본주의 세상이 되고 만 것이다.

직장의 비인간적이고 부당한 처사에 대해 직장인이 택할 수 있는 대응책은 그리 많지 않다. 홧김에 사직서를 내던질 수도 없고, "나 하나 대든다고 해서 세상이 변하겠냐"라는 소극적 생각에 조직의 명령에 묵종하는 것도 좋은 해법은 아니다. 그래도 가장 바람직한 방법은 직장의 부당한 처사에 공동으로 직면해 있는 직장인이 집합적 목소리를 내는 것이다. 공동의 문제에 공동의 치유자가 되는 것이 궁극의 해법이다.

정혜윤의 책 《그들의 슬픔과 기쁨》에서 쌍용자동차 해고 노동자들이 각고의 현실에서도 서로 연대(連帶)의 기쁨을 맛보듯이, 직장인들은 쉽지는 않지만 직장생활의 난관에 대한 문제의식을 공유하며 공동 치유자로서의 합법적 제도투쟁을 절대 포기해서는 안 된다.[269]

4) 노조활동의 허와 실, 발전적 교훈사례: 정당하게 주장하라, 자발적 질서 구축의 토대가 되라

공무원 노조활동은 공무원들이 단결권을 중심으로 집합적 이익을 표출해 자신들의 권익을 옹호할 수 있는 좋은 수단이 될 수 있다. 단체교섭 과정에서 하위자와 관리자층 간에 쌍방향 의사소통 통로를 합리적으로 구축할 수 있다면, 권위주의적 조직풍토를 개선하고 조직 내 민주화를 가능하게 할 수도 있다. 부패방지 등 일터의 문제점 개선과 건전한 직업윤리 확립 등 행정개혁의 수단으로도 작용할 수 있다.[270] 따라서 실적제와 공익을 크게 침해하지 않는 범위 내에서 비교적 공공성이 약한 직종과 하위직 공무원부터 공무원 노조활동을 인정해주어야 한다.

불행히도 우리나라에서는 노조활동을 곧 공산주의로 보는 레드 콤플렉스 현상 때문에 상당 기간 공무원노조 자체가 허용되기 어려웠다. 기껏해야 집배원 등 단순노무 종사자에게만 노동기본권이 허용되었다. 그러다가 김대중 정부에 들어와 공무원 직장협의회가 설치되고 법적 제약이 있기는 했지만 전국 차원의 연합조직이 결성되었다. 2002년에는 이후 공무원노동조합총연맹(공노총)으로 발전하는 대공련, 전국공무원노조(전공노) 등 법외노조가 결성되었다. 하지만 정부의 노조별 대응전략 차이로 인해 법내노조인 공노총과 법외노조인 전공노로 공무원단체가 이원화되었다. 노무현 정부 말기인 2007년에야 공노총, 전공노 등 모든 단체가 합법 노조가 되었다. 그러나 이명박 · 박근혜 정부는 법과 원칙의 엄격한 적용을 구실로 삼아, 공노총 등 합법노조와는 상생협약을 체결하며 협력적 파트너십을 유지했지만, 공무원의 사회정치적 지위 향상을 주장하는 전공노와는 갈등 관계를 빚었다. 전공노는 노동부로부터 법외노조 통보를 받기도 했다.

현재 우리나라의 공무원단체로는 조합원 10만 명 규모의 공노총과 9만 명 규모의 전공노가 있다. 광역 지방자치단체들은 주로 공노총에 소속되고, 기초자치단체는 전공노 소속이 거의 다수를 차지한다. 전공노는 '해직자는 조합원 제외'라는 규약 변경을 통해 2018년 3월 말 노조설립 신고서 제출로 다시 합법화되었다.

집합적 목소리 내기의 한 형태인 공무원 노조활동은 조직구성원들의 적극적 참여가 자신들의 복지 문제를 해결한다는 논리 하에 출발한다. 그러나 공무원들의 역할인지가 제대로 되어 있지 못할 때는 그것이

〈표 5-2〉 전체 조합 수 및 조직률 현황[271]

연도	2009	2010	2011	2012	2013	2014	2015	2016
조합수(개)*	95	96	99	110	121	125	144	150
조직률(%)	53.1	55.6	56.1	55.8	60.08	61.6	64.1	65.5

* 전공노 통계는 이에 포함되지 못했음.

집단이기주의로 변질해, 그들의 욕구가 과도해지면서 자칫 밥그릇 싸움으로 비치기 쉽다.

공무원 노조활동에 대한 서광석, 안종태의 연구에 의하면, 그간 법외노조들도 이념적으로 과격한 방식보다는 자기이익의 고수 등 실리를 추구해왔다고 한다. 즉, 행정개혁보다는 자신들의 경제 · 사회적 지위 향상을 먼저 도모한다는 것이다. 그러다 보니 자칫 안이한 자세에서 출범한 공무원노조의 이기적 행동이 반(反)공익적인 결과를 가져올 수 있다.

공무원 신분의 특수성 때문에 지나친 권익 옹호에서 출발하는 공무원 노조활동은 시민 다수의 이익에 반하기 쉽다. 공무원의 지나친 특수이익 추구가 공익을 해치며 시민의 일상생활을 불편하게 하는 결과를 가져오는 것이다. 따라서 "나의 자유와 권리는 타인의 자유와 권리와 공존해야 한다"라는 자유의 사회성 위에서, 공무원노조가 역할 정체성을 학습하며 그들 본연의 역할에 최선을 다하게 하는 쪽으로 유도할 필요가 있다.

바로 이런 점에서 많은 나라는 공무원의 단결권을 보장하고 단체교섭권도 대체로 허용하지만, 단체행동권만은 시민의 발목을 잡을 우려가 있어 원칙적으로 금지하고 있다. 파업을 허용하는 미국, 영국, 프랑스 등 몇몇 나라들도 파업 중인 공무원에게 국가사정상 업무 복귀 명령을 내렸을 때 이들이 응하지 않으면 해고조치를 취한다. 공무원노조가 일반 기업노조와 똑같아지는 것은 공무원이기를 스스로 포기한 것과 같다는 시민의 의견이 많다. 공무원보다 먹고살기 힘든 시민도 수두룩하기 때문이다.

공익과 상충하는 공무원 노조활동은 정말 곤란하다. 시민의 발목을 붙잡지 않고도 자신들의 이익과 권리를 효과적으로 집약, 표출해낼 수 있는 공무원노조의 전략적 지혜가 필요하다. 이에 참고가 되는 발전적 교훈사례가 일본에 있어 참고해본다.

1980년대 초 나카소네 수상이 집권하면서 공기업의 민영화 등 행정개혁 추진과 정부지출 억제조치를 발표하자, 재정자립도가 낮은 지방자치단체들의 대민 서비스와 공무원 처우에 큰 제약이 가해지기 시작했다. 제약이 현실로 다가오자 혁신자치체(革新自治体)의 하나인 가와사키 시직노(市職労; 시 직원 노동조합)는 시정부 공무원의 일자리 고수와 혁신자치체로서의 역할 정체성을 지키기 위해 '지역생활 문제의 치유자'라는 지방자치단체 본연의 역할을 다한다는 차원에서 지역의 정책 문제 해결에 더 몰두했다. 가와사키 시직노는 정원 감축과 업무의 민간위탁을 사전에 저지하는 인원확보 투쟁과 더불어 지역 활성화, 지방자치 강화, 지역 생활권 투쟁 추진방침을 표명했다. 중앙정부 주도적인 개혁의 양대 피해자라는 공감대 아래 지역사회의 시민단체 연합과도 손을 잡고, 지방의 독자성을 확립하고 시민 생활의 질적 개선을 위해 시민단체와 연대해 대항적 분업을 추진했다. 가와사키 시직노는 시직노 산하에 자치연(自治研) 센터를 두고, 이 연구센터를 참여 민주주의와 지역사회 공동성 회복의 장으로 활용했다. 또 공공부문 노동운동의 조사연구조직으로도 활용하는 등 관료조직의 자기 수정능력을 활성화하는 데도 기여했다.[272]

위의 사례에서 우리가 특히 눈여겨보아야 할 점은 가와사키 시직노가 자신들의 직업이익만 일방적으로 고집한 것이 아니라, 산하에 자치연 센터라는 연구부서까지 두고 지역발전이라는 공익의 실현을 위해 노력하며 공무원 직업이 존재해야 하는 이유를 시민에게 호소한 점이다. 즉, 지역 생활문제 해결을 위해 지방정부가 일정한 규모로 존재해야 한다는 '조직의 존재 이유의 당위성'을 슬기롭게 개진해내는 당찬 전략 전술과 시민의 마음을 얻기 위한 뛰어난 정책 감수성을 보인 것이다.

우리 공무원노조도 가와사키 시직노가 보여준 발전적 교훈사례를 참고삼아 올바른 직업윤리 확립이라는 노조활동의 적정선을 유지하면서 공무원의 권익 문제도 동시에 해결하는 쪽으로 공무원노조 활동의 슬기로운 방향을 잡아나가야겠다.

향후 공무원노조는 노조원인 일선 공무원들이 자주 만나서 격의 없는 대화를 나누며 중지를 모아 공무원 주도적인 자율관리의 초석을 마련하는 핵심장치 역할도 해야 한다. 즉 자신들의 권익옹호를 위해 임금인상 투쟁만 할 것이 아니라, 공직사회 내에서 자발적 질서를 구축하고 자기조직화를 도모하기 위해, 자기계발 지원제도 강화와 자율복무제의 활성화, 자율적 승진 질서와 맞춤형 성과지표 개발 등 자율평가의 제도화, 또 정책 소신을 밝힐 수 있는 집합적 목소리 내기의 제도화에 공무원노조가 앞장서야 한다.

그래야 권위주의 조직풍토 개선과 조직 내 민주화, 건전한 직업윤리 확립 등 행정개혁 수단으로서 공무원노조의 순기능을 도모할 수 있다. 공무원노조가 자신들의 권익 옹호만을 위해 시민 일반이익에 반하는 반공익적 행동을 지양하고 자율관리의 제도화와 자발적 질서 구축에 앞장설 때, 어렵게 획득한 집합적 목소리 내기의 참여 통로를 굳건히 지키며 나라 살림꾼으로서의 존재가치를 더 강화할 수 있다.

Part VI

한눈파는
일부 나라 살림꾼에게
따끔한 일침 놓기

16

나라 살림에 열정이 담긴 책임윤리가 필요하다

1) 법규준수보다는 나라 살림에 열정이 담긴 책임윤리가 필요하다

행정의 성공은 공무원의 역량뿐 아니라 공무에 임하는 그들의 태도와 마음가짐에도 달려 있다. 국가 경쟁력은 정부 경쟁력에서 나오는데, 정부 경쟁력의 핵심은 공무원 개개인의 역량과 일에 임하는 자세이다. 그런 점에서 공무원에게 나라 살림꾼으로서의 마음가짐이 제대로 확립되어 있는지를 정기적으로 체크하는 작업이 필요하다. 그 체크 포인트는 공직윤리, 즉 공무수행에 필히 요구되는 공무원의 바람직한 행동규범의 준수와 실천 여부이다.

윤리(倫理)에는 광의와 협의의 두 가지 차원이 있다. 먼저 광의의 윤리 개념은 인간으로서 해야 할 도리를 말한다. 즉, 사람이면 사람답게 해야 할 일은 반드시 하고 사람으로서 도저히 해서는 안 되는 일은 절대 하지 않는 것이 도리이다. 이는 결국 사람이 살아가는 근본적 태도의 문제이다.

반면 협의의 윤리는 직업윤리이다. 공직윤리도 직업윤리의 하나로서 직장인으로서 꼭 해야 할 바와 해서는 안 되는 것의 경계를 명확히 하는 것이다. 그렇다면 공무원으로서 해서는 안 되는 것은 무엇이며 꼭 해야 할 바는 무엇인가?

로젠블럼(D. H. Rosenbloom)은 법규준수와 일에 대한 열정이라는 관점에서 공직윤리를 소극적 공직윤리와 적극적 공직윤리로 나눈다. 법규준수(legal compliance)는 공무원의 행위가 현행 법규에 저촉되지 않아야 한다는 소극적 윤리를 의미한다. 반면 공무에 대한 열정(aspiration)은 법에 근거가 없더라도 공무원이 시민의 삶에 꼭 필요하다고 생각할 경우 공익, 형평성, 대응성 등 다양한 공직가치를 최선을 다해 스스로 추구해야 한다는 적극적 윤리를 뜻한다.[273]

소극적 윤리인 법규준수는 부정부패, 뇌물수수, 공금횡령 등 적극적 부정을 막기 위한 것으로서, 공무원으로서 해서는 안 되는 행위를 법규로 정해놓고 이를 위반할 경우 강한 페널티를 부여한다. 반면 법에 규정이 없더라도 그것이 공익과 형평성을 위해 공직자로서 응당 해야 할 몫이라고 생각되면 반드시 그것을 행동으로 옮기는 열정을 보이는 것은 공무원의 적극적 윤리에 해당한다. 이는 무사안일, 보신주의 등 법에 저촉은 안 되지만 직업인으로서의 도리상 해서는 안 되는 소극적 부정을 방지하는 데 특효약이다.

우리 공직사회의 경우는 위법은 아니지만 비윤리적인 행위가 일상화되고 있는 큰 문제점이 있다. 즉, 공무원에게 피해야 할 의무와 법적 의무를 넘어 올바른(right thing) 행위를 해야 할 의무가 있지만 이것이 잘 지켜지지 않는 것이다. 실제로 공직사회에서는 법적 · 계층적 책임[274]은 필수적 준수사항이지만, 윤리적 · 개인적 책임은 부차적인 것으로 인식되어왔다. 그러나 법적 · 계층적 책임은 명령이 없으면 아무 일도 하지 않는 기회주의, 무사안일주의를 야기하며, 법의 형식적 집행에 치중하는 법규 만능주의를 낳기 쉽다.[275]

공무원이 해야 할 일을 하지 않은 데 대해서는 자율관리 차원에서 강하게 윤리적 책임을 묻는 조치가 필요하다. 법에 근거가 없다고 해서 응당 해야 할 일을 하지 않으면 이는 프로쿠르스테스적 행정인의 폐해로 연결되기 쉽다. 법은 제 · 개정되기까지 장기간 복잡다단한 입법 절차를 거쳐야 한다. 그래서 법은 시대적 탄력성을 확보하기가 그리 쉽지 않다. 만일 이런 법적 명문화의 부재를 구실로 삼아 공무원이 법적 근거가 없다고 시민 생활 문제의 해결을 회피하거나 미온적 자세로 임한다면, 이는 전혀 대표시민이나 공적 자아답지 못한 행동이다. 또 그것을 조장하는 합법성 위주의 현행 형식적 감사체제에도 문제가 많다.

공무원은 항상 윤리적 공간(ethical space) 속에 존재해야 한다. 가치 중립적인 단순한 심부름꾼처럼 행동해서는 안 된다. 그들의 행정행위는 고도의 도덕 원칙으로 구성된 일련의 가치 세트에 근거해야 한다.[276] 이 말은 공무원이 단순한 법 집행인을 넘어 역지사지의 심정으로 동료 시민들의 문제에 성큼 다가가는 감정이입의 달인이 되어야 함을 강조하는 것이다. 또 대표시민, 공적 자아답게 적극적 윤리를 구현하려는 책임 있는 자세를 취할 것을 촉구하는 말이다.

2) 윤리헌장보다는 공직기강과 법적 통제가 더 강화되는 현실

우리 공직사회에는 공직윤리보다는 공직기강이라는 센 말이 더 많이 통용되어왔다. 기강(紀綱)은 기율(紀律)+법강(法綱)으로서 법을 어겼을 때 강하게 처벌하고 엄격하게 다스리겠다는 하드 워킹의 개념이다.

국제투명성기구의 2014년 조사 결과를 보면 우리나라의 부패인식지수는 55점으로 175국 중 43위에 그치고 있다. OECD 34개국 중에서도 27위에 불과하다. 2012년의 경우를 보면 공무원의 직무 관련 범죄인 직무유기, 불법체포, 감금폭행, 피의사실 공표, 비밀누설, 선거방해, 뇌물제공 수뢰, 알선수뢰, 뇌물공여가 적지 않다. 특히 경찰공무원과 6, 7급 공무원의 직무범죄 비율이 높다.[277] 따라서 공직자윤리법, 부패방지법, 청탁금지법, 공무원복무규정 등 세세한 법규를 만들어놓고 이를 위반할 경우 강한 처벌을 가해야 할 현실임을 부정할 수 없다. 이는 그만큼 공직사회에서 적극적 부정이 많이 일어나고, 그래서 강한 페널티와 채찍이 필요한 오늘의 현실을 반영한다.

물론 공무에 대한 열정을 불러일으키기 위한 윤리강령들이 있기는 하다. 공무원 신조, 서비스헌장, 윤리헌장 등이 그것이다. 1980년에 제정된 공무원 윤리헌장은 충성과 봉사, 창의성 등의 공무원 행동규범을 천명하고 있다. 공무원 신조는 "국가에는 헌신과 충성을, 국민에게는 정직과 봉사를, 직무에는 창의와 책임을, 직장에서는 경애와 신의를, 생활에서는 청렴과 질서를"이라는 다섯 가지 행동지침을 제시하고 있다. 하지만 그 내용이 너무 관념적 · 규범적이고 표현도 선언(宣言) 조로만 되어 있어, 공무원이 이런 것들을 자율적 속박 장치로 삼고 지켜나가기에는 미흡한 점이 없지 않다.

〈표 6-1〉 반(反) 부패법들[278]

	공직자윤리법	부패방지권익위법	청탁금지법
법의 목적	부정한 재산증식 및 공 · 사익의 이해충돌을 방지해 국민에 대한 봉사자로서 가져야 할 공직자의 윤리 확립	부패행위를 효율적으로 규제해 청렴한 공직사회 풍토 확립	공직자 등의 공정한 직무수행을 보장하고 공공기관에 대한 국민신뢰 확보
주요 대상 기관	헌법기관, 중앙행정기관, 지방자치단체, 공직 유관단체	헌법기관, 중앙행정기관, 지방자치단체, 공직 유관단체	헌법기관 등 모든 공공기관, 사립학교, 학교법인, 언론사
적용 대상자	공직자 및 공직 후보자, 퇴직 공직자	공직자(유관단체 구성원 포함)	공직자 및 각급학교 교직원, 학교법인 임직원, 언론사 임직원(공직자 배우자도 대상)
업무 기관	인사혁신처, 공직자윤리위원회	국민권익위원회	국민권익위원회
주요 규율 사항	재산등록 및 공개, 주식 백지신탁, 선물신고, 퇴직공직자 취업 제한 및 행위 제한	부패행위 신고 및 신고자 보호, 공직자 행동강령, 국민감사청구, 비위 면직자 취업제한	부정청탁 금지, 금품 등 수수 금지(외부강의 등 초과사례금 수수 제한)
법칙 규정	징계의결 요구 및 시정권고, 형사처벌 및 과태료 부과	형사처벌 및 과태료 부과	법위반 공직자의 징계 의무화, 형사처벌, 과태료 부과

몇몇 공직윤리 준칙들은 시간이 갈수록 공무원의 자발적 윤리구현을 유도하기보다는 '~을 하지 말라'라는 식의 금지조항을 많이 두며, 점점 법적 통제 성격을 닮아가는 경향을 보인다. 예컨대 공직자 윤리준칙 10대 준수사항을 보면, ① 직무 관련 단체나 업체에 경조사 고지 및 축 · 조의금 접수 금지, ② 향응, 골프 등 접대를 받는 행위 금지, ③ 경조사, 이취임 시 화환, 화분 수수 금지, ④ 퇴직, 전근 시 전별금, 촌지 전달

금지, ⑤ 5만 원 초과 선물 수수 금지, ⑥ 가족, 친지의 관용차 사용 금지, ⑦ 호화시설을 이용한 결혼식 금지, ⑧ 고위공직자 부인모임 해체, ⑨ 호화 유흥업소, 고급의상실 출입 금지, ⑩ 정당, 국회의원 후원회 가입, 기부행위 금지 등 윤리준칙에 어울리지 않게 금지조항 일변도이다.

2003년에 공포된 공무원 행동강령도 부당한 이익을 노린 알선과 청탁 금지, 직무 관련자의 금품수수 등 부당이득 금지(예: 직무상 부득이한 경우에는 1인당 3만 원 이하의 간소한 식사와 통신, 교통편의 제공은 허용), 5만 원을 초과하는 경조 금품 수수 제한 등 금지와 제한이 그 주요 골자이다.

물론 2016년에 공무원헌장이 새롭게 단장되어 시행되고 있다. 그러나 "공익을 우선시하며 투명하고 공정하게 맡은 바 책임을 다한다. 창의성과 전문성을 바탕으로 업무를 적극적으로 시행한다. 우리 사회의 다양성을 존중하고 국민과 함께하는 민주행정을 구현한다. 청렴을 생활화하고 규범과 건전한 상식에 따라 행동한다" 등등 헌장의 내용이 여전히 관념적 · 추상적이어서 현실감이 떨어지고, 표현방식도 종래와 같이 선언조에서 크게 벗어나지 못하고 있는 안타까운 현실이다.

자율적 윤리강령의 빛이 바래면서 사람의 행동을 미주알고주알 감시하고 통제하는 부정 청탁 및 금품 등 수수의 금지에 관한 법률(청탁금지법)이 제정되고, 고위공직자 비리수사처(공수처) 등 강력한 공직 사정기구가 곧 설치될 예정이다. 이는 우리 공직사회가 아직은 공직기강이나 법적 통제의 굴레에서 벗어날 수 없는 답답한 현실을 반증하는 것이며, 우리 모두에게 깊은 자성(自省)을 요구한다.

3) 직업윤리의 각도에서 본 조직구성원의 특성과 그에 상응하는 사람관리의 방향

직장은 많은 사람이 모여 함께 일하는 인간 결합체이다. 따라서 일하는 과정에서 서로 간에 지켜야 할 직장인으로서의 도리, 즉 직장윤리가 중시되어야 할 곳이다. 그렇다면 공직사회 윤리의 현주소는 어떨까?

소극적 윤리의 시각에서 공공조직을 들여다보면, 조직은 5 대 95의 사회이다.[279] 법을 지키지 않거나 근무 자세에 큰 문제가 있는 5%의 조직구성원 때문에 법규를 지키며 묵묵히 일하는 나머지 95%가 도매금으로 넘어가 여론의 질타를 받거나 조직 전체가 개혁의 대상으로 전락하는 경우가 적지 않다.

조직에 누(累)가 되는 5%에 대해서는 무거운 페널티나 따끔한 채찍이 가해져야 한다. 하지만 그에 대한 처벌이 솜방망이다 보니 5%의 불량자가 잘 걸러지지 않고 공무원 신분을 계속 유지하기도 한다. 공직사회에 만연한 우정형 · 조직이익형 윤리 기풍(ethical climate)도 문제이다.[280] 웬만한 잘못은 서로 봐주고 조직이익을 위해 묵인 · 방조하는 경향이 이런 문제를 더욱 증폭시키고 있다. 그러니 대다수 공무원이 소수의 불량자를 단속하기 위해 만들어진 여러 제도의 희생양이 되기 쉽다.

시각을 달리해 적극적 윤리의 각도에서 공공조직을 들여다보면, 조직은 20 대 80의 사회이다. 모든 공공조직의 현실을 일반화할 수는 없지만 대략 보면 일에 적극적으로 임하는 우수한 20%가 범용(凡庸)한 나머지 80%를 끌고 간다는 이야기이다. 현미경을 조직의 현실에 들이대고 자세히 들여다보면 좀 더 세부적인 이야깃거리를 도출해낼 수 있다. 즉 조직에 실질적으로 기여하는 20%도 나누어보면 머리와 마음 모든 면에서 정말 뛰어난 인재 5%와 그보다 머리는 좀 못하지만 마음으로 자기 일에 최선을 다하는 나머지 15%로 나누어볼 수 있다. 범용한 80%도 둘로 나누어지는데, 평범한 역량이지만 법적 문제를 야기하지는 않아 조직에 누가 되지 않는 75%와 앞에서 말한 불량자 5%로 나뉜다.

좋기로는 머리와 마음이 모두 출중한 사람들의 비율을 현재의 5%에서 20%까지 확대하려는 인센티브 전략과 체계적 인력관리가 긴요하다. 또 범용한 나머지 인력 75%가 우수한 인력인 20% 쪽으로 진화해 넘어오도록 직무역량 훈련, 경력개발제도 도입, 윤리교육의 내실화와 보수의 현실화 등 적극적 인력관리를 강화할 필요가 있다.

조직의 누가 되는 최하의 5% 중 정말 비위의 정도가 심하고 고의성이 강한 법규 위반자에게는 바로 강한 페널티를 가해야 한다. 윤리의식이나 근무 자세에 문제가 있는 자에게는 삼진아웃제를 전제로 만회의 교육기회를 몇 번 주되 전혀 개선의 기미를 보이지 않을 때는 나머지 95%를 위해 조직을 떠나게 하는 고육책도 불가피하다. 그래야 더 이상 95%가 5%를 잡기 위해 만들어진 불필요한 제도의 희생양이 되지 않을 것이다.

최상층 5%의 자존감을 지켜주는 인사제도도 필요하다. 선불리 성과급 몇 푼 더 던져주며 그들을 어설픈 경쟁체제에 가두기보다는 그들을 믿고 스스로 절차탁마하게 하는 자율관리 방식으로써 그들의 자기결정성과 자존감을 높여주는 것이 필요하다. 만에 하나 이들 5% 중에서도 머리는 타의 추종을 불허하지만 마음에 크나큰 비(非)윤리의 병(病)이 들기 시작한 자가 있다면 그를 경계하고 색출해내는 윤리적 장치도 요구된다. 머리는 최상의 수준인데 마음의 자율적 속박이 약해진 사람들이 저지르는 비리와 부패 행동에 대해서는 더 강한 채찍이 필요하다. 이들이 사고를 치면 그야말로 대형사고일 것이 불 보듯 뻔하다.

결국 강한 윤리적 잣대는 직장인 모두에게 공동으로 제시되어야 한다. 즉, 높은 수준의 윤리적 준거점을 제시해 공무에 대한 열정 등 적극적 윤리의 구현을 유도해야 한다. 하지만 적극적 윤리의 실천에 시간이 오래 걸린다면 일단은 최소한의 윤리적 평균율만은 꼭 마련해 소극적 윤리만큼은 반드시 지켜지도록 행동을 통제할 필요도 있다.

성과효율을 신자유주의 시대의 최고 덕목으로 내세우며 생산성의 각도에서만 공무원의 역량을 측정하고 그 결과에 따라 공무원을 한 줄로 세운 뒤 당근(carrot)과 채찍(stick)으로 관리하는 방법은 자칫 조직 내 인간화 가치와 크게 충돌할 수 있다. 그런 점에서 조직의 장(長) 역할이 새삼 중요해진다. 조직의 현실을 직시하는 날카로운 눈과 판단력, 특히 하위자들의 마음 아픈 구석을 위무(慰撫)해주는 섬김의 리더십이 직장윤리의 든든한 기반으로 작용해야 할 것이다. 냉철하게 조직의 현실을 들여다보고 직장인의 역량과 윤리 수준을 균형감 있게 판별해내어 그에 맞는 정부 인력관리의 방향을 가져가야만, 소극적 윤리와 적극적 윤리의 양면에서 시민의 손가락질을 받지 않고 정부가 나라 살림꾼으로서의 존재감을 존중받을 수 있다.[281]

4) 자율관리와 적극적 공직윤리 구현을 위한 심리적 계약요소 강화

상사들의 일방적 지시와 처벌 위주의 타율적 인력관리는 공무원들이 법규의 기계적 준수 등 소극적 공직윤리에 급급하게 할 뿐 공무에 대한 열정 등 적극적 공직윤리를 소홀히 여기게 할 우려가 있다. 반면 공무원의 자기결정성과 자기주도적 성장을 전제로 한 자율관리는 내적 동기부여와 적극적 윤리 구현을 가능하게 한다.

자율관리가 꽃을 피우려면 조직과 조직구성원 간에 호혜적 약속과 지각된 믿음이 있어야 한다. 하지만 심리적 계약위반의 적신호 또한 만만치 않은 것이 우리의 현실이다. 책의 앞부분에서 이미 구체적으로 살펴본 바와 같이 심리적 계약은 거래적인 심리적 계약과 관계적인 심리적 계약으로 나뉘는데, 거래적인 심리적 계약의 주요소인 차등적 보상과 단기적 승진은 이미 우리 공직사회에서 큰 한계에 직면해 있다. 공정하지 못한 섣부른 성과급은 오히려 동기부여를 구축(驅逐)하기 쉽다. 조직 안정기에 들어와 모든 공무원을 일거에 승진시킬 방법도 그리 많지 않다.

그렇다면 관계적인 심리적 계약이라도 잘 이행되어야 하는데, 상사편의 위주의 파행적 인사 관행으로 인해 상사후원 인식은 쉽게 싹트지 못한다. 공직이라는 한 우물을 열심히 판 것에 대한 노후의 보상인 공무원연금도 사회여론의 질타를 받으며 연금 지급액이 자꾸 축소되는 실정이다. 따라서 일선 공무원이 공감할 수 있고 그들을 진정으로 동기부여시킬 수 있는 새로운 인사철학이 심리적 계약의 강화 차원에서 절실히 요구되는 현시점이다.

명퇴를 거부했다고 면벽(面壁) 근무를 시키거나, 희망퇴직을 거부한 직원에게 화장실 앞에서의 근무를 종용하는 등 서슴없이 인격모독을 일삼는 악덕 고용주들이 여전히 많은 오늘, 사람을 한번 쓰면 그와의 인연을 중시하며 80세까지 정년을 보장해주는 모범 고용기업도 있다. 나미나라 공화국(남이섬 테마파크)의 직원관리 사례가 이런 심리적 계약의 성공을 잘 보여주고 있어 소개해본다.

'80세까지 일하고 싶은 나미나라 공화국 공무원 채용 공고'[282]를 보면, 이 직장에서는 한번 인연을 맺고 일생에 걸쳐 직장생활에 성실히 전념하면 80세까지 정년을 보장해주고 이후에도 종신 직원이 되어 월 80만 원의 생계비를 받는 등 직장과 직장인 간의 지각된 상호 믿음이 잘 지켜지고 있다. 사람을 믿고 서로의 인연을 소중히 여기며 정을 나누면, 사람들은 절대로 조직에 배은망덕하지 않고 결초보은하려고 노력한다. 또 일에 대한 주인의식을 갖고 직장 일에 전념하며 어느새 그 일에서 일가를 이룬다. 우리는 여기서 심리적 계약의 중요성에 공감하는 한편, 공직사회에서도 공무원의 적극적 윤리 구현과 연결하여 심리적 계약의 적용 범위를 확대할 필요성을 강하게 느끼게 된다. 그렇다면 어떤 부분을 심리적 계약의 대상으로 확대 재구성할 필요가 있는가?

위의 사례에서 보듯이 고용 관계의 장기적 유지와 적정 수준의 연금 지급은 관계적인 심리적 계약 차원에서 매우 중요하다. 물론 공무원은 신분보장이 되어 있어 큰 잘못이 없는 한 장기 고용에는 별문제가 없다. 하지만 OECD 평균에 비해 훨씬 낮은 정부의 연금지출 부담 현실을 애써 외면한 채, 보수거치 및 후불 임금적 성격이 강한 공무원연금을 국민연금과 단순 비교해 수급액을 깎는 쪽으로만 이루어지는 공무원연금개혁은 심리적 계약의 이행이라는 측면에서 적지 않은 의문을 품게 한다.

정부의 심리적 계약위반에 대한 공무원의 인지 정도가 강할수록 공무원들도 공직 비리를 저지르거나 공무에 덜 몰입하는 등 심리적 계약을 위반하며 적극적 윤리 구현을 어렵게 만든다. 따라서 장기고용에 따른 노후보장책이라는 관계적인 심리적 계약의 성격을 강화하기 위해 공무원연금의 연금철학적 토대를 강화하고 적정 지급액 확보를 위한 제도적 장치의 마련에 좀 더 신경 써서, 공무원연금이 공무원의 적극적 공직윤리를 확보해내는 데 기여하게 해야 한다.[283]

적극적 윤리의 구현 차원에서 장기적인 관계적 심리계약을 강화하기 위한 일환으로, 하위자들에게 직무에 대한 주인의식을 심어주는 상사 지원적 보상, 즉 리더십 스타일 변화도 차제에 좀 더 강화되어야 할 것이다. 특히 공무원이 업무에 따른 위험 감수에도 불구하고 도전적 직무에 용기를 내게 하고, 그들이 업무상 실수를 해도 그 결과가 긍정적이면 문책하지 않는 부흥(復興)문화가 필요하다. 2008년에는 그 일환으로 적극면책행정제도가 등장했다. 그 실효성은 아직 구체적으로 밝혀지지 않았지만, 이런 제도적 노력은 심리적 계약의 확대적용 차원에서 매우 의미가 크다.

공무원이 고차원의 윤리 발달 단계에서 자율적으로 일할 수 있는 분위기를 만들어주려면, 헌법가치, 윤리의식, 국정철학, 역사이해, 준법정신 등을 콘텐츠로 한 '높은 길(high road) 윤리교육'이 요구된다.[284] 부패균이 득실거리는 옷을 날려버리는 바람론이 타율적 · 강압적 처방이라면, 부패균에 아예 오염되지 않도록 자기절제적 공직윤리를 스스로 내면화하는 것은 일종의 햇볕론이다. 강한 햇볕 아래 기꺼이 자신을 노출시켜 몸을 살균시키는 그런 윤리적 자기 장악력이 높은 사람들은 투명하고 떳떳하기에 스스로 옷을 벗어 던질 수 있는 자신감이 있다. 햇볕 아래 한 점의 부끄럼도 없도록 늘 자신을 담금질하려고 한다. 이런 공무원들을 행정 일선에서 많이 확보하기 위해서는, 공직가치와 책임윤리를 핵심내용으로 한 '높은 길 윤리교육'이 지속적으로 시행되어야 한다.

17

신분보장의 재해석과 고인 물 흐르게 하기

1) 신분보장의 개인적 의미와 사회적 의미: 단순 정년보장이냐, 실패할 자유의 부여냐

공직윤리는 하루아침에 구현되기가 쉽지 않다. 그렇다고 해서 공무원의 부패와 부정행위를 모두 법으로 엄하게 다스리고 부패소추기구의 수사에만 의존할 수도 없다. 특히 법에 저촉되지는 않지만 공무원의 무능과 무사안일한 근무태도가 낳는 문제도 만만치 않다. 이를 해결하기 위해서는 공무원 신분보장의 탄력적 재해석 필요성과 더불어 공직 자리를 놓고 경쟁을 붙여 철밥통 안의 고인 물을 다시 흐르게 하는 방법을 논의하지 않을 수 없다.

대한민국 헌법 제7조 제2항은 공무원의 신분을 법률로 보장하고, 국가공무원법에서도 "형의 선고, 징계처분 또는 법에 정한 사유에 의하지 아니하고는 본인 의사에 반하는 휴직, 강임(降任), 면직(免職)을 당하지 않는다"라고 신분보장을 엄격히 규정하고 있다.

공무원의 신분보장은 박봉과 인사적체에도 불구하고 많은 공무원들이 공직이라는 한 우물을 파게 하는 주요인이다. 그러나 공무원이 신분보장을 안일하게 해석하면 그 또한 큰 문제이다. 따라서 우리는 신분보장의 개인적 의미와 사회적 의미를 구별해 살펴보아야 한다.

공무원 신분보장의 개인적 의미는 큰 죄를 저지르지 않는 한 함부로 자르지 않는다는 것이다. 그러나 신분보장에 대한 이런 개인적 의미는 자칫 법만 위반하지 않으면 정년이 보장된다는 식으로 소극적으로 해석되어 공직사회의 복지부동을 낳을 수 있다. 그래서 신분보장의 사회적 의미를 마저 따져보아야 한다. 신분보장의 사회적 의미는 공무원이 정치의 시녀가 되지 말고 공익과 행정의 일관성을 위해 일하도록 정치적 중립을 보장하는 것이다. 또 창의적인 전문가가 되기 위해 각종 정책실험을 하며 일하도록 실패할 자유(freedom to fail)를 부여하는 것이다.

〈표 6-2〉 신분보장의 개인적 의미와 사회적 의미

개인적 의미	법에 저촉되는 행동을 하지 않는 한 고용을 보장한다.
사회적 의미	-정치의 시녀가 되지 말고 공익과 행정안정에 최선을 다하도록 정치적 중립을 보장한다. -창의적 전문가가 되기 위해 각종 정책실험을 하도록 실패할 자유를 부여한다.

2) 황금 수갑에서 벗어나기 위한 신분보장의 재해석 필요성

신분보장의 사회적 의미에 담긴 깊은 뜻에도 불구하고 우리는 안이한 생각에서 신분보장의 개인적 의미에만 집착하는 경우가 많다. 실제로 한 조사에 의하면, 공직에 들어오는 입직(入職) 영향요인으로 신분보장과 늦은 정년 등 직업 안정성이 41.2%로서 매우 큰 비중을 차지한다. 입직 전과 후를 비교해보면 입직 후 직업 안정성은 비중이 좀 낮아지지만, 다른 요인과 비교하면 여전히 비중이 높고 연금도 더 중시된다. 반면 입직 동기로서 공공봉사성은 더 낮아진다.[285] 결국 공무원의 사명감은 점차 약해지고 그들이 공직을 단순한 경제적 의미의 직업으로 보며 개인적 이익 추구에 더 비중을 둔다는 씁쓸한 해석만이 남는다.

2013년 경제활동인구 조사 결과를 근거로 직업능력개발원이 산출한 취업준비생 96만 명 중 공시족이 31만 6천 명이나 된다고 한다. 이들 중 대부분이 9급 공시를 준비한다는 점에서 '구준생'이라는 말도 있다. 그리고 이들이 노량진 학원가에서 공무원시험을 준비한다는 점에서 '노량도'라는 말도 회자된다.

공시족의 높은 지원율에 비해 그들이 공무원이 되고자 하는 이유가 공공봉사동기보다는 직업 안정성 쪽으로 변해가고 있어 큰 문제이다. 게다가 공무원이 된 후에는 강한 신분보장으로 인해 정해진 규정만 준수한 채 근무의욕 저하, 전문기술과 지식의 부족, 소명감과 책임성 결여 등 많은 개인적 문제를 노정한다. 개인 차원에서는 신분보장이 공무원의 무사안일을 야기하는 공통적 결정요인으로서 자주 확인되고 있다.[286]

그러다 보니 신분보장의 사회적 의미를 아예 무시하거나 아니면 신분보장이라는 든든한 백에 의존한 채 공무원으로서 응당 지켜야 할 법적 의무마저 소홀히 여기는 경우가 적지 않다. 법은 겨우 지키지만 열정을 갖고 일하지 않는 직무 행태상의 문제점도 발생하기 쉽다.

실제로 공무원의 무능력과 도덕적 해이로 인해 대표시민으로서의 공무원 의식이 희박해지는 현실을 종종 보게 된다. 일부 고위공무원은 관피아의 적폐를 보이고, 중 · 하위직 공무원은 연금과 신분보장이라는 황금 수갑(golden handcuffs)에 묶인 채 공직을 쉽게 그만두지도 못하지만 그 대신 일에는 열정을 보이지 않는 노력 회피 성향에서 못 벗어나고 있다. 즉, 시민과 언론의 감시와 내부통제의 눈길이 약해지면 공무에 덜 몰두하고 게으름을 피우는 역할인지 부조화가 나타나기 쉽다.

정치적 요인에 의해 공직사회가 흔들리지 않게 하려면, 특별한 하자가 없는 한 공무원의 신분을 보장해주어야 한다. 그러나 신분보장 장치가 안일한 공직생활의 안전판이 되어서도 안 된다. 무능하고 안일한 공직자는 오히려 국민의 세금을 낭비하는 주요인이 될 뿐이다. 무능한 사람을 계속 그 자리에 두는 것보다는 외부에서 새로운 피(new blood)를 수혈해 조직을 혁신하는 것이 조직의 문제해결에 훨씬 바람직할 수도 있다.

공무에 스스로 몰입하지 않고 한눈을 팔며 딴짓을 하는 소수의 안일한 공무원에게는 강한 페널티를 부여하거나 삼진아웃제를 통해 만회의 기회를 준 뒤에도 여전히 직업윤리를 회복하지 못하면 다수의 선량한 공무원을 위해 자리를 떠나게 하는 것이 불가피하다. 조직을 혼탁한 흙탕물이 되게 하는 일부 불량 공무원의 분탕질을 막고 모든 공무원이 묵은지 김치찜이나 숙성된 와인의 맛으로 공무에 전념할 수 있도록 공무원 신분보장의 사회적 의미를 되새기게 하는 제도적 노력이 필요하다.

미국은 1978년 인사개혁법의 제정을 통해 연방정부 차원에서 공직보호를 축소해왔다. 사기업 형태의 인센티브와 높은 책임성을 부여하며 공직보호제의 포기를 유도해 현재 50%가 조금 넘는 공무원만 공직보호 시스템에 속해 있다고 한다.[287] 일례로 1990년대 중반 텍사스, 조지아, 플로리다 등 미국 남부의 주정부들은 신분보장 철폐, 채용, 승진, 직무이동, 보수 면에서 관리자의 재량권 강화 등 성과관리 실시를 주내용으로 한 임의고용제도(at-will employment)를 추진했다. 신공공관리의 확산으로 신분보장 등 공직 보호장치의 특권이 축소되고 성과의 중요성이 강조된 것이다.[288]

신자유주의의 기세에 눌려 획일적으로 적용되는 강제퇴출제는 자칫 고용의 질 저하를 초래할 수 있어 그 논의에 신중을 기해야 한다. 그러나 위에서 살펴본 것처럼 퇴출제도 운용의 불가피한 측면도 더 이상 묵과할 수는 없다. 신분보장의 사회적 의미를 살리는 차원에서 이 제도를 치밀하게 설계하고 신중하게 적용해보는 방향에 대해 논의해보자.

3) 징계와 강제퇴출: 게으르고 약속을 어겼으면 벌을 달게 받아라

20 대 80의 법칙이 있다. 즉, 직장에서 조직을 먹여 살리는 진짜 일꾼은 20% 남짓이고 나머지는 그저 조직에 연명하는 존재에 불과하다는 것이다. 그런데 이를 좀 더 풀어보면 20 대 75 대 5의 법칙이 된다. 조직을 이끌어가는 고성과자에 해당하는 평가등급 상위 20%는 성과연봉에 발탁승진(fast track)을 시켜주고, 범용한 75%는 평상시의 인력관리를 유지하며 능력개발을 통해 상위 20%로 넘어가도록 교육의 길을 강화해줄 수 있다.

그러면 나머지 5%를 처리하는 방향은 무엇인가? 95%를 욕되게 하는 5% 중 법을 어긴 불량자에게는 강한 법적 처벌을 가해야 하고, 근무 자세에 큰 문제가 있어 조직에 누가 되는 자에 대해서는 삼진아웃제를 고려하지 않을 수 없다. 물론 이 경우도 상사의 갑질에 의해 부당하게 희생양이 된 경우도 있을 수 있다. 그래서 정말 억울한 이유로 5%에 속하게 된 불가피한 경우는 꼭 헤아려 구제해주어야 한다.

한때 공무원 재임용제가 잠시 논의된 적이 있다. 공무원의 재직상 생애주기를 몇 단계로 나누어 일정 기간이 지나면 모든 공무원의 지속적 근무 여부를 다시 묻는 재임용 대상이 되게 하는 것이다. 그리고 일정 기준을 통과하지 못하면 재임용을 해주지 않는 것이다. 그 대신 근무 기간에는 신분보장과 보수를 제도적으로 인정해주는 것이다.[289] 그러나 이 제도는 재임용 때마다 주기적으로 공직사회를 크게 동요시키는 혹독한 대가를 요구하므로 실제로 시행되지는 않았다. 하지만 재임용제 논의는 그만큼 무사안일에 빠져 신분보장을 황금 수갑으로 생각해온 우리 공직사회의 뿌리 깊은 노력 회피 성향에 어떤 식으로든 메스를 가하지 않으면 안 되었던 한때 우리 공직사회의 일그러진 자화상을 잘 보여준다.

신분보장의 사회적 의미를 공직사회 내에서 제고하기 위해서는 징계제도의 강화가 불가피하다. 징계의 종류로는 심각한 잘못이 있으면 절차를 밟아 퇴직시키는 배제징계와 해당 공무원에게 인사상의 일정한 불이익을 주어 문제 행위를 개선하는 교정징계가 있다. 정직, 감봉, 견책 등은 교정징계에 속한다. 한편 공무원의 불이익 처분 가운데 강제퇴출과 관련된 관심사는 무능하고 업무에 태만한 공무원을 대상으로 파면, 해임, 직권면직 등의 중징계를 내려 공무원 관계를 종료시키는 배제징계 조치이다.

국가공무원법 제70조 제1항은 "직무수행 능력의 부족으로 직위해제, 즉 대기명령을 받은 자가 대기기간 중 능력이나 근무성적 향상을 기대하기 곤란하다고 인정될 경우 직권면직을 허용한다"라고 규정한다. 서울 등 일부 지방자치단체가 추진했던 강제퇴출제는 직위해제 후 직권면직 조치에 해당한다. 오세훈 전 서울시장은 제대로 업무를 처리하지 못하고 물의를 일으킨 공무원을 현장시정지원단에 배속시켰다. 직무에 태만하며 고객 봉사 마인드나 구성원 간의 화합 정신이 현저히 부족해 서울시청 공무원으로서의 품위와 이미지를 심각히 훼손시킨 자를 선별해 27주간 교육 현장 업무와 봉사활동, 시설물 조사 및 점검 등의 일을 시켰다.[290]

저성과자를 대상으로 운영된 서울시의 일명 '3% 퇴출제'는 2007~2010년에만 운영되었다. 제도의 취지는 일하지 않는 자를 골라내어 교육하는 것이었는데, 실제로는 각 부서에서 일률적으로 대상자를 할당해 열심히 일하는 부서에서도 억울하게 차출되는 문제가 발생했다. 울산시와 광명시도 노조의 반발로 폐지되었다. 하지만 온정주의 문화의 극복과 게으른 공무원에게 자성의 기회를 부여한 점은 이 제도의 긍정적 결과로 평가된다.[291] 향후에는 그간의 시행착오를 바탕으로 강제퇴출 비율을 획일적 · 기계적으로 적용하기보다는 공무원의 본분에 대해 스스로 성찰해보고 쇄신의 계기도 스스로 마련하게 하는 등 적극적 공직윤리의 재교육 효과를 집중 강화하는 쪽으로 제도를 개선해나갈 필요가 있다.

단, 법적으로 큰 잘못을 저지른 공무원에 대한 배제징계는 더욱 강화되어야 한다. 앞에서 지적했듯이 솜방망이식 징계를 뛰어넘어 비위 공무원의 공직 재진입을 까다롭게 하는 엄한 조치가 필요하다. 그런 점에서 최근 행정자치부는 성폭력, 금품수수, 음주운전을 저지른 지방공무원의 징계 수위가 높아지도록 '지방공무원 징계에 관한 시행규칙'을 제정

해 적용한다고 밝힌 바 있다.[292]

지방자치단체의 솜방망이식 징계와 지자체 간 징계 수위의 불균형을 해소하기 위해 제정된 금번 징계규칙을 보면, 성폭력 징계 사유에 있어 업무상 우월적 지위를 남용한 경우와 미성년자, 장애인을 대상으로 한 경우까지 중징계가 확대된다. 직무와 관련해 100만 원 이상의 금품이나 향응을 받으면 파면 · 해임되고, 금품 수수 액수가 그보다 적어도 금품을 먼저 요구한 경우에도 같은 수준의 징계를 받게 된다. 동료의 부패행위를 은폐해준 공무원도 최고의 경우 파면할 수 있게끔 징계기준을 신설했다. 혈중 알코올농도 0.1% 이상의 만취 음주운전으로 적발되거나 음주측정을 거부하면 처음이라도 중징계를 받고 두 번째 적발 시에는 해임될 수 있다. 성과상여금 나눠 먹기도 최고 파면까지 징계할 수 있는 근거가 마련됐다. 성폭력, 금품, 음주운전 관련 비위행위에는 일반적인 징계 감경이 적용되지 않도록 했다.

4) 고인 물을 흐르게 하라: 메기 이론, 꽃게 이론의 불가피성

공무원은 국정에 대한 의지와 역량을 남보다 더 갖췄다고 판단되어 동료 시민들에 의해 나라 살림꾼으로 고용된 대표시민이다. 따라서 공무원이 동료 시민들의 이익을 무시하고 기관손실을 초래한다는 것은 어불성설(語不成說)이다. 그렇게 되면 우리는 성실하고 책임감 있는 대표시민다운 공무원을 행정 일선에서 만나보기 어렵다.

앞에서 조직을 흙탕물로 만드는 5%의 불량한 직원을 처리하는 문제에 대해 논의한 바 있다. 그렇다면 나머지 공무원은 다 윤리적이고 공무에 열정을 갖고 임하고 있는가? 물론 적극적 공직윤리를 실천하려는 공무원도 있지만, 적지 않은 공무원들은 소극적 윤리인 법규준수에 급급한 것도 현실이다. 따라서 소극적 윤리에 그치는 공무원에게 적극적 윤리를 실천하도록 유도하는 좀 더 실질적 방법이 더 강구되어야 한다.

물론 이를 위해서는 대표시민, 공적 자아로서 역할 정체성을 되새겨주는 윤리교육을 강화하는 방법이 있을 수 있다. 또 교육훈련, 적재적소 배치, 보수 현실화, 공정평가, 공정승진 등 다양한 동기부여책도 논의될 수 있다. 하지만 이런 방법으로도 안 될 때는 마지막으로 공직 자리를 놓고 경쟁을 붙여 철밥통 안의 고인 물을 다시 흐르게 하는 방법을 고려해야 한다.

공무원 신분보장의 사회적 의미인 실패할 자유의 부여는 창의적으로 실험(experiment)하며 도전적으로 일해보라는 것이다. 향후의 공직자상인 디지로그 공무원이나 공적 자아로서의 마인드는 하루아침에 만들어지는 것이 아니다. 오랜 시일에 걸쳐 익어가는 와인처럼 오랜 숙성과정이 필요하다. 그런데 현재의 무사안일과 보신주의는 공무원이 이런 실험정신을 포기하고 있는 것이 아닌가 하는 의구심을 자아내게 한다. 그러면 공직이라는 직업의 존재이유나 존재가치가 약해진다. 그런 사람들에게까지 근무여건을 잘 조성해주는 것(equip)은 사치라고 보는 시민이 많다. 이런 점을 고려할 때 지나친 신분보장은 직업공무원제의 참뜻에도 어긋난 것이다.

우리는 이미 세월호 참사와 관피아의 적폐를 겪으며 이를 직접 확인한 바 있다. 따라서 언젠가부터 고이기만 하고 흐르지 않아 웅덩이에 잔뜩 고여 썩기 시작한 물을 다시 흐르게 해야 한다. 눕거나 앉아 있는 사람을 다시 서게 하고 부지런히 뛰게 하기 위해 공직 자리를 놓고 경쟁을 붙이는 고육지책이 요구된다.

꽃게 이론과 메기 이론이 바로 그것이다. 즉 동해에서 잡은 오징어를 내륙의 횟집으로 싣고 가기 위해 먼 길을 이동 중인 트럭 위 수조(水槽) 속에 꽃게 몇 마리를 풀어놓고, 미꾸라지를 키우는 민물 웅덩이에 메기를 몇 마리 풀어놓는 것이다. 그러면 수조 안의 오징어나 민물 웅덩이 속 미꾸라지들이 꽃게나 매기에게 잡아먹히지 않기 위해 필사적으로 움직여 결국에는 우리가 신선한 오징어와 힘 좋은 미꾸라지를 먹을 수 있다는 것이 이 이론의 핵심 메시지이다.

자율관리를 지향하는 마당에 공무원을 오징어나 미꾸라지에 비유하는 이런 이론들이 전혀 마땅치 않은 것은 사실이다. 하지만 심정적으로는 못마땅해도 우리의 현실은 꽃게와 메기를 불가피하게 요구하고 있다. 흘러야 할 물이 잘 흐르지 않고 고여 있다가 썩기 시작하면 큰일이 아닐 수 없다. 꽃게나 메기가 더 이상 필요하지 않은 그날이 올 때까지 고여 있는 물을 다시 흐르게 하는 장치는 불가피하다. 고인 물이 흐르도록 경쟁을 붙이는 논리를 공직 인사제도에 적용한 것이 바로 개방형 직위제, 직위공모제, 고위공무원단 등이다.

5) 자리를 놓고 경쟁을 붙이는 방법들: 개방형 직위제, 직위공모제, 고위공무원단

개방형 직위제

개방형 직위제(임용제)는 공직의 주요 직위 중 전문성과 새로운 활력이 더욱 필요한 자리에 외부 전문가를 임용해 일정 기간 근무하게 하는 방법이다. 외부 전문가가 그 자리에 앉아 새로운 비전을 불어 넣고 개혁 포인트를 마련해, 공직사회의 처진 분위기를 일신하기 위해 일종의 새로운 피(new blood)를 수혈하는 전략이다. 노무현 정부의 초대 문화부 장관에 취임한 영화감독 이창동 씨가 "공직사회를 상명하복의 조폭사회로 비유"한 것은 이 제도의 도입 필요성을 잘 말해준다.

2000년에 개방형 직위제가 도입된 이후, 2011년에는 과장급까지 개방형 직위 지정이 의무화되었다. 2015년에 도입된 경력개방형 직위제도는 민간인만 공개모집을 하여 임용하는 방식으로서 홍보, 문화예술, 국제협력 등 민간 쪽의 전문성이 높고 인력풀이 풍부한 165개의 국 · 과장급 직위를 지정해 민간인을 대상으로 운영 중이다.

개방형 직위제는 외부 인사가 일정 기간 공직에 근무하며 전문성을 발휘해 공직의 생산성을 높이고 공직사회의 처진 분위기를 일신시킨다는 이론상의 장점이 있다. 그러나 현실의 제도 운용은 그리 녹록하지 않다. 먼저 외부에서 온 민간인 출신이 공직사회의 관료주의와 상사 모시기 문화 등 민간부문과는 확연히 다른 공직사회 문화에 적응하기가 만만치 않다. 그것도 기업에 있을 때에 비해 훨씬 낮은 보수를 받으며 일해야 하는 처지를 고려할 경우 민간의 유력한 전문가가 수혈되기가 쉽지 않다. 특히 조직 장악력이나 조직문화 이해도 등을 재임용의 평가 기준으로 설정해 실제로 외부영입이나 재임용이 쉽지도 않다. 그래서 임용 후 1년도 못 채우고 그만둔 민간인도 적지 않다.

그 결과 '무늬만 개방직'이라는 비판이 그치지 않는다. 2014년을 기준으로 428개 직위 중 18.5%만 민간인이 임용되었다. 다행히 경력개방형 직위제도가 도입된 후인 2016년에는 임용 비율이 25.1%로 지속적으로 상승하고 있다. 2016년 기준으로 개방형 직위는 46개 기관의 441개이며, 전체 개방형 중 경력개방은 39%이다.

다행히도 그간의 연구들은 개방형 직위제도의 도입성과를 마냥 부정적으로만 보지 않는다. 즉 전문성과 개방성의 제고, 인사관리의 민주성 제고, 순환보직 억제 등의 면에서는 이 제도가 효과가 있다고 보고한다. 임용자의 직무 만족도나 조직 몰입도도 점차 높아져 제도의 장기적 발전 가능성도 암시해준다. 그렇다면 향후 공무원과 외부 임용자 간의 상호 이해와 협력을 모색하는 방안을 강구해야 한다.[293] 먼저 개방형 임용이 된 이들에 대한 공직 적응 리더십 교육훈련 및 멘토 지정이 필요하다. 개방형 임용자가 팀 관리 리더십을 발휘하도록 팀별 성과평가가 도입될 필요도 있다. 영국에서는 보수 프리미엄을 제공하는 차원에서 외부 임용자는 내부 승진자보다 22% 정도 보수를 더 지급받게 하는데, 유능한 민간인 임용을 위해 참고할 만하다. 개방형 직위제가 효과를 보려면 무엇보다 직위분류제의 확대가 필요하다. 직무분석을 정확하게 해서 외부 전문가의 임용이 바람직한 직위는 직위분류제의 적용직위로 필히 규정해 외부의 최적임자를 임용하도록 유도할 필요가 있다.[294]

직위공모제

직위공모제는 타 부처 공무원이나 정치권 등 외부에까지 문호를 개방해 인재를 공개적으로 널리 구하는 방책이다. 국립극장 극장장에 취임한 연극배우 김명곤씨 사례가 대표적 예이다. 하지만 제도 운용의 현실을 들여다보면, 널리 인재를 구하자는 취지의 공모(公募)보다는 정치권 등 특정 인사를 실제로 내정해놓고 나머지 사람들을 들러리로 만들며 임용 절차를 밟아나가는 공모(共謀)가 되는 경우가 종종 있어 안타깝다. 논공행상의 정치적 물결 속에 괜히 남의 들러리나 서는 제도로 전락할 우려가 있다.

2014년에는 이런 폐단을 막기 위해 아예 부처별로 필요한 전문가를 공모 절차를 생략하고 임용하는 방식으로 민간 전문가 스카우트 제도가 도입되기도 했다. 향후 제도의 합리적 재설계를 통한 객관적 공모 절차를 마련해, 정치인의 입김 등 더 이상 낙하산 인사의 폐해를 막고, 직무 전문성과 실제적 경험을 가진 인사가 합리적으로 자리를 차지하며 조직의 장으로서의 경륜과 역량을 충분히 발휘하게 해야 한다.

고위공무원단 제도

정무직인 장관은 공직에 임명되어도 부처에 문제가 터지면 책임지고 바로 그만두는 경우가 많다. 국회 인사청문회를 원만하게 통과할 만큼 전문성과 도덕성의 양면에서 완벽한 인물도 많지 않아 막상 장관 임명이 강행되어도 이미 상처투성이인 상태로 장관직을 시작해 신선도도 떨어지고 이들에게 강한 부처 장악력을 기대하기도 어렵다. 반면 부처의 실 · 국장들은 오랜 근무경력을 토대로 부처의 주요 정책을 설계하고 실질적으로 집행 책임까지 진다. 따라서 정책실무 책임자인 1~3급 고위공무원의 전문성을 확보하기 위해 이들을 별도의 인력풀로 관리할 필요성은 크다. 그런 점에서 고위공무원단(senior executive services)의 운영이 요구된다.

고위공무원단 제도는 엄격한 기준으로 고급공무원 인력풀을 형성한 뒤 직무 성과급적 연봉제를 적용하고 체계적인 역량교육을 시행하는 제도이다. 우리나라는 2010년에 부처 자율성 제고를 위해 개방직과 공모 직위를 통합해 고위공무원단 직위의 30% 범위로 지정하되, 개방형은 10% 이상 지정하도록 했다. 또 5년을 주기로 고급 인력풀을 정기적으로 심사해 2년 연속 최하위 평가를 받거나 총 3년간 최하위 점수를 받을 경우, 또는 4~5년마다 실시되는 능력자질 평가에서 낮은 등급을 받아 2년 무보직 상태에 있는 자는 공직을 떠나게 한다. 단, 이들이 인력풀에 소속되어 있을 때는 높은 수준의 역량으로써 공직에 기여하도록 직무급, 성과급 등 높은 연봉을 보장해준다. 그 대신 일의 결과는 엄정하게 따지는 등 강한 책임 묻기 전략이 필요하다.

성과에 대한 책임을 묻는 점에서 이 제도의 핵심은 정원보다 더 뽑아놓은 사람들의 퇴출 비율을 결정하는 것이다. 하지만 캐나다, 호주 같은 나라는 정확히 몇 %의 퇴출 비율을 설정하는 것보다는 고위공무원을 늘 각성시켜 열심히 일에 임하게 하는 분위기를 조성하는 것으로 이 제도를 운용한다.[295] 즉, 메기 이론과 꽃게 이론의 효과를 도모하는 장치로서 제도 운용의 묘를 기하고 있다.

고위공무원단 제도는 실질적으로 정책과 행정을 책임지는 고위공무원 자리를 부처 외부에 개방하고 선의의 경쟁을 붙임으로써, 고위공무원이 스스로 직무역량을 키우고 일에 책임감을 갖고 임하게 하는 점에서 공익과 책임 행정을 도모하는 좋은 제도임은 분명하다. 향후 좀 더 내실 있는 운영이 가능하도록 장기적 시간관 아래서 제도의 미비점을 보완해나가면서 고위공무원단 인력풀이 실질적으로 정책설계 및 집행책임에 있어 고도의 전문성과 책무감을 발휘하도록 적극 유도할 필요가 있겠다.

6) 퇴직, 전직 지원 서비스: 세컨드 라이프를 위하여, 혹은 미워도 다시 한번

공무원 퇴직관리의 일환으로 퇴직 및 전직(out-placement) 지원제도도 필요하다. 어떤 이유에서든 공직을 떠나는 사람들이 다른 곳에서 새로운 일자리를 잡거나, 퇴직공무원이 인생 이모작에 잘 적응할 수 있도록 도와주는 제도가 요구된다.

정년을 맞는 퇴직공무원에게는 즐겁게 노후를 준비하도록 퇴직 지원 서비스를 제공할 필요가 있다. 사람이 직업적 생(生)에 최선을 다했으면 아무 미련 없이 가족과 직장 후배들의 박수를 받으며 홀가분한 마음으로 일터를 떠날 수 있어야 한다. 일터를 벗어나 자연 속에서 세컨드 라이프를 즐기며 평소에 직장생활 때문에 못 해보던 것을 마음껏 설계하며 인생 이모작을 자유롭게 시도해보는 것이 좋다.

우리 정부는 이런 측면에서 퇴직 지원제도를 마련하고 있다. 예컨대 2005년도의 퇴직 예정 공무원 교육계획을 보면, 인생 이모작을 위한 생활설계교육, 자원봉사활동 지원강화 프로그램이 시행되고 있다. 정년 퇴직자들의 경우는 수십 년간의 실무지식과 경험을 갖고 국가발전에 다양하게 기여할 수 있도록 세컨드 라이프 지원방안이 특히 강구될 필요가 있다. 여생을 사회봉사에 기여할 수 있도록 연결해주는 휴먼 네트워크와 재능 나눔 시스템이 필요하며, 이를 위해 국가인재 D/B와 인사정책 지원시스템의 혁신도 필요하다.[296]

나아가서는 한국국제협력단(KOICA)과 연계해 퇴직공무원이 스스로 희망할 경우 해외에서의 기술 자문과 경영 지도 등 국제전문 봉사활동을 하도록 권유해보는 것도 의미가 있다. 이들이 한국의 발전과정에서 개별적으로 경험하고 축적해온 자신의 공적 노하우를 발전수요가 있는 나라에 전수해주는 명예로운 해외 봉사 프로그램을 만들자는 것이다.

정년퇴임 말고 다른 이유로 직장을 떠나는 사람들에게는 재취업이나 창업을 도와주는 전직 지원 서비스 제도도 '미워도 다시 한번'의 차원에서 필요하겠다. 전직자를 위한 재정상담, 구직정보 제공과 직장알선 등의 서비스가 제도화되어야 한다. 미국의 《포춘(*Fortune*)》지 선정 500대 기업의 75% 이상이 이런 전직 지원 프로그램을 도입하고 있다.

향후 공직이 적성에 잘 맞지 않은 공무원이나 저성과자들의 퇴직을 유도하기 위해 효과적인 전직 지원 방안이 더욱 필요하다. 예컨대 공직 내 교육 동아리 연구회를 통해 1인 1특기 만들기를 지원해주거나, 가상 증강현실 기술을 활용해 전직 혹은 재취업 현장에서의 적성과 역량을 사전에 자체 검사해주는 방법 등이 있다.[297]

우리 사회는 이미 고령사회에 접어들었다. 2026년이면 초고령사회에 진입한다. 그래서 정년을 맞아 직장을 그만두어도 공무원연금만으로 노후가 충분히 보장이 안 된다면 퇴직공무원들이 약간의 생활고에 직면할 수 있다. 날로 연로해지시는 부모님도 봉양해야 하고 구직난에 갇혀 오도 가도 못하는 다 큰 자식들도 부양해야 하므로, 퇴직공무원이 연금 말고는 달리 노후 대비를 충분히 하지 못한 경우에는 갑자기 찾아온 고령사회가 못내 두려워진다.

늙어서까지 자기 배 더 부르게 하려고, 또 더 높은 자리에 대한 욕망에 눈이 멀어 관피아처럼 끈질기게 눌러붙어 앉아 자신의 직업적 생명 연장을 위해 젊은 사람들의 일자리를 빼앗자는 이야기는 결코 아니다. 하지만 초고령사회를 코앞에 두고 있기에 몇 가지 대비는 필요하다. 일단은 심리적 계약 차원에서 정부가 적정연금 수준을 보장해주도록 계속 노력해야 한다. 또 퇴직공무원들이 오랫동안 살아남아야 할 숙제를 스스로 풀어갈 수 있도록 재취업 제한에 저촉되지 않는 범위 내에서 노·장년에 적합한 단기형 일자리들이 더 만들어져야 한다. 또 이들을 위한 맞춤형 구직정보 제공, 퇴직자의 기능 측정, 직장알선 등 재취업 지원 서비스도 필요하겠다.

책을 끝내며

사람이 변수입니다. 공무원이 어떤 마음가짐과 역량으로 시민들에게 다가가느냐에 따라 시민의 얼굴에 항상 미소가 드리워질 수도 있고, 아니면 시민의 얼굴에 잔뜩 먹구름만 낄 수도 있습니다. 이 책에서는 시민의 얼굴을 자칫 먹구름 가득한 인상파로 만들기 쉬운 현 공직사회의 난맥상을 풀기 위해 다시 근본으로 돌아가 공무원 직업의 공공성을 재음미해보았습니다. 또 시민의 눈높이에 맞는 새로운 공무원상을 만드는 데 유용한 나라 살림꾼 키우기의 키워드들을 찾아보고자 했습니다.

시민을 항상 스마일맨으로 만들려면, 대표시민, 공적 자아로서의 굳건한 마음가짐과 X_1이나 디지로그 인재로서의 잠재 역량을 골고루 갖춘 인재를 발굴해 공직으로 적극 유인하는 지인(知人) 과정이 정부 인력관리의 출발점이 되어야 합니다. 하지만 아무리 X_1이라는 값진 화분을 사들여도 적절하게 물주고 바람 쐬어주고 통풍시켜주지 않으면 금방 시들기 마련입니다. 그런 점에서 사람이 변수이듯이 사람을 관리하는 방식도 변수입니다.

가장 흔한 사람관리 방식은 당근-채찍 전략입니다. 상사가 일을 잘

한 하위자에게는 상을 주고 게으른 자에게는 매를 가하는 방식입니다. 직장이 보수 수준과 직장복지를 현실화하고 여타 근무여건을 잘 조성해 주어야, 사람들은 직장 일에 동기부여가 됩니다. 법을 어기고 업무에 게을러 직장에 누(累)를 끼친 경우에는 그에 대한 벌과 채찍이 뒤따라야 사람들은 눕지 않고 서게 됩니다.

하지만 당근-채찍 전략은 금전적 보상이나 처벌의 회피를 전제로 하는 점에서 외재적 보상 동기에 치중해 사람을 어르고 달래는 타율적 인력관리의 함정에 빠질 개연성이 있습니다. 이런 유형의 인력관리에서는 자기결정성과 공공봉사동기가 강한 사람을 공직에 유인하기가 쉽지 않고, 더욱이 그를 계속 공직에 머무르게 하는 것은 사실상 불가능해집니다.

자기결정성 이론에 의하면, 사람들은 직장생활에서도 스스로 주인의식을 갖고 내적 동기에 따라 자율적으로 행동하기를 원합니다. 그렇다면 우리가 당근-채찍 전략의 단기적 유용성에 마냥 취해 있을 수는 없습니다. 사람은 당근 몇 개 더 준다고 해서 무거운 짐을 싣고 가파른 계단을 매일 오르내리는 당나귀가 아닙니다. 더욱이 자율 인간을 논하는 마당에 직장인에게 채찍을 가하는 것은 어불성설입니다.

조직과 상사의 일방적 잣대에 의해 당근의 크기와 갯수가 결정되는 정부 인력관리는 공무원을 타자화 · 대상화한 채 공무원 개개인의 자기절제적 윤리 구현과 자기주도적 성장을 어렵게 만들 수 있습니다. 더욱이 우리가 바람직한 공무원상으로서 대표시민과 공적 자아를 염두에 둔다면 정말 당근-채찍 이론에만 자족할 수 없습니다. 대표시민이나 공적 자아는 돈 몇 푼 더 준다고 해서 혹은 법적 처벌이 두려워서 상사의 뜻대로 조종될 사람들이 아닙니다. 자기의 직업세계에 소명으로 접근하며 자율책임 하에 자기 일에 올인하는 적극적 윤리의 실천자들이기 때문입니다.

공무원이 자율과 책임하에 자신을 절차탁마하도록 여건을 만들어주고 기(氣)를 살려주는 자율관리 인사철학이 인사제도로 자리 잡을 수 있도록 정부 인력관리가 한 단계 더 진화해야겠습니다. 이 책에서는 지금 당장은 어렵지만 정부 인력관리에서 공무원 주도적인 자율관리가 제도화될 수 있도록, 자율관리 인사철학의 키워드인 자기계발, 자율복무, 자기평가, 자기강화, 자기결정, 자기 책임지기 개념을 나라 살림꾼을 키우는 인사제도들에 반영해보는 기초적 논의를 전개해보았습니다. 또 자율인간의 기를 살려주고 자존감을 세워주기 위한 사기 앙양책에 대해서도 두루 살펴보았습니다.

자기책임하의 자율복무제, 자기성장을 위한 자기계발 지원제도와 교육기관의 선택지를 부여하는 교육바우처 시스템, 승진신청제 등 자기강화 및 자기결정 기제, 자기평가와 승진 투표제 등 자율평가 제도, 공무원의 자존감을 세워주는 적정보수와 연금보장, 후생복지 항목선택의 자율권 확대, 소신발언 및 항의 표시로서 퇴(退)의 철학, 자기 책임지기 및 자기 처벌문화로서의 사직서 제출 등이 그것입니다.

책에서 누누이 강조했듯이 모든 인사제도에는 직장인 개개인이 느끼는 개인적 의미도 있지만, 그 직업의 사회적 의미도 듬뿍 담겨 있습니다. 공무원 채용에서부터 개인적 의미와 사회적 의미는 크게 충돌합니다. 공무원이 되고 싶은 개개인은 고용불안 시대에 가장 안정적인 직업을 얻으려 합니다. 두둑한 연금에도 관심이 많습니다. 하지만 공직의 공공성과 봉사성을 망각한 일부 공무원의 불성실한 모습도 종종 매스컴에 등장합니다.

승진제도에서도 직장과 직장인 개개인의 가치 충돌은 여전합니다. 승진한 개인에게는 권한 확대와 보수인상은 물론 높아진 직함에 걸맞은 지위상징들이 제공됩니다. 하지만 능력 있는 사람이 높은 자리에 올라가 조직의 생산성 제고에 기여하도록 유도하는 점, 또 후배직원들이 "나도 저렇게 하면 승진할 수 있다"라는 벤치마킹의 본보기로 삼게 하는 점은 승진의 조직적 · 사회적 의미로 볼 수 있습니다.

근로의 대가로 받는 보수에서도 직장과 직장인의 대립은 계속됩니다. 사람들은 조직성과에 기여한 대가로서 보수의 성과급 측면을 균형감 있게 보기보다는 친구와의 월급봉투 두께를 비교하고 그에 따른 불만만 털어놓습니다.

공무원의 신분보장도 마찬가지입니다. 그 개인적 의미는 법에 저촉되는 나쁜 짓을 하지 않으면 정년을 보장해준다는 것인데, 이런 소극적 해석은 자칫 공직사회의 복지부동을 낳을 수 있습니다. 그래서 신분보장의 사회적 의미, 즉 창의적인 전문가가 되기 위해 각종 정책실험을 하며 일하도록 실패할 자유를 부여하는 것임을 절대 잊어서는 안 됩니다.

이 책에서는 공무원 직업의 공공성에 대한 이해도가 높은 사람을 잘 뽑아 그에게 자율관리의 기회를 제도화해주고, 또 당근 이론의 순기능은 살리되 그 타율적 역기능에 대해서는 강하게 경계의 눈빛을 보내는 방법들을 두루 찾아보았습니다. 그러면 공무원이 제대로 된 나라 살림꾼답게 자신의 직업세계를 개인적 관점에서만 보지 않고 그 사회적 의미도 늘 염두에 두며 상생의 조화점을 찾기 위해 더 노력할 것입니다. 그런 개인-조직 적합성과 적극적 직업윤리가 조직의 생산성과 연결되어, 정부도 번창하고 그 안에서 일하는 공무원들도 내적으로 성장할 수 있는 상생의 길이 활짝 열리면 좋겠습니다. 그런 점에서 공무원 모두에게 강한 직업윤리 잣대가 제시되어야 합니다.

적극적 윤리를 실현하는 공적 자아와 자율 인간을 공직사회 안에 많이 두려면 정부와 공무원 간에 굳건한 믿음과 호혜적 약속이 지켜져야 합니다. 나미나라 공화국의 직원관리 사례처럼 한번 인연을 맺고 평생에 걸쳐 직장생활에 전념하면 정년을 보장해주고 노후도 책임져주는 관계 윤리와 심리적 계약의 참뜻이 제도화되어야겠습니다.

사람을 믿고 서로의 인연을 소중히 여기며 정을 나누면, 사람은 절대로 직장에 배은망덕하지 않습니다. 결초보은하려고 노력합니다. 일에 대한 주인의식을 갖고 직장 일에 스스로 전념하며 어느새 그 일에서 일가를 이룹니다. 그러면 당근-채찍 이론이나 꽃게 이론, 메기 이론 같은 타율적 인력관리의 한계에서 우리 모두 자유로울 수 있습니다. 나아가 자율관리 하에서 자신의 발전과 조직의 성장을 상생시키는 공(共)진화의 길을 향해 우리 모두 성큼성큼 발걸음을 옮길 수 있습니다. 감사합니다.

미주(尾註)

1 전 총무처 인사기획과장을 지낸 강기창 씨가 〈월간 리쿠르트〉와 나눈 인터뷰 기사에서 한 말이다.

2 이도형. 2016. 《우리들의 정부: 시민 속의 정부만이 사람을 위한 정책을 만든다》. 한국학술정보, 185-188쪽.

3 아르헨티나의 왜(歪) 발전과 정부실패 상황에 대해서는 이미숙, 김원호. 2001. 《남미가 확 보인다》. 학민사; 송기도. 2003. 《콜럼버스에서 룰라까지》. 개마고원; 손호철. 2007. 《마추픽추 정상에서 라틴 아메리카를 보다》. 이매진; 정수일. 2016. 《문명의 보고, 라틴 아메리카를 가다》, 창비 등을 참고했음.

4 이재승. 2016. "인권의 시각에서 본 세월호 사건." 김종엽 외. 《세월호 이후의 사회과학》. 그린비. 나쁜 나라의 단면은 세월호 참사 이후 유가족들이 진상을 규명해나가는 과정의 지난함을 생생히 담은 〈나쁜 나라〉라는 다큐멘터리 영화 속에서도 찾아볼 수 있다.

5 시민의 모든 문제가 다 공공 문제가 되는 것은 아니다. 개인이 무능하고 게을러서 직면한 문제는 문제의 잘못이 개인에게 있어 개인귀인론에 해당한다. 여기서 말하는 구조귀인론에 해당하는 문제는 사회 불특정 다수가 직면하지만 잘못된 사회구조나 경제제도 때문에 도저히 혼자 힘으로는 해결하기 어려운 공공 문제나 사회 문제를 의미한다.

6 송기역. 2011. 《흐르는 강물처럼》. 레디앙.

7 손진석, 양모듬. "세상과 멀어지는 갈라파고스 관료들." 조선일보, 2016년 8월 2일자.

8 예산을 그냥 갖고 있거나 1/10로 줄여놓았다고 해서 다 복지부동형 인간이거나 무능한 사람인 것은 아니다. 정책 구상에 장고(長考)를 거듭하며 섣부른 행동을 자제하다 보면 일정 기간 예산을 그대로 갖고 있을 수도 있다. 또 일을 창의적으로 해보려다가 단기적으로 성과가 나오지 않아 인사고과 시에 예산을 까먹은 것처럼 보일 수도 있다. 여기서는 단지 X_1과의 비교를 위해 X_2, X_3를 열심히 노력하지 않고 눈치만 살피거나 게으르고 마음이 나쁜 무능한 사람으로 보고자 한다.

9 구본형. 2004.《일상의 황홀》. 을유문화사; 허명환. 1999.《관료가 바뀌어야 나라가 산다》. 한국세정신문사.

10 장용진. 2014. "모범적 공무원의 결정요인 찾기(탐색적 연구): 하정 청백리상 수상자를 중심으로."《정부학연구》20(2), 226쪽.

11 중앙인사위원회. 2006.《인사행정》여름호;《CSC 뉴스레터》2006년 8월호.

12 Dresang, D. L. 1999. *Public Personnel Management and Public Policy, 3rd ed.*. N. Y.: Longman Inc, p. 3.

13 삼일회계법인의 서비스산업 분류표를 보면, 공공행정, 사회보장은 광의의 서비스산업이다.

14 Brizius, J. A. et al.. 1998. *Creating High-Performance Government Organizations: A Practical Guide for Public Managers*. Sanfrancisco: Jossey-Bass Pub., p. 143.

15 Frederickson, H. G. 1997. *The Spirit of Public Administration*. Sanfrancisco: Jossey-Bass, Pub., pp. 199-201.

16 McSwain, C. J. 1985. "Administrators and Citizenship." *Administration and Society*, 17(2), pp. 135-142.

17 Catron B. I. & Hammond, B. R. 1990. "Reflections on Practical Wisdom: Enacting Images and Developing Identity." In H. Kass & B. I. Catron(eds.), *Images and Identities in Public Administration*. London: Sage Pub., pp. 241-249.

18 Moe, T. M. 1984. "The New Economics of Organization." *American Journal of Political Sciences*, 28(4). pp. 739-777.

19 Parkin, J. 1994. *Public Management: Technology, Democracy and Organization Reform*. Aldershot: Avebury, pp. 112-113.

20 Waugh, W. Jr. 1998. "Phenomenology." In T. Lynch & T. Dicker(eds.), *Handbook of Organization Theory & Management: The Philosophical Approach*. N. Y.: Marcel Dekker Inc., p. 317; King, C. & Stivers, C. 1998. *Government Is Us: Public Administration in an Anti-government Era*. London: Sage Pub., p. 17.

21 고병권. 2012.《점거, 새로운 거버먼트: 월스트리트 점거운동 르포르타주》. 그린비.

22 관료제적 철창이 낳는 규율 준수의 폐해에 대해서는 이문수. 2008. "막스 베버의 관료론: 기계 부속품인가 소명을 실현하는 존재인가?"《정부학연구》14(2); 김영평. 1988. "관료제의 정책결정양식과 민주주의의 인식방법론: 관료제의 민주화를 위한 인식방법론적 시론."《한국행정학보》22(2), 373-392쪽; 이도형. 2012. "행정의 민주화: 시민-관료 간 우리-관계 회복을 중심으로."《정부학연구》18(3), 96-103쪽에서 재인용.

23 Arendt(김선욱 역). 2006.《예루살렘의 아이히만》. 한길사; Arendt(이진우, 박미애 역). 2006.《전체주의의 기원 I》. 한길사.

24 Young-Bruehl(서유경 역). 2011.《아렌트 읽기》. 산책자.

25 이수태. 2013.《영원한 공직: 공직의 잃어버린 정체성을 찾아서》. 바오.

26 김동원, 조남신. 2012. "의료사회복지사의 소명의식과 윤리의식에 영향을 미치는 요인에 관한 연구."《한국인사행정학회보》11(2), 222-223쪽.

27 Denhardt, J. & Denhardt, R. 2007. *The New Public Service, expanded ed.*. M. E. Shape, Inc., p. 164; 이도형. 2014. "인사행정의 근본으로 돌아가기: 공적 자아 찾기를 중심으로."《정부학연구》20(3), 11-12쪽.

28 베네딕트 마니에.《백만 개의 조용한 혁명》. 책세상.

29 Yukl. G. 2002. *Leadership in Organizations*. N. J.: Prentice-Hall; 박재춘, 이영미. 2014. "공공부문에서 관계 및 변화지향 리더십행동과 조직변화몰입의 관계."《한국인사행정학회보》13(2), 241-273쪽.

30 Pierre, J. & Peters, G. 2000. *Governance, Politics and the State*. N. Y.: St. Martin's Press, pp. 86-91.

31 이유재. 1995.《서비스 마케팅: 경쟁우위 확보를 위한 고객 지향적 사고》. 학현사, 19-20쪽.

32 《다음백과사전》의 제4차 산업혁명 관련내용을 참고했음.

33 Nigro, A. & Nigro, L. 1986. *New Public Personnel Administration, 3rd ed.* F. E. Peacock, Pub., pp. 88-98.

34 "한국의 경제관료, 그들은 누구인가." 한국경제신문, 1994년 5월 2일자 6면.

35 "갈 곳 잃은 한국 관료사회." 한국경제신문, 2016년 9월 20일자; "세종시에서 쏟아지는 3류 정책… 이제 바꿔야 한다." 중앙일보, 2016년 8월 14일자; "가라앉는 관료사회." 조선일보, 2016년 8월 2일자가 그 예이다.

36 이도형. 2004.《행정철학》. 대영문화사, 242-243쪽.

37 *The Free Dictionary*에 의하면, 전문가(expert), 실험(experiment), 경험(experience)은 모두 시도(try)를 뜻하는 라틴어 experiri에서 나온 말이다. *Wikipedia*에서도 "경험이라는 단어의 역사는 실험 개념과 밀접하게 연계된다"라고 말해, 경험과 실험 두 단어 간의 상관성도 매우 높은 것으로 나타난다.

38 김성국. 1999. "성과주의 인사관리의 요체는 '차별화'이다."《인사관리》4월호.

39 Long, N. 1966. "Power and Administration." In P. Woll(ed.). *Public Administration and Policy*. N. Y.: Harper & Row.

40 UNDP. 2002. *Human Development Report*; 정부혁신지방분권위원회. 2006.《참여정부의 인사개혁》. 정부혁신지방분권위원회, 68쪽.

41 인사혁신처. 2016.《인사비전 2045》. 지식공감, 274-277쪽.

42 김일재. 2003.《인터넷 시대의 미국 인사행정론》. 집문당; Berman, E. M. et al.. 2001. *Human Resource Management in Public Service: Paradoxes, Process and Problems*. London: Sage Pub., p. 256.

43 이선우, 오성호. 2003.《인사행정론》. 한국방송통신대학교 출판부, 263-266쪽.

44 노종호, 한승주. 2014. "가족친화 정책이 공무원 직장생활의 질에 미치는 영향: 집단 간 비교

를 중심으로." 《한국인사행정학회보》 13(1), 291쪽.

45 고재권. 2014. "가족 친화적 정책과 조직성과: 직무태도의 매개효과를 중심으로." 《한국인사행정학회보》 13(2), 161-163쪽.

46 Robbins, S. P. 1983. *Organization Theory: The Structure and Design of Organizations*. Englewood Cliffs, N. J.: Prentice-Hall, Inc., p. 67; p. 299.

47 Frederickson. *op. cit.*, pp. 209-210.

48 이도형. 2004. 앞의 책, 92-94쪽.

49 Barth, T. J. 1996. "Administering in the Public Interest : The Facilitative Role for Public Administrators." In G. Wamsley & J. Wolf(eds.), *Re-founding Democratic Public Administration: Modern Paradoxes, Post-modern Challenges*. London: Sage Pub., p. 184.

50 Berman et al.. *op. cit.*, p. 4.

51 김식현. 1999. 《인사관리론》. 무역경영사.

52 Cooper, P. J. et al.. 1998. *Public Administration for the 21C*. Harcourt Brace College, Pub., pp. 284-286.

53 Berman et al., *op. cit.*, pp. 23-24.

54 Snell, S. A. 1992. "Control Theory in SHRM: The Mediating Effect of Administrative Information." *Academy of Management Journal*, 35(2), pp. 292-232.

55 안전행정부 예규 제90호 공무원 보수 등의 업무지침에 따르면, 최고 등급은 20%, 최하위 등급은 10%를 배정하게 되어 있다. 공무원 성과평가 등에 관한 규정 제16조에서도 평가등급을 3개 이상으로 하고, 하위 10%는 최하위 등급에 분포하도록 규정하고 있다.

56 공공부문 성과급 제도의 문제점에 대해서는 Kellough, J. E. & Lu, H. 1993. "The Paradox of Merit Pay in the Public Sector." *Review of Public Personnel Administration*, 13(1), pp. 45-64; Meyer, H. 1975. "The Pay for Performance Dilemma." *Organizational Dynamics*, 3(3); 이근주, 이혜윤. 2007. "보상유형에 대한 차별적 기대와 공무원의 성과에 미치는 영향에 관한 연구." 《한국행정학보》 41(2); 이수영. 2011. "미션 임파서블?: 공무원 성과급의 이상조건과 현실상황의 괴리분석." 《한국인사행정학회보》 10(3), 81-86쪽에서 재인용.

57 이수영. 위의 논문, 90-91쪽.

58 Bright, L. 2005. "Public Employees with High Levels of Public Service Motivation." *Review of Public Personnel Administration*, 25(2), pp. 141-151.

59 Ellerman, J. S. & Kleiner, B. H. 2000. "How to Write Excellent Human Resource Policies." *Management Research News*, vol. 23, p. 95.

60 《인사혁신 통계연보(2016)》에서 참고했음.

61 공직윤리와 적극적 · 소극적 부정방지 효과 간의 상관성에 대한 자세한 내용은 오성호, 이도형, 한승준. 2002. 《공직기강 확립을 위한 효율적 체제에 관한 연구》. 국무조정실 연구용역보고서를 참고하기 바람.

62 기관손실은 대리인의 바람직하지 못한 행동에 지출되는 비용과 그런 행동을 통제하기 위해 취해진 활동에 드는 비용의 총액을 될 수 있는 한 최소화하는 조직을 만들기 위해 드는 비용을 말한다. 이에 대해서는, 김항규. 1994.《행정철학》. 대영문화사, 101-102쪽.

63 5, 7, 9급 입직자 1,752명을 대상으로 조사한 결과이다. 이에 대해서는 한국행정연구원. 2014. 《공직생활에 대한 인식조사》를 참고했음.

64 윤종석. 1997. "입사 10년까지는 개인육성 차원의 경력개발을, 10년 이후는 조직차원의 경력관리로 운영."《인사관리》 4월호; 김종인. 1997. "기업환경과 고용시장 변화와 개인의 새 경력개발과정."《새로운 노동시장의 전개와 대응책》(고려대 노동문제연구소 춘계 심포지엄 논문집), 4-17쪽.

65 강성철 외. 2001.《새인사행정론(개정3판)》. 대영문화사, 264쪽.

66 Baucus, M. S. & Beck-Dudley, C. L. 2005. "Designing Ethical Organizations: Avoiding the Long-Term Negative Effects of Rewards and Punishments." *Journal of Business Ethics*. vol. 56, pp. 355-370.

67 Deci, E. L. 1975. *Intrinsic Motivation*. N. Y.: Plenum; 전미선, 이종수. 2014. "성과급은 내재적 동기에 어떤 영향을 미치는가?: 동기부여 혹은 동기구축 효과와 경로분석."《한국인사행정학회보》 13(1), 164-172쪽.

68 Bandura의 사회학습 이론에 의하면, 자기강화는 자신의 기대와 표준을 정해놓고 그것에 도달하지 못할 때 자기 자신에 대한 보상과 처벌을 스스로 관리하는 것이다. 즉, 자신이 스스로 통제할 수 있는 보상과 처벌을 자신에게 제공함으로써 자신의 행동을 개선하거나 유지하는 과정이다. 결국 자기강화는 자신에게 요구되는 능력이나 업적을 충족시키기 위해 자신의 능력이나 업적을 스스로 발전시키거나 증대하는 행위를 말한다.

69 Bandura, A. 1982. "Self-efficacy Mechanism in Human Agency." *American Psychologist*. 37(2); 추병완. 2012. "자기 조절과 도덕교육."《윤리교육연구》 제29집, 318쪽.

70 조인수, 이응훈. 2005. "성과중심 전환교육에서의 자기결정과 동기와의 관련성 고찰."《특수교육저널: 이론과 실천》 6(2), 158-160쪽.

71 서운혜, 이효주, 박성민. 2018. "대한민국 공무원의 동기유형과 조직시민행동, 삶의 질에 관한 연구: 자기결정성 이론을 중심으로."《한국사회와 행정연구》 29(1), 152-159쪽.

72 이인호, 탁진국. 2010. "자기계발 동기가 혁신행동과 직무열의에 미치는 영향: 리더십의 조절효과를 중심으로."《한국심리학회지》 23(4), 607-610쪽.

73 Ryan, R. M. & Deci, E. L. 2000. "Intrinsic and Extrinsic Motivations: Classic Definitions and New Directions." *Contemporary Educational Psychology*, vol. 25; 서운혜, 이효주, 박성민. 앞의 논문, 156쪽을 참고해 재구성했음.

74 김성회. 2014.《용인술: 사람을 쓰는 법》. 쌤 앤 파커스, 171-172쪽.

75 Ryan & Deci. *op. cit*.. pp. 54-67.

76 Luhman, T. 2006. "Theoretical Postulations on Organization Democracy." *Journal of Management Inquiry*, 15(2), pp. 168-185; Dobuzinskis, L. 1997. "Historical and Epistemological Trends

in Public Administration." *Journal of Management History*, 3(4), pp. 298–316.

77 셔스터(최정민 역). 1998.《조직성과 극대화를 위한 사원중심 경영》. 한국능률협회, 220–223쪽.

78 개리 해멀, 빌 브린(신희철 외 공역). 2009.《경영의 미래》. 세종서적.

79 손민호. "사장도 불신임하는 파격, 여행박사 콘텐트의 힘." 중앙일보, 2013년 11월 8일자.

80 추병완. 앞의 논문, 304–306쪽.

81 Cohen, A. & Vigoda, E. 2000."Do Good Citizens Make Good Organizational Citizens?: An Empirical Examination of the Relationship between General Citizenship and Organizational Citizenship Behavior in Israel." *Administration and Society*, 32(5), pp. 596–598.

82 Graham, J. W. "An Essay on Organizational Citizenship Behavior." *Employee Responsibilities and Rights Journal*, 4(4), pp. 249–270; 송운석, 김재현. 2002. "중하위직 공무원의 개인성격과 조직시민행동의 관계: 직무자율성의 조절효과를 중심으로."《한국행정학보》36(1), 118–126쪽.

83 Metcalfe, L. & Richards, S. 1987. *Improving Public Management*. London: Sage Pub., p. 223.

84 김성회. 앞의 책, 173–175쪽.

85 유재두. 2014. "경찰공무원의 셀프리더십이 조직효과에 미치는 영향."《경찰학논총》9(1), 40쪽.

86 야마다 아키오(김연한 역). 2013.《미라이 공업 이야기》. 도서출판 GRIJOA.

87 이도형. 2016a. "정부인력관리의 새 지향점: 자기 결정성과 자율관리의 적용을 중심으로."《정책연구》2(1), 3–21쪽.

88 동정민. "정말 영혼없는 홍보처." 동아일보, 2008년 1월 8일자.

89 배병삼. 2010. "삼강과 오륜은 다르다."《녹색평론》5~6월호, 139–141쪽.

90 네그리, 하트(정남영, 윤영광 공역). 2014.《공통체》. 사월의 책.

91 강신주. 2010.《철학적 시 읽기의 즐거움》. 동녘, 387–389쪽.

92 자율관리 인사철학의 필요성에 대해서는 이도형. 2016.《우리들의 정부: 시민속의 정부만이 사람을 위한 정책을 만든다》. 한국학술정보, 363–377쪽을, 그리고 자발적 질서 이론 등 아나키즘의 사회적 자주관리 개념화와 그 현대적 응용에 대한 더 자세한 내용은 같은 책, 327–332쪽을 참고하기 바람.

93 백남식, 신은종. 2016. "심리적 계약이론의 공공부문 적용에 관한 탐구."《한국인사조직학회 발표논문집》, 1–20쪽.

94 Rousseau, D. M. 1998. "The Problem of the Psychological Contract Considered." *Journal of Organizational Behavior*, vol. 19, pp. 665–671.

95 Robinson, S. & Rousseau, D. M. 1994. "Changing Obligations and the Psychological Contract: A Longitudinal Study." *Academy of Management Journal*, vol. 37, p. 143; Turnley, W. H. & Feldman, D. C. 1998. "Psychological Contract Violations during Organization Restructuring." *Human Resource Management*, vol. 37, pp. 75–77; 정윤길. 2011. "공무원의 심리적 계약의 내

용과 특징: 공공부문과 민간부문의 비교분석."《한국치안행정논집》 8(3), 50쪽에서 재인용.

96 심리적 계약을 위한 조직 및 조직구성원 각각의 임무와 그 효과에 대해서는 김판석, 정성호. 2012. "공무원의 심리적 계약 강화: 인사혁신의 새로운 대안."《한국인사행정학회보》 11(2), 78쪽; 김성국, 김태은. 1999. "거래비용 관점에서 본 심리적 계약에 관한 이론적 연구."《경영논총》 17(2), 44쪽; 박윤, 문상호. 2014. "인지 및 정서 차원의 심리적 계약위반이 이직의도와 조직헌신에 미치는 영향: 직장가족주의의 역할을 중심으로."《한국행정학보》 48(1), 127쪽을 참고했음.

97 정윤길. 앞의 논문, 50–54쪽.

98 임현명, 노명화, 정원호. 2015. "심리적 계약위반이 스트레스에 미치는 영향: 긍정심리자본의 매개효과."《대한경영학회지》 28(10), 2519–2535쪽.

99 이에 대한 자세한 내용은 이 책 말미의 공직윤리 부분과, 이도형. 2016b. "공무수행의 적극성 확보를 위한 정부인사제도의 재설계: 심리적 계약이론의 재구성을 중심으로."《한국교통대학교논문집》 제51집, 405–407쪽을 참고하기 바람.

100 류성민. 2013. "인사관리 부문의 전략적 역할이 조직성과에 미치는 영향: 전략변화 시기를 중심으로."《경영연구》 28(2), 248–252쪽; Berman et al., *op. cit.*, p. 336.

101 중앙인사위원회. 2006.《공무원 인사개혁백서》. 중앙인사위원회, 22–23쪽.

102 백종섭. 2013. "차기 박근혜 정부 중앙인사기관의 위상과 기능."《한국인사행정학회보》 12(1), 5–13쪽.

103 이근면. 2017.《대한민국에 인사는 없다》. 한국경제신문사, 40–43쪽.

104 황성현. 2002. "해외 선진기업의 현장중심 인사관리의 특징."《인사관리》 11월호.

105 중앙인사위원회 편. 2005.《사람이 나라의 미래》. 나남출판, 391–399쪽.

106 최지민. 2017. "직업공무원제도의 과잉 제도화: 문제진단과 개선방안." 더 미래 연구소 주관 국회토론회.《국민을 위한 관료: 공무원 인사제도 개혁방안》 발제문, 16–20쪽.

107 지방공무원 인사의 자율성 관련 문제점과 개선방안에 대해서는 금창호, 권오철. 2014. "지방자치단체 인사관리의 공정성 확보방안."《한국인사행정학회보》 13(3), 191쪽; 김병국, 권오철, 2003. "참여정부 지방인사행정의 개혁과제."《한국인사행정학회보》 2(2); 김판석. 2003. "국가경쟁력 제고를 위한 인사행정 혁신." 황성돈 외,《행정개혁과 국가경쟁력》. 나남출판, 124–125쪽을 참고했음.

108 역대 국회의 초선의원 비율을 보면, 1988년의 13대 총선에서는 55.5%, 14대에서는 39.1%, 15대에서는 45.8%, 16대에서는 40.7%, 17대에서는 62.9%, 18대에서는 44.8%, 19대에서는 49.3%, 20대에서는 44%이다. 국회의원의 엘리트적 성향을 몇 가지 지표를 통해 확인해보면 다음과 같다. 20대 국회의원의 출신학교를 보면, 서울대 81명, 고려대 37명, 성균관대 27명, 연세대 23명, 이화여대 8명이다. 이처럼 5개 대학 출신이 18대에는 60.7%, 19대에는 54%, 20대에는 58.7%를 차지한다. 18대 국회의 경우 법조인 출신이 60명으로 20.1%인 데 비해, 노동자는 3명, 농민은 1명에 불과하다. 한마디로 국회의원이 엘리트들로만 구성되면서 입법부는 갈수록 유권자와 다른 존재가 되어가고 있다. 국민과 점점 멀어지니 의원의 정책 영향

력도 격감한다. 이에 대해서는 이지문. 2018. "시민의회는 직접민주주의인가 대의민주주의인가?" 《시민과 세계》 통권 32호, 101-135쪽.

109 19대 국회의 발의법안 수는 17,822건이지만, 최종 통과된 안은 7,441건으로 42%에 불과했다. 그 결과 1만 건 이상의 발의안이 폐기의 운명에 처해졌다. 이처럼 법안의 최종 통과비율이 17대부터 절반 이하로 떨어진다. 대부분의 법안발의는 법 제정보다 기존 법률의 개정으로서 건수 등 실적 올리기용이라는 비난을 면하기 어렵다. 단순히 자구(字句) 몇 개를 수정한 안이 많다. 이런 엄청난 비효율로 인해 법제관 1인당 매년 125건의 발의안을 검토해야 한다. 이에 대해서는 홍성수, "입법의 홍수, 무엇이 문제인가?" 《공감통신》, 2016년 9월 9일자.

110 이도형. 2014. 앞의 논문, 4-6쪽.

111 육체노동자는 사람들 간의 생산성 편차가 5배 나지만, 지식노동자는 그 편차가 무한대로까지 벌어진다고 한다. 이것이 천재경영론의 핵심 논지이다. 하지만 천재경영의 허와 실도 따져보아야 한다. 조직의 경직된 서열문화와 관료제적 분위기에 적응하지 못하다가 겨우 계약기간을 채우고 퇴사한 젊은 MBA 출신들과 20~30년간 회사에 몸담은 삼성 중역들 간 갈등도 실제로 만만치 않았다고 한다. 이에 대해서는 http:/www.globalstandard.or.kr(2008.5.21)을 참고했음.

112 강진성. 1997. "HPI 프로그램과 밀착채용으로 우수인재 확보." 《인사관리》 9월호.

113 이어령. 2006. 《디지로그》. 생각의 나무.

114 Vandenabeele, W. 2007. "Towards a Theory of Public Service Motivation: An Institutional Approach." *Public Management Review*, 9(4): pp. 545-556; 박정호. 2015. "공직가치 내재화에 대한 소고: 교육훈련 분야에 대한 함의를 중심으로." 《한국인사행정학회보》 14(3), 193-194쪽.

115 Sangmook, K. & Vandenabeele, W. 2010. "A Strategy for Building Public Service Motivation Research Internationally." *Public Administration Review*, 70(5), pp. 701-709.

116 Perry, J. L. & Wise, L. R. 1990. "The Motivational Bases of Public Service." *Public Administration Review*, vol. 50, pp. 367-373.

117 공선표. 2000. "디지털 시대가 요구하는 특이인재 확보, 유지방안." 《인사관리》 4월호.

118 호소카와 모리히로, 이와쿠니 데쓴도(김재환 역). 1993. 《지방의 논리: 정치는 지방에 맡겨라》. 삶과 꿈.

119 박영규. 2002. 《세종대왕과 그의 인재들》. 들녘; 박석무. 2006. 《풀어쓰는 다산이야기》. 문학수첩, 103쪽.

120 사이버 국가고시센터(www.gosi.go.kr)에서 참고했음.

121 매일경제, 2018년 6월 25일자를 참고했음.

122 김일재. 2003. 《인터넷 시대의 미국 인사행정론》. 집문당.

123 Berman et al. *op. cit.* pp. 83-86; Cayer, N. J. & Parkes, S. J. 2001. "Human Resource Management Change in State and Local Government." In Kuotasi Tom Liou(ed.), *Handbook of Public Management Practice & Reform*. N. Y.: Marcel Dekker Inc..

124 앞의 공직입문 권고기능(attracting function)과 인재 선별기능(screening function) 개념은 오석홍. 1995. 《인사행정론》, 박영사에서 참고했음.

125 개인-조직 적합성 개념의 이해와 공공조직에의 적용 필요성에 대해서는 박정호. 앞의 논문; 박천오, 박시진. 2015. "한국 공무원의 공직선택동기 연구: 직종별 하위직 공무원의 인식비교." 《한국인사행정학회보》 14(1), 81쪽; 송현진. 2016. "성과관리와 개인-조직 적합성이 공무원의 직무태도에 미치는 영향에 관한 연구." 《한국행정학회 동계학술대회 논문집》, 1033-1038쪽.

126 이도형. 2017. 《사유(思惟)》. 다연북스, 260-266쪽.

127 삼성의 GSAT와 LG의 직업적합성검사, 현대자동차의 HMAT 등이 그 예이다.

128 김형성, 황성원. 2016. "공무원 채용시험제도에 관한 연구: 필기시험 과목을 중심으로." 《한국인사행정학회보》 15(2), 47-52쪽.

129 7, 9급 공무원시험의 개편 방향에 대한 자세한 내용은 위의 논문, 55-59쪽을 참고하기 바람.

130 임원면접은 이미 고전이다. 면접관과 응시생이 함께 생활하며 평가하는 합숙면접이 인기이다. 24시간 동안 지원자의 인성을 보기 위해 집단토론, 늦은 술자리, 단체활동을 체크하며 팀워크, 성실함, 열정 등 지원자를 폭넓게 살펴보기 위해 함께 숙식하며 지원자의 평소 생활태도를 체크하기 위한 것이다. 프레젠테이션, 영어면접에 이어 5~6시간씩 질의, 응답하는 끝장면접까지 대두한다. 이에 대해서는《중앙경제》, 2005년 11월 29일자를 참고했음.

131 이수영. 2017. "우리나라 공무원 채용제도에 대한 진단과 개편방안 제언." 《한국인사행정학회보》 16(1), 25-26쪽.

132 공직선택동기와 공직가치를 중시하는 채용방식 간의 상관성에 대해서는 김상묵. 2016. "공직가치: 연구주제 탐색." 《한국행정연구》 기획논문 추진 워크숍(한국행정연구원, 2016.10.24) 발제문; 이윤경. 2014. "공무원 무사안일의 영향요인 추세분석: 공무원 임용 시 공공봉사동기의 역할을 중심으로." 《정부학연구》 20(2), 304-319쪽.

133 인사혁신처. 2016. 《인사비전 2045》. 지식공감, 269-273쪽.

134 박민정. 2015. "퇴직 공직자의 재취업 현상에 관한 지대추구론적 분석." 《한국자치행정학보》 29(4), 133-150쪽.

135 최한수. 2016. "공무원의 퇴직과 재취업 패턴에 관한 연구: 경제부처 고위공무원을 중심으로." 《재정포럼》 12월호.

136 이수영. 2017. 앞의 논문, 38-45쪽.

137 최지민. 2017. "직업공무원제도의 과잉 제도화: 문제진단과 개선방안." 더 미래 연구소 주관 국회토론회. 《국민을 위한 관료: 공무원인사제도 개혁방안》 발제문, 28-44쪽.

138 직위분류제의 수립절차에 대해서는, Foster, M. R. 1998. "Effective Job Analysis Methods." In S. E. Condrey(ed.), *Handbook of HRM in Government*. Sanfransisco: Jossey-Base Pub., p. 323; Klinger, D. E. & Nalbandian, J. 1998. *Public Personnel Management: Contexts and Strategies, 4th ed.*. Prentice-Hall Inc., p. 114; 강성철 외. 앞의 책, 182-185쪽.

139 Siegel. G. B. 1998. "Work Management and Job Evaluation in a Government Environment." In

S. E. Condrey(ed.), *Handbook of HRM in Government*. Sanfransisco: Jossey-Base Pub..

140 위기관리직이나 지속가능 개발직, 빅데이터, 탄소배출권, 가상머니를 취급하는 무형 자산가치 평가직, 사이버보안, 유전자 복제문제를 다루는 기술윤리 규제직 등 기술직 관련 신종 진화직무와 그쪽으로의 공무원 채용방향에 대한 자세한 내용은 인사혁신처. 앞의 책, 319-320쪽을 참고하기 바람.

141 박용성, 이근주, 최정우. 2014. "대부처 중심의 조직개편이 조직효과성에 미치는 영향분석: 정책,민원 만족도를 중심으로." 《한국인사행정학회보》 13(2), 299-319쪽.

142 백완기. 1997. 《한국의 행정문화》. 고려대학교 출판부.

143 행정자치부. 2013. 《공무원 총조사》, 82쪽.

144 이근면. 2017. 《대한민국에 인사는 없다》. 한국경제신문사, 23-26쪽.

145 국제협상분야, 외국제도 연구자 등 직무 전문성과 장기재직이 요구되는 직위에 별도의 보직경로를 적용해 중앙행정기관 소속공무원 중 일정자격을 갖춘 사람을 선발 · 보직하게 해 3년 이상 장기근무를 유도하는 제도이다. 승진이 없어도 인사처우 우대조치로서 전문직위수당, 외국어장려가산금을 지급한다. 중앙인사위원회 편. 2005. 앞의 책, 414쪽.

146 최지민. 앞의 논문, 12-13쪽.

147 순체(順遞)는 순조로운 조건, 예컨대 임기만료, 승진, 중앙부서로의 전보, 임금의 소명, 다른 고을과의 근무지 교체 등에 의한 교체방식이다. 경체(徑遞)는 임기 중 타의에 의해, 즉 상관과 친척 관계에 있어 피해야 하거나 중앙관료가 징계를 먹고 지방으로 좌천하는 등 갑자기 교체하는 경우이다. 죄체(罪遞)는 인사고과에서 하위등급을 받거나, 고발로 인해 파면이나 탄핵의 대상이 되는 경우 혹은 암행어사 적발 등으로 인한 교체방식이다. 불행체(不幸遞)는 불행한 일, 예컨대 신병(身病), 상관과의 다툼, 사망 등으로 교체하는 것이다. 더 자세한 내용은 김상홍. 2005. "조선조 목민관의 인사원칙." 《인사행정》 11월호를 참고하기 바람.

148 황대석. 1995. 《인사관리 : 인적 자원관리(제3전정판)》. 박영사, 301쪽.

149 이상호. 2005. "중앙인사위 보직관리 확 바뀐다." 《인사행정》 11월호.

150 중앙인사위원회. 2006. 《CSC 뉴스레터》 6월호.

151 이종수. 2002. "공무원의 전문성 향상방안으로서 경력개발제도에 관한 연구: CDP의 시각에서 본 한국 인사행정체계의 문제점과 개선방안." 《한국행정연구》 겨울호, 168-172쪽.

152 박호환. 1997. "기업 내 고용관계의 유연화와 노동조합의 대응전략." 《노동문제논집》 제14집, 37-49쪽.

153 임준철. 1997. "기업의 핵심역량과 개인의 능력, 적성을 고려한 인력재배치전략." 《인사관리》 2월호, 21-23쪽.

154 문신용, 윤기찬. 2005. "가정 친화적 복지제도에 관한 비교분석: 공무원과 사기업 직원의 인식 차이를 중심으로." 《한국사회와 행정연구》 16(1), 447-448쪽.

155 《다음백과사전》에 수록된 유연근무제 관련 사례에서 참고했음.

156 인사혁신처, 2016. 《인사비전 2045》. 지식공감, 265-266쪽; 321-322쪽.

157 교육부. 2017. 《지능정보사회에 대응한 중장기 교육정책의 방향과 전략》. 교육부 보고서.

158 Berman, E. M. et al.. 2001. *Human Resource Management in Public Service: Paradoxes, Process and Problems*. London: Sage Pub., p. 235.

159 Goldstein, I. L. 1993. T*raining in Organizations: Needs Assessment, Development, and Evaluation, 3rd ed.*. Monterey. CA.: Brooks/Cole.

160 이근면. 앞의 책, 37-44쪽.

161 Denhardt, R. 1991. *Public Administration: An Action Orientation*. Brooks Cole Pub., pp. 19-20.

162 헌터(김광수 역). 2000. 《리더십 키워드》. 시대의 창, 155쪽.

163 강성철 외. 2001. 《새인사행정론(개정3판)》. 대영문화사, 277쪽.

164 인사혁신처. 앞의 책, 282쪽.

165 중앙인사위원회. 2006. 《공무원 인사개혁백서》. 중앙인사위원회, 164쪽.

166 허범. 1988. "새로운 공공행정의 모색: 민본행정의 이념과 과제." 《민주사회의 성숙을 위한 공공행정》(한국행정학회 제1차 국제학술대회 발표논문집), 114쪽.

167 박정호. 2015. "공직가치 내재화에 대한 소고: 교육훈련 분야에 대한 함의를 중심으로." 《한국인사행정학회보》 14(3), 200-211쪽.

168 권혁빈. 2013. 《행정에 대한 공무원 인식조사》, 《행정에 대한 국민인식조사》; 김상묵. 2016. 앞의 발제문에서 참고했음.

169 Klinger & Nalbandian. *op. cit.*, p. 265.

170 박석무. 2006. 《풀어쓰는 다산이야기》. 문학수첩, 269쪽.

171 김판석. 2003. 《한국 공무원 인사제도 개혁》, 집문당, 166쪽.

172 이맹주. 2012. "신세대 공무원의 직전교육 불만족 요인: 9급 신규자 과정 사례연구." 《한국인사행정학회보》 11(2), 23쪽.

173 인사시스템연구회(고수일 편역). 2003. 《인사관리》. 새로운 제안, 206쪽.

174 이창로. 1997. "체계적 자기계발 지원시스템으로 인재육성." 《인사관리》 10월호, 57-59쪽.

175 이용모. 2014. "공무원 승진제도 인식에 대한 연구: 6급 이하 공무원을 대상으로." 《한국인사행정학회보》 10(3), 222쪽.

176 조명성. 2014. "역대 정부의 조각에 관한 고찰." 《한국인사행정학회보》 13(1), 221-222쪽.

177 이문영. 1992. 《자전적 행정학》. 실천문학사, 229-230쪽.

178 이용모. 앞의 논문, 233-236쪽.

179 한국경제신문사 편집부 편. 1995. 《한국의 경제관료》. 한국경제신문사.

180 오성호. 2014. "공무원이 인식하는 공직의 주요 보상요인의 값에 관한 탐색적 연구: 승진의 대체 가능성을 중심으로." 《한국인사행정학회보》 13(3), 312-313쪽.

181 진재구. 1993.《행정전문성 제고를 위한 공무원 임용체계 개선》. 한국행정연구원 연구보고서, 146-152쪽; 이명환 엮음. 1997.《신바람 나는 인사관리》. 21세기북스, 76-77쪽.

182 이채필. 2004. "노동부의 공직 부적격자 평가 및 퇴출장치 마련."《인사행정》2004년 가을호.

183 김정길. 1998.《공무원은 상전이 아니다》. 베스트셀러.

184 중앙인사위원회 편. 2005.《사람이 나라의 미래》. 나남출판;《인사행정》2005년 11월호.

185 정영민. 1996. "직급체계를 종합직, 일반직, 연구전문직으로 구분해 승진제 운영."《인사관리》11월호.

186 권혁주. "나이 불문… 직급 불문… 승진하고 싶은 사람 손들어!" 중앙일보, 2005년 4월 29일자.

187 최관섭, 박천오. 2014. "중앙부처 공무원의 성과평가제도 수용성: 성별, 직급별, 연령별 인식을 중심으로."《한국인사행정학회보》13(3), 91쪽.

188 박석무. 앞의 책, 104-105쪽.

189 공무원 근평제도에 내재된 조직적 의미에 대해서는 조경호. 2012. "공무원의 성과평가 공정성 요인에 대한 인식연구."《한국인사행정학회보》11(3), 312-313쪽; 박미옥, 2003. "미국 HRM의 근무성적평정제도 운영사례와 한국적 시사점."《한국사회와 행정연구》14(3), 174-176쪽.

190 박천오. 2012. "승진영향요인에 대한 한국 공무원의 인식연구: 중앙과 지방공무원 간 인식비교."《한국인사행정학회보》11(2), 198-199쪽.

191 강제상. 1998. "한국공무원의 근무성적평정 인식에 관한 경로분석."《한국행정연구》7(4), 160쪽.

192 유민봉. 2010.《한국인사행정론(제3판)》. 박영사, 378쪽.

193 조경호. 앞의 논문, 314-316쪽; 박미옥, 앞의 논문, 190쪽.

194 일본의 도쿄 인서관(印書館)주식회사의 실패사례가 이를 잘 보여준다. 한경구. 1996. "일본 중소기업의 조직변화에 관한 인류학적 연구: 동경 인서관 주식회사의 신인사제도의 도입을 중심으로."《경제와 사회》제32호.

195 이창기. 1996. "지방정부 생산성 향상을 위한 근무성적 평정제도의 개선방안."《한국행정논집》8(4), 937쪽.

196 인사혁신처. 2016.《인사비전 2045》. 지식공감, 335-339쪽.

197 여기서 추가적으로 언급된 여러 가지 평정요소들은 현대정공(주)의 인사고과표 내역을 참고했음. 이에 대해서는 김종원 엮음. 1995.《좋은 회사를 만드는 인사기획》. 우주기획, 215-221쪽.

198 김종수. 2012. "근무성적평정 결과의 공개가 조직구성원 성과에 미치는 영향."《한국인사행정학회보》11(1), 67-68쪽.

199 황대석. 1995.《인사관리: 인적 자원관리(제3전정판)》, 박영사.

200 이는 나무의 생명을 소중히 여겨 그 쓰임새마저 신중히 해온 목수철학에서 힌트를 얻은 표현

이다. 더 자세한 내용은 목수 김씨(김진송). 2002. 《목수일기》. 웅진닷컴을 참고하기 바람.

201 다면평가의 문제점에 대해서는 박천오. 2012. 앞의 논문, 203쪽; 이수창, 이환범. 2014. "우리나라 다면평가제도 활용의 문제점 및 개선방안 연구: 대구광역시, 경북 공무원을 중심으로." 《한국인사행정학회보》 13(1), 70-84쪽.

202 금창호, 권오철. 2014. "지방자치단체 인사관리의 공정성 확보방안." 《한국인사행정학회보》 13(3), 291-295쪽.

203 임두택, 백종섭, 김경수. 2005. "다양한 인사평가시스템의 분석과 개발." 김중양 편, 《참여정부 인사개혁의 현황과 과제》. 나남출판, 132쪽.

204 중앙인사위원회 편. 2005. 앞의 책, 141-147쪽.

205 중앙인사위원회. 2006. 《공무원 인사개혁백서》, 181-183쪽.

206 Berman et al.. *op. cit.*, pp. 169-170.

207 박천오, 박시진. 2015. "한국 공무원의 공직선택동기 연구." 《한국인사행정학회보》 14(1), 84-99쪽.

208 행정안전부. 2013. 《2013년 민-관 보수수준실태조사》; 한국노동연구원. 2015. 《2015년 민-관 보수수준실태조사》. 인사혁신처 보고서.

209 한국경제신문사 편집부. "한국의 경제관료, 그들은 누구인가(24)." 한국경제신문, 1994년 6월 17일자 8면.

210 하후상박은 하급계층의 보수인상을 상대적으로 많이 하고 상급계층의 보수인상은 적게 하거나 억제하는 것이다. 따라서 하후상박 정책기조로 인해 보수격차는 압축된다. 이에 대해서는 최순영. 2009. "공무원 보수체계 개편대안." 《한국행정학보》 43(4), 210쪽.

211 함종석, 이남국, 한창섭. 2016. 《행정에 관한 공무원인식조사》. 한국행정연구원 연구보고서.

212 행정자치부 편저. 1999. 《늦었지만 이제부터라도》. 덕산기획, 200쪽.

213 Siegel. *op. cit.*, p. 613.

214 Klinger, D. E. & Nalbandian, J. 1998. *Public Personnel Management: Contexts and Strategies, 4th ed*. Prentice-Hall Inc., pp. 137-141.

215 유민봉, 임도빈. 2013. 《한국인사행정론》. 박영사, 537쪽.

216 진재구. 1999. "공무원 사기진작을 위한 인사정책." 《자치행정》 3월호, 26-27쪽.

217 이종수, 윤영진 외. 2008. 《새 행정학(5정판)》. 대영문화사, 442-443쪽.

218 조윤직 외. 2014. "서울시 신 인사시스템에 대한 공무원 인식조사: 성과포인트 제도와 현장시정추진단을 중심으로." 《한국인사행정학회보》 13(3), 279-280쪽.

219 이혜훈. 1998. "외국의 인센티브제도, 어떻게 정착시켰나: 영국의 공공부문 인센티브제." 《지방행정》 9월호.

220 성과급 도입에 따른 문제점과 개선방안에 대해서는 최관섭, 박천오. 앞의 논문, 93쪽; 노종호, 최진욱. 2012. "문화예술직 구성원의 성과평가에 관한 연구: 국립국악원을 중심으로."

《한국인사행정학회보》 11(2), 125쪽.

221 송의달. "싱가포르 공무원 왜 대접받나." 조선일보, 2007년 5월 13일자.

222 강인재, 이원희, 임도빈. 1998.《새로운 제도와 한국 관료문화와의 적합성에 관한 연구》. 한국행정연구원 연구보고서.

223 박우성. 1999. "업적평가와 보상체계의 합리적 연계방안."《인사관리》 5월호; 박형근. 1999. "보상 및 성과 평가시스템 운영현황과 과제."《인사관리》 5월호.

224 한 채용전문잡지에 실린 양병무의 "몸값을 올리고 지켜내자"라는 글에서 발췌한 내용이다.

225 이수태. 2013.《영원한 공직: 공직의 잃어버린 정체성을 찾아서》. 바오, 114-117쪽.

226 Chew, David C. 1997. "Civil Service Pay in Singapore." In C. Colcough(ed.), *Public Sector Pay and Adjustment: Lessons from Five Countries*. London: Routledge.

227 박성환, 이원일, 권기정. 2016. "국립대학 재정회계법과 성과급적 연봉제 시행에 따른 교수 보수체계의 문제점과 정책대안." *Korea Business Review*, 20(3), 165-177쪽.

228 공공부문의 혁신은 환경으로부터의 정당성 확보 차원에서 이루어진 경우가 더 많다. 공공부문의 경우 조직 이미지 제고 차원에서 혁신을 모방적으로 추진하지만, 결과는 효과적이지 못한 경우가 많다. 이에 대해서는 장용석, 정장훈, 조승희. 2014. "인적 자원관리제도 운영의 딜레마: 효율성과 책임성의 공존에 관한 공사부문 비교분석."《한국행정학보》 48(2), 46-47쪽.

229 Stahl, O. 1983. P*ublic Personnel Administration*. N. Y.: Harper & Row. p. 357.

230 인사혁신처 홈페이지(http://www.mpm.go.kr/mpm/info/retireAnnuity/annuity/annuity01/ 2018년 4월 19일자 검색).

231 한국 공무원연금의 개편과정에 대해서는 이용하, 김원섭. 2015. "2015년 공무원연금개혁 평가와 향후 개편방향."《응용통계연구》 28(4), 835쪽; 진재구. 2015. "박근혜 정부의 공무원 연금개혁: 문제점과 개선방안."《한국사회과학연구》 36(2), 1-2쪽.

232 서원석, 최무현. 2010. "공무원연금제도 개편에 관한 국민과 공무원의 인식차이에 관한 연구."《한국인사행정학보》 9(1), 83쪽.

233 이정우, 김희년. 2018. "2015년 공무원연금개혁에 대한 비판적 평가와 개선방향."《비판사회정책》 58호, 10쪽.

234 이용하, 김원섭. 앞의 논문, 837-838쪽.

235 이정재. 2014. "퇴직금 날리는 사회." 중앙일보, 2014년 1월 16일자.

236 진재구. 2015. 앞의 논문, 24-25쪽.

237 김린. 2014. "직역연금과 국민연금의 관계에 대한 규범적 관점에서의 소고: 공무원 연금법 개정논의를 중심으로."《사회보장법학》 3(2), 28-29쪽.

238 정철. 2015. "공무원 연금통합의 헌법적 검토."《세계헌법연구》 21(2), 251쪽.

239 김대철, 박승준. 2016. "공무원연금 개정이 재정건전성 및 형평성에 미치는 영향: 2015년 개정법을 중심으로."《제도와 경제》 10(1), 116쪽.

240 이도형. 2018. "한국 공무원연금의 규범적 평가와 과제." 《한국교통대학교논문집》 제53집, 295-306쪽.

241 권혁창 외. 2013. 《OECD 주요국가들의 연금개혁의 효과성 연구》. 국민연금연구원, 58-59쪽; Chand, S. & Jeager, K. 1999. "Reform Options for Pay-As-You-Go Public Pension Systems." *Social Protection Discussion Paper Series*. no. 9927, pp. 8-10.

242 이각희. 2017. 《공무원연금제도론》. 공무원연금공단, 450-452쪽.

243 공무원연금에 대해 구조개혁을 단행할 경우 발생하는 규범적 문제점에 대해서는 정철. 앞의 논문, 252-254쪽; 김린. 앞의 논문, 26-27쪽.

244 조성혜. 2015. "독일의 직업공무원제도와 공무원연금." 《법과 정책연구》 15(4), 1757쪽.

245 유경준 외. 2014. 《공무원연금제도 개선방안 연구》. 한국개발연구원, 71쪽.

246 공무원연금 재정안정 추가방안에 대해서는 정창률, 김진수. 2015. "한국공무원 연금개혁 평가 및 발전방안." 《사회보장연구》 31(4), 242쪽; Marie-Laure Onnee-Abbruciati(민문홍 역). 2005. 《유럽연합의 공무원 연금제도 연구》. 공무원연금공단, 132쪽.

247 Reynaud, E. 2000. *Social Dialogue and Pension Reform*. International Labor Organization.

248 이상호. 2016. "유럽의 공무원 연금개혁과 그 시사점: 독일과 오스트리아 사례를 중심으로." 《민주사회와 정책연구》 통권 29호, 63-64쪽.

249 이도형. 2018. "공무원 연금개혁방향: 이론적 근거와 외국사례의 시사점을 중심으로." 《정부학 연구》 24(3), 207-224쪽.

250 이태성. 1997. "라이프 싸이클에 따른 복리후생프로그램 설계, 운영." 《인사관리》 6월호; Cayer, N. J. & Parkes, S. J. 2001. "Human Resource Management Change in State and Local Government." In Kuotasi Tom Liou(ed.), *Handbook of Public Management Practice & Reform*. N. Y.: Marcel Dekker Inc., p. 190.

251 김기택. 2002. "plus option형을 근간으로 account형 선택형 복리후생제도 운영." 《인사관리》 8월호.

252 김정운. 2006. "밸런스 경영, 일하고 싶은 조직을 위한 조건." 《인사행정》 여름호, 41쪽.

253 급여의 공평한 조정이 곤란할 경우, 직원들에게 새로운 직함을 주거나 특별 프로젝트에 참여시켜 그가 직장 안에서 자신의 중요한 가치를 이해하게 하는 것도 중요하다. 이에 대해서는 Stevenson(러닝솔루션 옮김). 2002. 《동기부여》. 피어슨 에듀케이션 코리아, 9쪽.

254 Lawler III, E. E, Cohen, S. & Chang, L. 2000. "Strategic Human Resources Management." In P. M. Mirvis(ed.), *Building Competitive Workplace: Investing in Human Capital for Corporate Success*. N. Y.: John Wiley & Sons, Inc..

255 김민수. 2001. "미국 기업의 전략적 채용조건." 《인사관리》 5월호, 75쪽.

256 Adams, W. et al.. 2000. "Top Undergraduates View on Federal Employment." *The Public Manager*, 29(2), pp. 36-40.

257 Jurkiewicz, C. L. & Massey, T. K. 2000. "What Municipal Employees Want versus What They

Are Getting." In Marc Holzer(ed.), *Public Service : Callings, Commitments and Constraints*. Westview Press, p. 283.

258 인사혁신처. 앞의 책, 307-313쪽.

259 리더십 효과성과 자율관리 및 심리적 계약 간의 관계성에 대해서는 김동산, 정종태. 2012. "심리적 임파워먼트와 리더십 효과성 간의 관계연구: 조직후원인식의 매개효과."《리더십연구》 3(2), 8-13쪽; 이하나, 허찬영. 2015. "심리적 계약위반이 조직시민행동에 미치는 영향: 조직신뢰의 매개효과 및 상사지원인식의 조절효과."《조직과 인사관리 연구》 39(1), 140쪽; 유민봉, 심형인. 2012. "심리적 계약위반이 조직구성원의 행태에 미치는 영향: 개인의 문화적, 정서적 성향 및 조직상황변수의 조절효과."《한국행정학보》 46(2), 442-443쪽을 참고했음.

260 양창삼. 1997. "조직을 활성화하는 고부가가치 리더십."《인사관리》 1월호; 이도형. 2004.《행정철학》. 대영문화사, 217-219쪽.

261 김교빈, 이현구. 1998.《동양철학 에세이》. 동녘.

262 Golden, M. M. 2000. *What Motivates Bureaucrats?* N. Y.: Columbia University Press, pp. 22-32.

263 Hirschman, A. 1970. *Exit, Voice and Loyalty : Response to Decline in Firms, Organizations and States*. Cambridge, Mass.: Harvard University Press.

264 Golden. *op. cit.*, pp. 161-170.

265 박석무. 2006.《풀어쓰는 다산이야기》. 문학수첩, 455쪽.

266 관인들의 자발적 처벌문화에 대해서는 이성원. 2008.《천년의 선비를 찾아서: 농암 17대 종손이 들려주는 종택 이야기》. 푸른역사, 152쪽; Daley, D. M. 2008. "The Burden of Dealing with Poor Performers: Wear and Tear on Supervisor Organizational Engagement." *Review of Public Personnel Administration*, 28(1), p. 55.

267 직장생활의 거시적 질과 미시적 질에 대한 자세한 내용은 Cameron, K. & Whetten, D. 1977. *Organizational Effectiveness*. Sanfrancisco: Jossey-Bass Pub. Inc.을 참고하기 바람.

268 Skelley, B. 1989. "Workplace Democracy and Organization Development: Philosophical and Practical Connections." *Public Administration Quarterly*, 13(2), pp. 176-195.

269 이도형. 2017.《사유(思惟)》. 다연북스, 249-251쪽.

270 Klinger & Nalbandian. *op. cit.*, p. 380.

271 고용노동부. 2017.《고용노동백서》; 서광석, 안종태. 2017. "공무원노동조합의 발전과 노사관계의 성격변화."《경영사학》 32(4), 165-170쪽.

272 이종구. 1997. "혁신시정과 공무원 노동운농: 자치노 가와사키 시직원노동조합의 정책참가."《경제와 사회》 봄호, 147-158쪽.

273 Rosenbloom, D. H. 1983. "Public Administration Theory and The Separation of Power." *Public Administration Review*, 43(3), pp. 219-227.

274 법적 책임은 업무에 부과된 법적 제재나 계약 혹은 관련대상 및 집단과의 관계에서 나타나는

책임이다. 계층적 책임은 상사의 지시나 명령, 조직 내 운영규칙, 직업규범을 준수할 책임이다. 이에 대해서는 오현규, 문상호, 박성민. 2014. "한국 공공기관 내 대인신뢰와 조직신뢰의 영향력에 관한 연구: 조직내 책임성의 매개효과를 중심으로." 《한국인사행정학회보》 13(2), 377-406쪽.

275 박천오, 한승주. 2016. "한국 지방공무원의 책임이행에 관한 실증연구: 경기도 K시 공무원의 인식분석." 《한국인사행정학회보》 15(3), 116-118쪽.

276 Woller, G. M. 1998. "Toward a Reconciliation of the Bureaucratic and Democratic Ethos." *Administration & Society*, 30(1), p. 86.

277 임성근, 이건. 2015. "우리나라 공직윤리 및 공직윤리제도에 관한 공무원과 국민인식 비교연구." 《한국인사행정학회보》 14(4), 2쪽.

278 국민권익위원회. 2016. 《청탁금지법 교육자료(1)》에서 참고했음.

279 여기서 5 대 95로 본 근거는 "미 연방정부 및 주 정부에 적용되는 35페이지에 달하는 규정과 20페이지에 달하는 법조항은 부정직하고 게으른 5%의 공무원을 통제하기 위해 95%를 좌절시키는 관료적 형식주의이다"라는 Osborne & Gaebler의 분석에 근거한 것이다. Osborne, D. & Gaebler, T. 1992. *Reinventing Government: How the Entrepreneurial Spirit is Transforming the Public Sector*. Mass.: Addison-Wesley Pub., Co., pp. 110-112.

280 정철현. 1999. "우리나라 구청 공무원의 윤리기풍에 관한 실증적 연구: Victor와 Cullen의 모형을 중심으로." 《한국행정학보》 33(4), 113-128쪽.

281 이도형. 2016. 《우리들의 정부: 시민속의 정부만이 사람을 위한 정책을 만든다》. 한국학술정보, 380-381쪽.

282 "대한민국 상상나라 남이섬에서 想像創造求人 머슴 같은 주인, 주인 같은 머슴을 찾습니다"가 그 공고 내용이다.

283 이도형. 2016b. 앞의 논문, 406쪽.

284 박천오. 2016. "한국 공무원의 책임확장: 법적, 계층적 책임에서 윤리적, 개인적 책임으로." 《한국행정학보》 50(1), 13-14쪽.

285 오성호. 2014. "공무원이 인식하는 공직의 주요 보상요인의 값에 관한 탐색적 연구: 승진의 대체가능성을 중심으로." 《한국인사행정학회보》 13(3), 309-310쪽.

286 이윤경. 2014. "공무원 무사안일의 영향요인 추세분석: 공무원 임용 시 공공봉사동기의 역할을 중심으로." 《정부학연구》 20(2), 304-319쪽.

287 김성배. 2015. "미국 공무원 관계법의 역사와 최근논의." 《공법연구》 44(2), 320쪽.

288 황정윤, 이정욱, 김윤권. 2014. "공공부문 저성과자에 관한 경험적 연구: 저성과자 발생의 원인과 영향 그리고 관리를 중심으로." 《한국인사행정학회보》 13(2), 114쪽.

289 배득종. 1997. 《공무원 재임용제》. 자유기업센터.

290 박천오. 2007. "우리나라 공무원 징계와 퇴출." 《한국행정학보》 41(3), 223-232쪽.

291 조윤직 외. 앞의 논문. 295-298쪽.

292 한장희. 2015. "철밥통 지방공무원 '솜방망이 징계' 없어진다."《브릿지경제》. 2015년 11월 3일자.

293 박천오, 한승주. 2017. "개방형 직위제도의 성과에 대한 실증연구: 관련 공무원들의 인식비교."《한국인사행정학회보》16(3), 3-27쪽.

294 최순영, 조임곤. 2013. "개방형 임용제도의 성과향상을 위한 정책대안의 우선순위."《한국인사행정학회보》12(1), 91-107쪽; 최순영, 조임곤. 2014. "개방형 임용제도에 대한 공무원의 평가."《한국인사행정학보》13(1), 25-26쪽.

295 이방무. 2006. "고위공무원 인사관리 어떻게 달라지는가?"《인사행정》여름호; 박수영. 2006. "고위공무원단제도의 성공 노하우를 배우다."《인사행정》3월호.

296 정부혁신지방분권위원회. 2006.《참여정부의 인사개혁》. 정부혁신지방분권위원회, 245쪽.

297 인사혁신처. 2016.《인사비전 2045》. 지식공감, 304-305쪽.

찾아보기

ㄹ

ㅁ

ㅂ

ㅅ

ㅇ

ㅊ

ㅋ

ㅌ